E. PITON, libraire,
RUE DE LA LANTERNE, 6,
A STRASBOURG.

Achat et échange de vieux livres.

Complet avec fig.

L K7/9 435/A

DESCRIPTION

DE

LA VILLE DE STRASBOURG.

A PARIS,

Chez F. G. Levrault, rue de la Harpe, n.° 81.

DESCRIPTION

DE LA

VILLE DE STRASBOURG,

CONTENANT

Des notices topographiques et historiques sur l'état ancien et actuel de cette ville; suivie d'un essai de statistique générale du département du Bas-Rhin;

AVEC UN APERÇU

Des changements, améliorations et embellissements qui ont eu lieu de 1828 à 1840.

PAR P. J. FARGÈS-MÉRICOURT,
AVOCAT, SECRÉTAIRE-GÉNÉRAL DE L'ADMINISTRATION MUNICIPALE.

STRASBOURG,
LIBRAIRIE DE V.ᵉ LEVRAULT, RUE DES JUIFS, 33.

24 Juin 1840.

CATHÉDRALE DE STRASBOURG.

CONTENU DU VOLUME.

Description de la ville de Strasbourg, publiée en 1825.

Supplément à la description, publié en 1828.

Nouveau supplément, publié le 24 juin 1840.

STRASBOURG, imprimerie de V.ᵉ Berger-Levrault.

AVANT-PROPOS

DE LA PUBLICATION DE 1840.

En 1825 j'ai publié une description de la ville de Strasbourg, constatant l'état d'alors et indiquant, comme prévisions, plusieurs améliorations que je soumettais à la sollicitude de l'Administration.

En 1828 j'ai ajouté à cette description un premier supplément, indiquant les travaux assez importants exécutés pendant trois années seulement, qui réalisaient quelques-unes des améliorations indiquées précédemment, et que l'on devait au zèle, à la sagesse du Conseil municipal, et à l'esprit éclairé de M. *de Kentzinger*, qui remplit pendant de longues années les nobles fonctions de maire de Strasbourg.

Mais c'est surtout depuis 1830, sous l'administration de M. *de Türckheim* et de M. *Schützenberger*, maire actuel, que le Conseil municipal a déployé une force de volonté telle que les embellissements ont transformé en quelque sorte notre vieille cité en une ville nouvelle, qui serait bien difficilement reconnue par des ÉPIMÉNIDES qui se réveilleraient après un sommeil d'un quart de siècle.

Je ne dois pas oublier de dire que M. *Lacombe*,

qui n'a été maire de Strasbourg que pendant bien peu de temps, a cependant contribué pour sa part aux embellissements de la ville et aux travaux d'utilité publique qui ont été exécutés depuis 1828.

Honneur à ces magistrats! Honneur aux conseillers municipaux qui ont secondé leurs efforts et ont puissamment contribué à préparer un brillant avenir à l'antique *Argentina* des Romains.

Je dois aussi payer un juste tribut d'éloges aux deux architectes de la ville, MM. *Villot* et *Fries*, dont les plans et les projets, souvent critiqués lorsqu'ils n'étaient qu'en cours d'exécution, obtiennent l'approbation générale maintenant qu'ils sont en grande partie terminés.

C'est donc avec l'espoir de faire une chose utile et agréable à mes concitoyens et aux nombreux étrangers qui vont se trouver réunis à Strasbourg pour les fêtes d'inauguration du monument Gutenberg, que je publie un second supplément, dans lequel je présente un *aperçu des changements, améliorations et embellissements qui ont eu lieu dans la ville de Strasbourg depuis l'année* 1828.

Heureux si, dans quelques années, je puis signaler de nouvelles améliorations, et rendre hommage à ceux qui en auront enrichi notre cité.

20 Juin 1840.

FARGÈS-MÉRICOURT.

AVANT-PROPOS.

L'Alsace est sans contredit l'une des plus intéressantes parties de la France, celle, peut-être, sur laquelle on a le plus écrit; et cependant elle n'est pas encore autant connue qu'elle mérite de l'être sous les rapports de la beauté des sites, de la fertilité du sol et de l'industrie des habitans.

Plusieurs causes ont amené ce résultat. La première, sans doute, c'est que l'Alsace (quoiqu'elle ait fait anciennement partie de l'empire des Francs, et qu'elle soit même, à ce que prétendent plusieurs historiens, le berceau de la monarchie française) a été réunie, pendant huit siècles[1], à l'empire germanique, et qu'elle n'est revenue à la France que depuis environ 150 ans.

---

[1] Depuis 870 jusqu'en 1648, époque du traité de *Westphalie*. L'empire germanique n'a renoncé à ses droits sur Strasbourg que par le traité de *Ryswick*, en 1697.

Une des autres causes principales qui se sont opposées à ce que l'Alsace fût bien connue du reste de la France, c'est que la plupart des ouvrages qui traitent de cette belle province, étant écrits en latin [1] ou en allemand [2], les premiers ne se rencontrent guères que dans la bibliothèque des savans, et les seconds ne se sont répandus qu'en Allemagne, ou dans le pays même qu'ils ont pour objet, et où la langue allemande est encore en ce moment la langue vulgaire.

Quelques hommes d'un mérite distingué ont cependant publié des ouvrages en langue française sur l'Alsace. On doit citer d'abord le Jésuite *Laguille*, auteur d'une histoire d'Alsace encore estimée; ensuite l'abbé *Grandidier*, qui a pu-

---

[1] On ne citera ici que les principaux : Ulric. Obrecht, *Alsaticarum rerum prodromus*. — Jac. Wencker, *Apparatus et instructus archivorum*. — Joh. Sleidan., *De statu religionis et reipubl. sub Carolo V.* — Schœpflin, *Alsatia diplomatica*. — Schœpflin, *Alsatia illustrata*. — Oberlin, *Alsatia litterata*.

[2] Jacques Twinger de Kœnigshoffen, *Elsassiche und Strasburgische Chronick*. — Bernard Herzog, *Edelsassiche Kronick*. — J. Andr. Silbermann, *Local-Geschichte der Stadt Strasburg*. — J. Friese, *Neue Vaterländische Geschichte der Stadt Strasburg, für die Jugend*.

blié, en 1778, une Histoire de l'Église et des Évêques-Princes de Strasbourg, ouvrage rempli d'érudition et de savoir, qui, malheureusement, n'a été conduit que jusqu'au commencement du onzième siècle ; une Histoire ecclésiastique, civile et militaire de l'Alsace, qui s'arrête vers le milieu du sixième siècle ; et enfin, des Essais historiques et topographiques sur l'Église cathédrale de Strasbourg.

Depuis quelques années surtout, il a paru sur Strasbourg et sur l'Alsace plusieurs ouvrages importans, parmi lesquels on remarque particulièrement la Topographie physique et médicale de la ville de Strasbourg, par M. *J. P. Graffenauer*, docteur en médecine ; les Notices historiques, statistiques et littéraires sur la ville de Strasbourg, par feu *Jean Fr. Hermann*, ancien Maire de Strasbourg ; les Documens historiques relatifs à l'histoire de France, tirés des archives de la ville de Strasbourg, par M. *de Kentzinger*, Maire actuel de cette ville.

Enfin, la publication qui se fait en ce moment d'un grand ouvrage où le luxe de la typographie et de la lithographie se trouve réuni à la science et à la réputation des auteurs du texte, ainsi qu'au talent des dessinateurs [1], contribuera puissamment à répandre au dehors la connaissance de l'Alsace et le désir de visiter cette belle contrée.

L'opuscule que l'on fait paraître sous le titre de *Description de la ville de Strasbourg*, etc., ne peut être placé sur la même ligne que les ouvrages que l'on vient de citer : il est fait sans prétention aucune. Publié dans la seule vue d'utilité, il peut être considéré comme une espèce d'*Aide-mémoire* pour les Alsaciens ; tandis qu'il suffit pour donner aux étrangers une connaissance première de la ville de Strasbourg et du département du Bas-Rhin, en même temps qu'il

---

[1] *Antiquités de l'Alsace, ou châteaux, églises et autres monumens du Haut et du Bas-Rhin, avec un texte historique et descriptif par MM. de Golbéry et Schweighæuser.*

Les lithographies sortent de l'établissement de M. Engelmann, à Mulhausen, et le texte des presses de M. Levrault à Strasbourg.

Il paraît aussi en ce moment un autre ouvrage important avec lithographies et textes français et allemand (séparement), imprimé chez M. Heitz à Strasbourg, et publié par M. Jean-Frédéric Aufschlager, sous le titre : *L'Alsace, ou nouvelle description historique et topographique des deux départemens du Rhin.*

leur indique les sources où ils pourront puiser des connaissances plus étendues.

D'après le cadre que l'auteur s'est proposé, il n'a pu parler que de l'état des choses, et non des hommes : il lui aurait fallu donner le double d'étendue à son ouvrage, s'il avait voulu faire connaître tous les Alsaciens qui ont contribué à l'illustration de leur pays dans les sciences, les belles-lettres, les arts libéraux ou mécaniques; dans l'enseignement public, la chaire évangélique, la diplomatie ou les armes. Obligé qu'il aurait été de ne donner que des notices incomplètes, pour ne pas trop augmenter le volume qu'il publie, et qui, par sa destination, doit être portatif, il a préféré se taire entièrement à ce sujet, et renvoyer ses lecteurs aux ouvrages qu'il a cités plus haut, et qui présentent sur cet objet important des données certaines, mais malheureusement disséminées.[1]

Il ne se dissimule pas d'ailleurs qu'une description tellement abrégée que celle qu'il présente

---

[1] On peut consulter particulièrement les *Notices historiques, statistiques et littéraires* de Hermann ; la *Notice littéraire et historique sur les poëtes alsaciens*, publiée par M. Arnold, doyen de la faculté de droit, inséré au *Magasin encyclopé-*

d'une ville aussi importante que Strasbourg ne peut donner qu'une bien faible idée des monumens qu'elle renferme; que même on pourra, en recherchant avec une scrupuleuse attention, lui reprocher quelques oublis qu'il a cependant cherché à éviter; mais, habitué comme il l'est à l'indulgence avec laquelle ses concitoyens ont accueilli les *Annuaires historiques et statistiques du département du Bas-Rhin*, qu'il a publiés pendant dix années [1], il ose encore espérer l'obtenir en cette circonstance.

Au surplus, cette ébauche de description pourra peut-être donner à quelqu'un de plus capable que lui l'idée d'en publier une plus complète et, dès-lors, plus digne de son objet. Il serait dans ce cas le premier à applaudir au succès de celui qui aurait fait mieux que lui.

Une description plus étendue pourrait d'au-

---

dique de Millin (année 1806); le Dictionnaire géographique, historique et politique de l'Alsace, par M. *Horrer* (il est malheureux qu'il n'ait paru que le 1.er volume de cet excellent ouvrage); l'Annuaire du Bas-Rhin de 1807, par *Fargès-Méricourt*, pag. 175, etc.

[1] On peut se les procurer, ainsi que tous les ouvrages cités ci-dessus, à la librairie de M. Levrault.

tant mieux réussir dans quelques années, que le genre des constructions s'améliore sensiblement à Strasbourg ; que le goût de la bonne architecture s'y introduit, et que des embellissemens se font et se préparent grâces à l'administration et à plusieurs particuliers recommandables.

Il est vrai de dire, en effet, que la ville a presque changé de face depuis vingt ans, et que, si l'honorable Magistrat qui l'administre en ce moment, et auquel elle doit déjà tant d'améliorations, parvient à réaliser en tout ou en partie plusieurs projets conçus depuis long-temps par les amis du bien public [1], il gravera dans

---

[1] Faire construire une *halle aux grains*, vainement sollicitée depuis des siècles ; faire transporter l'*abatoir des bestiaux* du centre de la ville à son extrémité en aval de la rivière d'Ill ; faire remplacer les *boucheries* actuelles par des halles fermées à l'extérieur, qui dérobent à la vue un spectacle hideux ; faire exhausser plusieurs *quais*, sans cesse exposés aux inondations ; faire établir un *quai parallèle à celui des bateliers*, depuis le pont du Corbeau jusqu'au pont Saint-Étienne ; enfin, faire disparaître les *débris du faux-rempart*, ainsi que plusieurs *irrégularités d'alignement* choquantes, qui défigurent les plus beaux quartiers de la ville, etc. Il en coûterait à peine autant pour effectuer ces

l'avenir des souvenirs impérissables de son administration. Ce beau résultat est bien fait, sans doute, pour enflammer et pour satisfaire la plus noble ambition !

---

immenses et utiles travaux, qu'il en a coûté pour construire la nouvelle salle de spectacle (deux millions), et certes il faudrait moins de temps pour les terminer qu'il n'en a fallu pour cette construction, qui a duré 18 ans.

DESCRIPTION

DE

LA VILLE DE STRASBOURG.

NOTICES

TOPOGRAPHIQUES ET HISTORIQUES.

§. 1.er

Position géographique et avantages de cette position.

La ville de Strasbourg (chef-lieu du département du Bas-Rhin, et autrefois de la Basse-Alsace) est située sur les rivières de l'*Ill* et de la *Bruche*, à un quart de lieue du Rhin : longitude, 25°, 26′, 18″; latitude, 48°, 34′, 35″.

Placée entre la *France*, l'*Allemagne* et la *Suisse*, au milieu d'une province fertile en toutes sortes de productions, communiquant avec le Rhin par une rivière navigable, cette ville se trouve dans une position avantageuse pour tous les genres d'industrie et de commerce; aussi fut-elle, déjà sous l'empire des Romains, une des villes les plus importantes de la *Gaule belgique*, et dans la suite elle tint, pendant plusieurs siècles, un rang distingué parmi les villes libres de l'empire germanique. La grande prospérité de cette ville dans les temps où la majeure partie de l'Europe se trouvait encore dans un état voisin de la barbarie, était due à la sagesse de son gouvernement libre et indépendant.

En effet, l'ancienne république de Strasbourg réunissait presque tous les élémens dont se compose une administration sage, juste et paternelle, c'est-à-dire, l'administration la plus propre à opérer le bonheur des citoyens. On commencera par donner quelques notices topographiques sur Strasbourg ancien et moderne, et ensuite on présentera un aperçu historique des révolutions qui ont eu successivement lieu dans son gouvernement, depuis les temps les plus reculés jusqu'à sa réunion à la France.

§. 2.

Nom et origine de la ville de Strasbourg.

On sait que le berceau de toutes les anciennes villes est couvert de ténèbres. Il paraît cependant que l'origine de Strasbourg remonte jusqu'aux Celtes. Il est certain du moins qu'avant la domination des Romains le pays qu'on nomme la Basse-Alsace a été habité par les Triboques (*Triboci*), peuplade dont quelques auteurs font dériver le nom des mots allemands *tri* (*drey*) *Buchen*, c'est-à-dire, les trois hêtres, supposant qu'il avait existé dans ses environs trois hêtres sacrés, servant de lieu de réunion pour les dévotions des habitans.

Sous l'empire des Romains, cette ville servait de garnison à la huitième légion, dite *Auguste*. Elle avait un comte (*comes*) pour la partie militaire, et un intendant des offices (*magister officiorum*) pour présider aux nombreuses manufactures d'armes qui y existaient, et qui la faisaient considérer comme l'arsenal général des Gaules. Elle était du reste une ville *municipale*, c'est-à-dire, gouvernée par ses propres magistrats.

Quant au nom de cette ville, on sait que sous les Romains elle a été successivement appelée *Argentoratum*, *Argentina* et *Argentora*, noms dont il est difficile et peut-être impossible de rendre raison, mais qu'on a traduits en allemand par *Silberthal*, qui signifie val d'argent. Elle ne prit le nom de Strasbourg que dans le sixième siècle. *Grégoire de Tours* [1] est le plus ancien auteur

---

[1] Grégoire (George-Florent), évêque de Tours, vivait au sixième siècle. Il est auteur d'une histoire de France et de quelques autres ouvrages, dont plusieurs de piété.

chez qui l'on trouve le mot *Strateburgum*, composé de *Stratum* et *Burgum* (*strata via*, c'est-à-dire, bourg ou ville des routes), parce que cette ville était le centre de plusieurs chemins militaires. Mais le *Strateburgum* de Grégoire de Tours n'était plus l'ancien Argentoratum des Romains. Celui-ci fut détruit vers le milieu du 5.ᵉ siècle par les barbares[1] qui postérieurement renversèrent l'empire d'Occident. Le rétablissement de cette ville sous le nom de *Strateburgum* est attribué par quelques auteurs à Clovis, par d'autres à l'un de ses fils.

Les savans bollandistes[2] prétendent que c'est dans les plaines de Strasbourg que Clovis remporta sur les Allemands, en l'année 496, la fameuse victoire à la suite de laquelle il embrassa le christianisme, et se fit baptiser à Reims. D'autres soutiennent que la bataille a eu lieu à Tolbiac près de Cologne[3]. Nous n'osons rien déterminer sur un

---

[1] En 451 par Attila, roi des Huns, et quelques années plus tard par les Vandales, les Alains, les Suèves et les Bourguignons.

[2] On appelle ainsi les auteurs qui ont travaillé à la collection connue sous le titre d'*Acta sanctorum*, commencée par Jean Bollandus, savant jésuite des Pays-Bas, qui florissait au seizième siècle.

[3] Voyez à ce sujet l'Annuaire historique et statistique du département du Bas-Rhin, par Fargès-Méricourt, an 13, page 64.

point historique aussi difficile à éclaircir avec assez d'évidence pour assurer à Strasbourg l'honneur d'être le berceau de la monarchie française.[1]

§. 3.

Agrandissemens successifs de la ville de Strasbourg.

1.re *Enceinte.*

L'ancien *Argentoratum* était très-peu étendu ; il formait une espèce de carré, commençant à l'endroit où se trouve aujourd'hui S. Étienne, et montant jusque près du *Broglie*, tournant de là vers le Temple-neuf, et descendant ensuite par le Marché neuf et par le Fossé-des-tailleurs jusqu'à la rivière.[2]

---

[1] Les annalistes de l'Alsace s'accordent à dire que c'est Clovis qui fit jeter en 504 les fondemens de la première église cathédrale de Strasbourg, dans le même endroit où les Romains avaient bâti un *fanum Herculis*, temple d'Hercule, que les habitans du pays appelaient *Krutzmanna*. On prétend même qu'avant le temple d'Hercule il y existait un bois sacré (*lucus*), et que dans ce bois, sur l'emplacement même de la Cathédrale, se trouvaient les *trois hêtres sacrés* des Tribocques (*der Tribucher*).

[2] Cette première enceinte de la ville romaine a été constatée sur tous ses points par le laborieux et infatigable *Silbermann*, artiste célèbre de Strasbourg, qui ne cherchait de délassement que dans la variété de

Lors de son rétablissement sous les Francs, la ville fut renfermée dans les mêmes limites. Elle eut, suivant Silbermann, six portes, dont trois du côté de la rivière. La première, dite *Sattelpforte* (porte des Selliers), était dans la rue Mercière (aussi appelée rue des Bouquets); la seconde, dite *Nordpforte* (porte du nord), était au haut de la rue du Dôme (ou des Prêtres), à côté de la tribu des Tailleurs; la troisième s'appelait *Steinthor* (porte de Pierre), parce qu'elle se trouvait près des ruines de l'ancien château fort où avait demeuré le gouverneur romain (*comes*), et sur lesquelles on éleva depuis, en 716, le monastère de S. Étienne. Les trois portes ou issues du côté de la rivière se trouvaient, l'une en face du pont S. Guillaume d'aujourd'hui, une autre dans les environs des grandes boucheries, et la troisième à peu près au milieu entre les deux.

1.er *Agrandissement.*

Les faveurs dont Strasbourg jouissait sous les successeurs de Clovis, les rois d'Austrasie, en augmentèrent bientôt la population, ainsi que celle de la plaine environnante.

---

ses travaux, et dont les recherches, vraiment faites *con amore*, sur l'histoire et les antiquités de Strasbourg, offrent un trésor précieux pour les amateurs.

Depuis long-temps les environs de la Grand'rue jusqu'au-delà de S. Pierre-le-vieux et le quartier S. Thomas, le long de la rivière, avaient été habités; et, vers la fin du 7.e siècle, ils étaient déjà devenus un faubourg beaucoup plus considérable que la ville même, ce qui engagea le magistrat à réunir ce beau faubourg à l'ancienne ville par une enceinte commune. A cet effet, le fossé, pris depuis la tribu des Tailleurs, derrière le Temple neuf, fut prolongé le long des Petites boucheries jusqu'à la tour aux pfennings, avançant de là en ligne droite à travers l'emplacement que nous appelons *le Vieux marché aux vins*, jusqu'à la porte du péage ou *Zollthor*, près de S. Pierre-le-vieux : il fut conduit jusqu'à la rivière, près des ponts couverts, c'est-à-dire jusqu'à l'entrée de la rivière dans la ville. On ouvrit une porte à l'entrée de la place d'armes, sur le pont de pierres actuel, près les caves de la ville. Cette porte était appelée *Rindshouter* ou *Rintburgerthor* (porte des tanneurs).

2.° *Agrandissement.*

La ville resta environ cinq siècles renfermée dans l'enceinte que nous venons de décrire; mais pendant ce laps de temps les dehors de la ville se peuplaient de plus en plus; enfin, en 1197 : la ville ayant été assiégée et prise par l'empereur Philippe de Souabe, et le magistrat s'étant aperçu des avantages que l'empereur avait tirés des bâtimens dont les dehors de la ville étaient couverts, il se décida à un second agrandissement.

On commença en conséquence, l'an 1201, à construire une muraille depuis les ponts couverts jusqu'à la rivière, derrière Saint-Étienne. Cette clôture, qui subsiste encore tout le long des faux-remparts, fut ouverte par trois portes, savoir : la porte de Spier (*Speyerthor*), autrement appelée la porte épiscopale; le *Burgthor*, vis-à-vis la porte de Pierre d'aujourd'hui, et la porte des Juifs (*Judenthor*), ainsi appelée, parce qu'elle était près du quartier où demeuraient alors les individus de cette nation. Chacune de ces portes était surmontée de deux tours. Ainsi la nouvelle enceinte de la ville comprenait le vieux Marché aux vins, S. Pierre-le-jeune et le Marché aux chevaux. Ces trois nouvelles portes, ainsi que celle du péage, ont été démolies vers l'année 1780.

3.ᵉ *Agrandissement.*

Ce second agrandissement était à peine terminé qu'on en commença un troisième, du côté du midi, en 1228. Le mur qu'on éleva à cette occasion s'étendit depuis les Ponts-couverts jusqu'à l'embouchure du *Rheingiessen* ou canal du Rhin, et enveloppa tout le quartier dit *Finckwiller*, ainsi que celui des Bouchers. Ce mur était flanqué de tours et garni de parapets avec des galeries couvertes.

Ce troisième agrandissement nécessita l'ouverture de trois nouvelles portes : celle de Sainte-Élisabeth, au bout de la rue de ce nom ; celle des Carmes, connue sous le nom de porte de l'Hôpital, et celle des Bouchers. On employa plus d'un siècle à cette construction, qui ne fut terminée qu'en 1343.

4.° *Agrandissement.*

En formant le second agrandissement, on avait bâti en avant de chacune des trois portes nouvelles une tour d'observation, comme une espèce d'avant-garde. Ces trois tours n'étaient jointes que par une simple muraille, sans autre défense qu'un petit fossé où l'on avait dérivé les eaux de la Bruche. Vers l'an 1374 on entreprit de joindre ces tours par de bonnes et solides murailles, et cette entreprise, poussée avec vigueur, fut achevée en seize ans. La nouvelle clôture, faite pour incorporer les faubourgs à la ville et les mettre à l'abri de l'insulte des brigands connus sous le nom de *Malandrins*[1], qui alors ravageaient le pays, venait aboutir auprès de la *Finckmatt*, et renfermait aussi le faubourg Blanc (alors faubourg des Charrons), celui de Saverne, et enfin le faubourg de Pierre, ou des Tailleurs de pierres.

5.° *Agrandissement.*

Le cinquième et dernier agrandissement, qui enferma le quartier de la Krautenau, fut entrepris au commencement du quinzième siècle. On y pratiqua plusieurs portes, celle des Pêcheurs, celle de S. Nicolas *in undis*, qui fut détruite en 1530 pour faire place à la porte Neuve, laquelle fut abattue elle-même en 1683, lors de la construction de la citadelle. Ce quartier eut encore deux autres portes, qui ont également disparu, ainsi que leurs murs, tours et fossés.

Après le cinquième agrandissement, Strasbourg avait à peu près 1136 toises de longueur, depuis la porte Blanche jusqu'à la porte S. Nicolas *in undis*, et 783 toises de largeur, depuis la porte de Pierre jusqu'à la porte de l'Hôpital. Cette ville avait alors onze portes, dont quatre ont été abattues depuis.

---

[1] Voyez l'Annuaire historique et statistique du département du Bas-Rhin, année 1810, pages 29 et 30.

§. 4.

Précis historique des fortifications de la place.

Des murailles de briques, crénelées, fournies de galeries, flanquées de 90 tours et entourées de fossés, servirent seules à la défense de la ville jusqu'en 1530. Cependant l'invention de la poudre à canon, faite depuis long-temps, et dont l'usage s'établissait de tous les côtés, demandait d'autres fortifications. Le sénat s'en occupa sérieusement, surtout au temps du retour de Charles-Quint en Allemagne pour la tenue de la diète d'Augsbourg; attendu qu'on craignait alors une guerre de religion. On commença par remparer et fortifier le quartier de la Krautenau, et cet ouvrage, où les bourgeois travaillèrent par corvée, fut poussé avec la plus grande vigueur. Les faubourgs en-deçà de l'Ill étaient entourés d'une simple muraille, sans épaulement ni revêtement, et qui par conséquent n'était nullement en état de résister au canon. On y travailla sans relâche, et on éleva (en 1532) la porte Blanche, telle qu'elle est aujourd'hui, en avant de cette tour d'observation dont nous avons parlé plus haut; on grava sur cette nouvelle porte l'inscription suivante, qui existe encore : *Carolo V Augusto copias Germaniæ in Turcam Pannoniam invadentem ducente, Respublica Argentoratensis portam hanc aggere et fossa muniri fecit an. MDXXXII.* C'est-à-dire : « La république de Strasbourg a fait fortifier cette porte d'un ravelin et d'un fossé, en 1532, lorsque l'empereur Charles-Quint conduisit les forces d'Allemagne contre le Turc, qui avait envahi la Hongrie. »

La porte Blanche est flanquée de deux tours avec des lunettes pour recevoir du canon. On lit à droite : *Hostibus arcendis* (pour repousser les ennemis); à gauche : *Civibus tutandis* (pour défendre les citoyens).

On éleva et on fortifia la porte de Saverne dans le même temps, ainsi que l'indiquait l'inscription que l'on plaça sur la face qui regarde le faubourg : *Nulli neque vim, neque insidias cogitantes, sed propulsandarum ergo, Respublica Argentoratensis fieri fecit, anno salutis MDXXXII.* C'est-à-dire : « La république de Strasbourg, en élevant ces fortifications, n'a songé ni à violenter ni à surprendre personne, mais seulement à se prémunir contre la violence et la surprise. »[1]

---

[1] Cette inscription n'existe plus.

Depuis cette époque, la régence de Strasbourg s'occupa presque continuellement du soin de mettre la ville de tous les côtés à l'abri du danger. En 1547 on éleva de nouvelles fortifications dans le *Grüne Wœrth*, derrière la Maison de force d'aujourd'hui, pour défendre l'entrée de la rivière. On éleva en même temps les murailles que l'on voit encore, avec leurs embrasures, à la pointe de l'Ill qui sépare les fossés des faux-remparts d'avec la grande rivière, entre les deux ponts couverts. Cet ouvrage, interrompu pendant quelque temps, fut repris vingt ans après, en 1567, avec une nouvelle ardeur. On abattit la maison et l'église de l'ordre teutonique, qui étaient situées près de la porte Blanche, et on se servit de leurs débris pour les fortifications. L'ouvrage, pris du bord de la rivière, à l'endroit où était située la tour du Diable, fut conduit jusqu'à la porte Blanche, et enveloppa tout le quartier de la Maison de force, de S.^e Marguerite et de S.^e Aurélie.

L'interruption des ouvrages dont nous venons de parler avait été occasionée par un incident politique d'une nature très-sérieuse. Henri II, roi de France, s'était ligué avec les princes protestans d'Allemagne, et en conséquence d'un traité signé à Chambord, en 1552, il avait envahi les trois évêchés : Toul, Verdun et Metz lui avaient ouvert leurs portes. Il s'avança de là vers Strasbourg, dans l'intention de s'en rendre également maître ; mais les magistrats de cette ville firent échouer ses projets, en se mettant sans perte de temps dans un état de défense respectable.[1]

Ils remparèrent le quartier de la Finckmatt, et, n'ayant pas le temps d'élever la porte que nous appelons aujourd'hui la porte des Juifs, ils s'empressèrent d'en masquer l'entrée par un ravelin avec un fossé large et profond. On consacra ensuite ce fait à la postérité par une inscription que l'on plaça à la porte des Juifs, lorsqu'elle fut achevée. Cette inscription est ainsi : *Henrico Gallorum rege militem in Carolum quintum Imp. Aug. per hanc Germaniæ partem ducente, S. P. Q. Argentinensis portam hanc aggere et fossa muniri fecit. Ann. Dom. M. D. L. II. mense Majo.* C'est-à-dire : « Le sénat et le peuple de
« Strasbourg firent murer cette porte au mois
« de Mai 1552, lorsque Henri, roi de France,

---

[1] Le roi Henri étant avancé jusqu'à Hausbergen ; mais ne jugeant pas à propos d'attaquer la ville, il se contenta de faire boire les chevaux de son armée dans le Rhin, afin, disait-il, qu'on put se souvenir qu'il avait porté ses armes sur le bord de ce fleuve.

« faisait marcher ses troupes contre l'empe-
« reur Charles-Quint par cette partie de
« l'Allemagne. »

Sur deux marbres noirs placés des deux côtés de la porte, on grava d'un côté : *Præsidio civibus*' (pour la défense des citoyens); de l'autre : *Terrori hostibus* (pour la terreur des ennemis).

Dans le même temps on enveloppa d'une circonvallation l'île Verte, où sont aujourd'hui les magasins au bois derrière Saint-Étienne.

Le roi Henri étant retourné en France, les magistrats n'en continuèrent pas moins de mettre la ville en bon état de défense, en creusant des fossés et en élevant des bastions. Depuis 1667 ces ouvrages furent dirigés par le célèbre architecte Specklé.

Dès le commencement de la guerre de trente ans, le sénat redoubla d'ardeur et d'activité pour porter les fortifications à un degré de perfection convenable aux circonstances. En conséquence, après avoir pris toutes les précautions nécessaires dans l'intérieur de la ville, il fit augmenter les fortifications extérieures et ajouter des bastions

---

' Il est bon de remarquer ici que la première de ces deux inscriptions a été effacée sous le régime de la terreur révolutionnaire, l'an 2 de la république.

aux remparts; augmentation d'autant plus nécessaire que les Suédois pratiquaient alors une nouvelle manière d'attaquer les places et d'en former les siéges. Le premier bastion fut élevé en 1633, entre la porte Blanche et la porte de Saverne, et immédiatement après, en 1634, on construisit l'ouvrage couronné qui se trouve auprès de cette dernière porte. L'année suivante on éleva la grande pièce de la *Finckmatt*. En 1657 on commença les bastions de Sainte-Élisabeth, et un autre plus rapproché de la rivière. En 1663 on construisit le bastion de l'Hôpital. Les autres furent élevés successivement depuis 1664 jusqu'à 1674. Ils étaient alors au nombre de dix-sept.

Tel était à peu près l'état des fortifications de la ville de Strasbourg à l'époque de sa capitulation avec Louis XIV, en 1681.

Les fortifications actuelles de cette place se composent des anciennes, réparées par Vauban, et d'un grand nombre de nouvelles, construites d'après les dessins de cet homme célèbre.

Nous n'entrerons pas dans le détail de cette multitude d'ouvrages qui défendent les trois fronts qui regardent le midi, l'occident et le nord; nous dirons seulement que le front du côté du levant est défendu par la citadelle, bâtie par Vauban, qui fut commencée en 1682, et achevée l'année suivante. C'est un pentagone régulier, composé de cinq bastions et d'autant de demi-lunes: le bastion du côté du Rhin est couvert par un grand ouvrage à cornes, à la tête duquel se trouve une demi-lune entourée d'un fossé, dans lequel on peut jeter toute la rivière d'Ill, au moyen d'une grande écluse qui est à l'entrée de la rivière dans la ville. A la tête de l'ouvrage à cornes sont placées trois redoutes, formant entre elles une sorte d'ouvrage couronné, le tout enveloppé d'un fossé et d'un chemin couvert dont le glacis s'étend jusqu'aux bords du Rhin.

§. 5.

Notices topographiques sur l'intérieur de la ville dans son état actuel.

1.° *Ponts.*

La rivière d'Ill, qui traverse la ville du midi au nord, la partage en quatre parties inégales. Le principal courant est chargé de neuf ponts de bois, qui existent dans l'ordre suivant depuis l'entrée jusqu'à la sortie de la rivière.

1.° Les ponts couverts, à l'entrée de la rivière dans la ville, construits en 1300 et renouvelés en 1468; 2.° le pont S. Martin;

3.° le pont des Moulins; 4.° celui de S. Thomas; 5.° le pont de l'Esprit, vis-à-vis l'auberge de ce nom; 6.° le pont du Corbeau, près l'auberge de ce nom. (Ce pont est aussi nommé pont des Bouchers, parce qu'il se trouve près de la grande boucherie. Le nom allemand de ce pont, *Schindbrücke* (pont des bourreaux), nous rappelle que c'était de là qu'on précipitait autrefois dans la rivière les criminels condamnés à être noyés [1]; 7.° le pont de la Magdeleine ou de l'Évêché (c'est ce pont que *Kœnigshoffen* appelle le pont neuf [2]); 8.° le pont S. Guillaume, autrement appelé le pont S. Étienne, parce qu'il se trouve précisément entre ces deux églises, dont celle-ci est en-deçà, et l'autre au-delà de la rivière; 9.° le pont Rouge ou pont Royal, près la porte des Pêcheurs, à l'endroit où la rivière sort de la ville.

L'ancien canal qui entourait la ville après son premier agrandissement, et qui commence aujourd'hui à l'entrée du fossé des

---

[1] On n'employait ce genre de supplice que pour les parricides, les infanticides et les blasphémateurs. Avant de les jeter à l'eau, on les renfermait dans un sac.

[2] On l'a reconstruit à neuf en 1823, avec des piles en pierres de taille.

Tanneurs, près du pont de S. Martin, et finit derrière la nouvelle salle de spectacle, est couvert de treize ponts, dont quatre de pierres.

On peut compter douze ponts de bois sur les faux-remparts, six sur le Rhein-giessen ou canal du Rhin, et deux au moins à chaque porte, de manière que le nombre des ponts de Strasbourg peut se monter à soixante environ.

2.° *Portes.*

Les portes qui ouvrent l'enceinte de la ville ne sont plus qu'au nombre de sept, savoir : 1.° la porte Blanche ; 2.° la porte de Saverne ; 3.° la porte de Pierre ; 4.° la porte-des Juifs ; 5.° la porte des Pêcheurs ; 6.° la porte des Bouchers ; 7.° la porte de l'Hôpital.

3.° *Étendue et population.*

Par la force de sa population et par l'élévation majestueuse de l'église cathédrale avec sa superbe tour, au-dessus d'une masse imposante d'édifices de tout genre, Strasbourg présente à l'œil l'aspect d'une ville du premier ordre. Elle n'a cependant en réalité que 1400 toises de longueur. On y compte 270 rues, ruelles, quais, places, etc. ; 4000 maisons, et environ 50000 habitans, qui se trouvent partagés presque par moitié en catholiques et protestans. La population israélite est d'environ 1500.

4.° *Églises, temples, etc.*

Les églises et chapelles des catholiques étaient avant la révolution au nombre de dix-sept; aujourd'hui elles se trouvent réduites à huit, y compris celle de S. Étienne qui vient d'être rendue au culte et les chapelles du grand hôpital et de la maison de force; l'église de S. Louis n'étant pas encore rétablie.

Les églises des protestans de la confession d'Augsbourg sont au nombre de sept.

Les réformés de la confession helvétique ont un temple particulier dans la rue du Bouclier. Il a été construit en 1787.

Les israélites ont une belle synagogue à la ci-devant tribu des drapiers, dans la rue Sainte-Hélène.

5.° *Division de la ville en cantons.*

La ville de Strasbourg est divisée en quatre cantons, savoir :

Canton du Nord (1.er).

Ce canton a pour limites le fossé large, depuis la rue Marbach au quartier appelé en allemand *Thomanloch* jusqu'au ci-devant couvent des Récollets, et au retour le côté droit des rues du Parchemin, des Juifs des Flans (*Fladergass*), des Hallebardes, et de la Grand'rue, y entrant par le Marché aux herbes, jusqu'au fossé des Tanneurs, et de là, en traversant le Marché aux guenilles, jusqu'à la rue Marbach.

Nota. La Robertsau dépend de ce canton.

Canton de l'Est (2.e).

Le canton de l'est comprend tous les quartiers situés entre le fossé large, le côté gauche des rues du Parchemin, des Juifs, des Frères, des Écrivains, de la Râpe et du Bain aux roses (*Rosenbadergasse*) et, au-delà de la rivière, le côté gauche de la rue Dauphine, la place des Canonniers et les remparts, plus la Citadelle.

Nota. Les maisons éparses hors de la porte des Bouchers dépendent de ce canton.

Canton du Sud (3.e).

Ce canton renferme le quartier entre le côté droit des rues des Hallebardes et des Flans (*Fladergass*), le côté droit des rues des Frères, des Écrivains, de la Râpe et du Bain aux roses, la rive gauche de l'Ill jusqu'au pont du Corbeau, et, après avoir passé ce pont, le côté droit de la rue

Dauphine et les remparts, jusqu'au grand magasin à farine, construit sur la rivière, à son entrée en ville : de là le côté droit de la Grand'rue, en y arrivant par le faubourg Blanc.

Nota. Le Neuhof dépend de ce canton.

Canton de l'Ouest (4.°).

Ce canton comprend les faubourgs de Pierre, de Saverne et Blanc en entier ; en outre le quartier qui est entre le fossé large, le côté gauche de la Grand'rue, depuis l'église de S. Pierre-le-vieux jusqu'au fossé des Tanneurs et à la rue Marbach.

Nota. Les maisons éparses et situées hors la porte Blanche, sur le territoire de Strasbourg, dépendent de ce canton.

6.° *Liste alphabétique des rues, places, etc., de la ville de Strasbourg, avec indication du canton auquel elles appartiennent.*

NOMS FRANÇAIS.	NOMS ALLEMANDS.	CANTONS.	N.os DU PLAN.
A.			*)
Rue de l'*Abreuvoir*.	Grosse Tränk-Gasse.	E.	28
Petite rue de l'*Abreuvoir*.	Tränk-Gässlein.	E.	68
Rue de l'*Ail*.	Knoblauch-Gasse.	S.	57

*) Ces numéros sont ceux du plan gravé en 1819 pour être joint aux Notices historiques de M. Hermann. Ce plan se vend chez F. G. Levrault, à 1 fr. 50 cent., ainsi qu'un autre grand et beau plan lithographié, à 5 francs.

NOMS FRANÇAIS.	NOMS ALLEMANDS.	CANTONS.	N.º DU PLAN
Rue de l'*Aimant*.	Magneten—Gasse.	S.	74
de l'*Ancre*.	Anker-Gässlein.	E.	6
de l'*Arbre vert*.	Baum-Gässlein.	S.	47
Grandes *Arcades*.	Grosse Gewerbslaube.	N.	27
Petites *Arcades*.	Kleine Gewerbslaube.	N.	22
Rue de l'*Arc-en-ciel*.	Regenbogen-Gasse.	E.	78
de l'*Argile*.	Leimen-Gässlein.	O.	47
Place d'*Armes*.	Barfüsser-Platz.	N.	3
Rue Sainte-*Aurélie*.	Sanct-Aurelien-Gasse.	O.	3
des *Aveugles*.	Blinden-Gasse.	O.	46
B.			
Rue du *Bain-aux-roses*.	Rosenbader-Gasse.	S.	12
du *Bain-aux-plantes*.	Pflanzbad-Gasse.	S.	77
des *Balayeurs*.	Feg-Gasse.	E.	57
des *Baquets-à-poissons*.	Narten-Gässlein.	E.	41
Sainte-*Barbe*.	Barbara-Gasse.	N.	10
du *Bateau*.	Schiff-Gässlein.	S.	54
Quai des *Bateliers*.	Schiffleut-Staden.	E.	2
Rue des *Bestiaux*.	Vieh-Gasse.	E.	56
de la *Bière*.	Bier-Gässlein.	E.	62
Rue du faubourg *Blanc*.	Weissenthurm-Strasse.	O.	6
Porte *Blanche*.	Weissenthurm-Thor.	O.	1
Vieux marché aux *blés*.	Alter Kornmarkt.	N.	14
Rue du vieux marché aux *blés*.	Hinter der Herrenstube.	N.	15
de *Bock*.	Bocks-Gässlein.	S.	27
des *Bœufs* (près des orphelins).	Ochsen-Gässlein.	S.	18
des *Bœufs* (au Finkwiller).	Ochsen-Gässlein.	S.	40
des *Bonnes gens*.	Gutleut-Gässlein.	O.	30
des petites *Boucheries*.	Bey der kleinen Metzig.	O.	48
Place des grandes *Boucheries*.	Ferkel-Markt.	S.	7

NOMS FRANÇAIS.	NOMS ALLEMANDS.	CANTONS.	n.os DU PLAN.
Rue des *Bouchers*.	Metzger-Giessen.	S.	19
Porte des *Bouchers* (où porte Dauphine).	Metzger-Thor.	S.	16
Rue du *Bouclier*.	Schilds-Gasse.	S.	69
des *Boyaux*.	Kuttel-Gässlein.	E.	13
du *Brochet*.	Hechten-Gässlein.	E.	24
Quai du *Brochet*.	Hechten-Staden.	E.	26
Rue et promenade du *Broglie*	Broglio, Rossmarkt.	N.	57
Quai de la *Bruche*.	Bey dem obern Wasserzoll	S.	78
Rue de la *Bruche*.	Breusch-Gässlein.	E.	35
Rue *Brûlée*.	Brand-Gasse.	N.	39

C.

Place des *Canonniers* (n.º 1 à 10).	Dauphine-Platz.	E.	
Idem (n.º 11 à 25).	Idem.	S.	20
Rue du *Caquet*.	Klapper-Gässlein.	E.	33
de la *Carpe* ou des voix.	Karpen- oder Stimmen-Gasse.	E.	47
Sainte-*Catherine*.	Catharinen-Gasse.	E.	34
des *Cerceaux*.	Reif-Gasse.	O.	34
de la *Chaîne*.	Ketten-Gasse.	S.	64
des *Chandelles*.	Hellenlichter-Gasse.	N.	16
des *Chanvriers*.	Hänfer-Gässlein.	E.	38
du *Chapon*.	Kapaunen-Gasse.	E.	65
des *Charpentiers*.	Zimmerleut-Gasse.	N.	41
de la *Charrue*.	Ostertags-Gasse.	O.	19
Place du *Château royal*.	Schloss - Platz (autrefois Frohnhof).	S.	9
Rue du *Chaudron*.	Kessel-Gässlein.	N.	32
des *Chaudronniers*.	Kupferschmidts-Gässlein	E.	11
Quai des *Chevaux*.	Gaul-Staden.	E.	30
Rue des *Cheveux*.	Haar-Gässlein.	S.	72
Rue du *Ciel*.	Himmelreich-Gässlein.	E.	74
Citadelle.	Citadelle.	E.	

(25)

NOMS FRANÇAIS.	NOMS ALLEMANDS.	CANTONS.	PLAN DE N.
Rue de *Clément*.	Clemens-Gässlein.	O.	24
du *Coin brûlé*.	Brand-ein-End.	N.	2
du *Coin pointu* (derrière le temple neuf).	Bey dem scharfen Eck.	N.	38
de la *Comédie*.	Luxhof-Gasse.	N.	40
du *Coq*.	Hahnen-Gässlein.	S.	75
du *Corbeau*.	Raben-Gässlein.	E.	1
des *Cordiers*.	Seiler-Gässlein.	S.	8
des *Cordonniers*.	Schuhmacher-Gasse.	S.	65
des *Corneilles*.	Krappen-Gässlein.	N.	55
des *Cornets*.	Zinken-Gässlein.	S.	33
des *Couples*.	Kuppel-Gässlein.	E.	3
de la *Course* (petite).	Kleine Renngasse.	O.	8
de la *Course* (grande).	Grosse Renngasse.	O.	9
Coin des *Craquelins*.	Bretstellen-Eck.	E.	27
Rue de la *Croix*.	Kreutz-Gässlein.	E.	69
de la *Cuiller-à-pot*.	Kochlöffel-Gässlein.	N.	18
de la *Cuiller-à-pot* (au Finkwiller).	Kochlöffel-Gässlein.	S.	38
du *Cumin*.	Mattenkümmel-Gässlein.	S.	29

D.

Rue *Dauphine*, n.º 1 à 10.	Dauphine-Gasse.	E.	
Dauphine, n.º 11 à 23.	Dauphine-Gasse.	S.	17
de la *Demi-lune*.	Halbenmond-Gasse.	N.O.	11
du *Demi-toit*.	Bey dem halben Dach.	O.	21
des *Dentelles*.	Spitzen-Gasse.	S.	71
Déserte.	Seelos-Gasse.	O.	7
du *Dôme* ou des prêtres	Münster-Gasse.	N.	34
Place du *Dôme* ou de la cathédrale (n.º 1 à 30).	Münster-Platz.	S.	5
Idem (n.º 31 à 33).	*Idem*.	E.	
Rue du *Dragon*.	Drachen-Gasse.	S.	30
des *Drapiers*.	Tucherstub-Gasse.	N.	7

3

NOMS FRANÇAIS.	NOMS ALLEMANDS.	CANTONS.	N.os DU PLAN.
E.			
Rue de l'*Écarlate*.	Scharlach-Gässlein.	S.	28
des *Échasses*.	Stelzen-Gässlein.	N.	36
des *Écoles* ou Dominicains.	Schul-Gässlein.	N.	26
de l'*Écrevisse*.	Krebs-Gasse.	N.	59
des *Écrivains*.	Schreiberstub-Gasse.	E.	60
de l'*Écurie*.	Stall-Gasse.	S.	53
de l'*Église* (petite).	Klein-Kirch-Gässlein.	N.	49
de l'*Église* (grande).	Grosse Kirch-Gasse.	N.	51
Sainte-*Élisabeth*.	S.t-Elisabethen-Gasse.	S.	34
Cul-de-sac *Élisabeth*.	Elisabethen-Eck.	S.	32
Rue des *Enfans trouvés*.	Findlings-Gasse.	E.	54
de l'*Enfer*.	Höllen-Gässlein.	E.	37
de l'*Épine*.	Dornen-Gasse.	S.	59
de l'*Épouvantail*.	Butzen-Gässlein.	E.	23
Escarpée.	Gäh-Gässlein.	S.	70
de l'*Esprit*.	Geist-Gässlein.	S.	56
de l'*Esprit* (grande).	Grosse Geist-Gasse.	O.	25
de l'*Eprit* (petite).	Kleine Geist-Gasse.	O.	26
Saint-*Étienne*.	S.t-Stephans-Kloster-G.	E.	71
Place Saint-*Étienne*.	Stephans-Plan.	E.	78
Rue de l'*Étoile*.	Sternen-Gässlein.	E.	39
de l'*Évêque* ou Bischoffsheim.	Bischoffs-Gasse.	N.	58
F.			
Rue du *Faisan*.	Fasanen-Gasse.	E.	75
du *Feu* ou de l'Incendie.	Feuer-Gasse.	O.	14
du *Fil*.	Faden- od. Pfundzoller-G.	N.	56
des *Filets*.	Hammen-Gässlein.	E.	50
Finkwiller.	Finkweiler.	S.	42
Quai du *Finkwiller*.	Finkweiler-Staden oder Krautmarkt.	S.	35
Rue des *Flans*, n.° 20 à 29.*	Fladergasse.	N.	30
Idem n.° 30 à 45.	Idem.	S.	

* Cette rue n'a qu'une série de numéros avec celle des *Hallebardes*.

NOMS FRANÇAIS.	NOMS ALLEMANDS.	CANTONS.	N.os DU PLAN
Quai des *Fleurs*.	Blumen-Staden.	E.	6
Place au *Foin*.	Bey der Heuwaage.	E.	22
Rue de la *Fonderie* ou Sainte-Claire.	Claren-Gässlein.	N.	61
de la *Fontaine*.	Picker- oder Springbrunnen-Gasse.	S.	79
du *Fort*.	Burg-Gasse.	N.	54
du *Foulon*.	Stampf-Gässlein.	O.	48
des *Fours*.	Backofen-Gasse.	E.	52
des *Frères* (n.º 1 à 37).	Bruderhofs-Gasse.	E.	61
Idem (depuis n.º 38).	*Idem.*	S.	14
des *Fribourgeois*.	Freyburger-Gasse.	N.	12
G.			
Rue des trois *Gâteaux*.	Drey-Wecken-Gässlein.	E.	12
de la *Gerbe*.	Kreutz-Gässlein.	O.	23
du *Glaive*.	Schwerdt-Gässel.	E.	16
de *Grætel*.	Grätel-Gässlein.	S.	25
Grand'rue (n.º 1 à 79).	Lange Strasse.	S.	80
Idem (n.º 80 à 119).	*Idem.*	O.	
Idem (n.º 120 à 161).	*Idem.*	N.	
Rue de la *Grange* (grande).	Grosse Stadel-Gasse.	N.	6
de la *Grange* (petite).	Kleine Stadel-Gasse.	N.	4
Graumann.	Graumanns-Gasse.	O.	33
Saint-*Guillaume*.	Wilhelmer-Gasse.	E.	43
de *Günther*.	Günther- oder Baumöhl-Gässlein.	E.	4
H.			
Rue de la *Hache*.	Axt-Gässlein.	N.	37
dite *Hæckergæssel*.	Häckergässlein.	E.	8
des *Hallebardes* (n.º 1 à 10).*	Spiess-Gasse.	S.	
Idem (n.º 11 à 19).	*Idem.*	N.	30
Rue des *Hannetons*.	Maykäfer-Gässlein.	S.	86

* Cette rue n'a qu'une série de numéros avec celle des *Flans*.

NOMS FRANÇAIS.	NOMS ALLEMANDS.	CANTONS.	N.os DU PLAN.
Rue Sainte-*Hélène*.	Sanct-Helenen-Gasse.	N.	9
Marché aux *Herbes*.	Gartners-Markt.	S.	46
Place de l'*Homme de fer*.	Beym eisernen Mann.	N.	1
Rue de l'*Homme de pierre*.	Steinernenmanns-Gasse.	S.	52
des sept *Hommes*.	Siebenmanns-Gasse.	N.	19
de l'*Hôpital*.	Spital-Gässlein.	S.	3
Porte de l'*Hôpital*.	Spital-Thor.	S.	22
J.			
Rue du *Jardin-aux-roses*.	Rosengarten-Gasse.	O.	40
des *Jardins*.	Garten-Gasse.	S.	21
Saint-*Jean*.	Sanct-Johannes-Gasse.	O.	5
Quai Saint-*Jean*.	Sanct-Johannes-Staden.	O.	16
Rue du *Jeu des enfans*.	Kinderspiel-Gasse.	O.	37
du *Jeu de paume*.	Bey dem Ballhause.	E.	22
des *Incendiaires*.	Brenner-Gässlein.	N.	21
des *Juifs* (n.° 1 à 16).*	Juden-Gasse.	N.	42
Idem. (n.° 27 à 45).	*Idem.*	E.	
Porte des *Juifs*.	Juden-Thor.	N.	45
K.			
Marais *Kagueneck*.	Kagenecker-Bruch.	O.	13
Rue de *Kagueneck*.	Kagenecker-Gasse.	O.	
de la *Krautenau*.	Die Krautenau.	E.	32
de *Kuhn*.	Kuhnen-Gasse.	O.	15
L.			
Rue de la *Lanterne*.	Laternen-Gasse.	N.	13
de la *Lie*.	Drusen-Gässlein.	S.	60
de *Lindenfels*.	Lindenfelser-Gässlein.	S.	76
de Saint-*Louis*.	Sanct-Ludwigs-Gasse.	S.	31
du *Loup*.	Wolfs-Gässlein.	E.	45

* Les numéros 17 à 26 forment la rue du *Parchemin*.

NOMS FRANÇAIS.	NOMS ALLEMANDS.	CANTONS.	N.os DU PLAN.
M.			
Cul-de-sac de la cour des Maçons.	Mauerhof-Gässlein.	N.	44
Rue de la *Magdeleine*.	Magdalenen- oder Utten-Gasse.	E.	9
Cul-de-sac du *Mai*.	Mayen-Gässlein.	O.	29
Rue des *Maisons rouges*.	Bey den rothen Häusern	E.	58
Le *Marais* vert.	Das grüne Bruch.	O.	20
Rue de *Marbach* (n.º 1 à 6).	Marbach-Gässlein.	O.	45
Idem (n.º 7 à 12).	Idem.	N.	47
Cul-de-sac de *Marbach*.	Marbach-Hof.	N.	
Cul-de-sac de Saint-*Marc*.	Hinter Sanct-Marx.	S.	39
Place du *Marché*.	Markt-Platz.	O.	39
Rue Sainte-*Marguerite*.	Sanct-Margarethen-Gasse	O.	4
Sainte-*Marguerite*.	Prediger-Gässlein.	N.	28
du *Maroquin*.	Corduan-Gasse.	S.	6
de la *Massue*.	Kolben-Gässlein.	E.	25
Saint-*Médard*.	Medardus-Gässlein.	E.	70
Mercière.	Krämer-Gasse.	S.	4
de la *Mésange*.	Meisen-Gasse.	N.	52
des *Meuniers*.	Müller-Gässlein.	S.	73
des *Mineurs*.	Bergherren-Gasse.	O.	28
du *Miroir*.	Spiegel-Gasse.	S.	63
de *Moll*.	Mollen-Gasse.	O.	12
Derrière la *Mouche*.	Hinter der Mücke.	S.	36
Place du *Moulin*.	Mühlen-Platz.	S.	45
Moulin des huit tournans.	Acht-Räder-Mühle.	O.	2
Rue des *Moulins*.	Mühlen-Gässlein.	S.	37
Digue des *Moulins*.	Wörthel.	S.	44
Rue derrière les *Murs*.	Hinter den Mauern.	E.	17
N.			
Marché *neuf*.	Neuer Markt.	N.	39
Rue *neuve* (au quai des bateliers).	Neue Gasse.	E.	15

NOMS FRANÇAIS.	NOMS ALLEMANDS.	CANTONS.	N.ᵒˢ DU PLAN.
Rue *neuve* (au quai des pêcheurs).	Neue Gasse.	E.	46
Rue du quartier S.ᵗ-*Nicolas*	Sanct-Nicolaus-Gasse.	E.	51
Quai Saint-*Nicolas*.	Sanct-Nicolaus-Staden.	S.	26
Place Saint-*Nicolas*.	Sanct-Nicolaus-Quartier.	E.	59
Derrière Saint-*Nicolas*.	Hinter Sanct-Nicolaus.	S.	24
Rue du *Noyer*.	Nussbaum-Gässlein.	O.	43
de la *Nuée bleue*.	Blauwolken-Gasse.	N.	53
O.			
Rue d'*Or* ou quartier des Charrons.	Gold-Giessen.	S.	23
des *Orfèvres*.	Goldschmidts-Gasse.	N.	31
des *Orphelins*.	Waisen-Gasse.	E.	19
Fossé des *Orphelins*.	Waisen-Graben.	E.	18
Rue de l'*Ours*.	Bären-Gässlein.	O.	42
de l'*Outre*.	Schlauch-Gasse.	N.	23
P.			
Cul-de-sac du *Paon*.	Pfau-Gässlein.	S.	58
Rue du *Parchemin* (n.° 17 à 20). *	Pergamenter-Gasse.	N.	43
Idem (n.° 21 à 26).	*Idem*.	E.	76
Rue des *Payens*.	Heiden-Gasse.	O.	10
basse des *Payens*.	Untere Heiden-Gasse.	O.	11
des *Pêcheurs*.	Fischer-Gässlein.	E.	7
Quai des *Pêcheurs*.	Fischer-Staden.	E.	44
Porte des *Pêcheurs*.	Fischer-Thor.	E.	48
Rue des *Pénitentes*.	Reuerin-Gässlein.	E.	10
du *Pied de bœuf*.	Rindsfuss-Gässlein.	S.	50
Place Saint-*Pierre-le-jeune*	Jungen Sanct-Peter-Platz.	N.	50
Rue de la *Pierre large*.	Bey dem breiten Stein.	E.	72
Faubourg de *Pierres*.	Stein-Strasse.	O.	32
Porte de *Pierres*.	Steinstrasser-Thor.	O.	31
Rue des *Pierres*.	Stein-Gässlein.	E.	79

* Cette rue n'a qu'une série de numéros avec celle des *Juifs*.

NOMS FRANÇAIS.	NOMS ALLEMANDS.	CANTONS.	N.os DU PLAN
Rue du *Pilot*.	Pfahl-Gässlein.	N.	5
des *Pinsons*.	Finken-Gässlein.	S.	41
des *Piques*.	Spiessen-Gässlein.	E.	31
des *Planches* ou des hiboux.	Dielen- oder Eulen-Gasse.	E.	55
Vieux marché aux *Poissons*.	Alter Fischmarkt.	S.	1
Place des *Ponts couverts*.	Bey den gedeckten Brücken	S.	43
Rue des *Ponts couverts*.	Idem.	S.	
de la *Poule*.	Hennen-Gasse.	E.	36
du *Poumon*.	Lungen-Gasse.	S.	48
des *Pucelles*.	Jungfrauen-Gasse.	E.	77
du *Puits*.	Brunnen-Gasse.	S.	61
du *Puits*.	Brunnen-Gässlein.	E.	14
R.			
Rue des *Ramoneurs*.	Höllenfeger-Gässlein.	E.	40
de la *Râpe* ou de l'égrugeoir.	Bey dem Reibeisen.	S.	10
du *Rateau*.	Rechen-Gässlein.	E.	5
des *Rats*.	Ratten-Gässlein.	O.	50
derrière le *Rempart*.	Hinter dem Wall.	E.	53
au *Renard prêchant*.	Wo der Fuchs den Enten predigt.	E.	21
du *Roitelet*.	Höllen-Gässlein.	O.	44
S.			
Place au *Sable*.	Sand-Platz.	S.	13
Rue *Salpétrière*.	Bey der Salpeterhütte.	E.	20
Saltzmann.	Saltzmanns-Gasse.	S.	67
du *Sanglier*.	Hauer-Gässlein.	N.	33
du *Saumon*.	Salmen-Gässlein.	S.	17
Porte de *Saverne*.	Kronenburger-Thor.	O.	17
Faubourg de *Saverne*.	Kronenburger-Strasse.	O.	18
Rue du *Savon*.	Seifen-Gässlein.	N.	8
de *Schiltigheim*.	Schiltigheimer-Gasse.	N.	60

NOMS FRANÇAIS.	NOMS ALLEMANDS.	CANTONS.	N.º DU PLAN.
Rue dite *Schnurrengässel*	ou Scheergässlein.	O.	49
des *Serruriers*.	Schlosser-Gasse.	S.	62
des *Sœurs*.	Schwestern-Gasse.	E.	66
du *Soleil*.	Sonnen-Gässlein.	E.	29
Quartier des *Souabes*.	Schwaben-Ländlein.	E.	25
Rue de la *Soupe à l'eau*.	Wassersupp-Gasse.	O.	35
dite *Standgässel* ou	Stanecker-Gässlein.	S.	15
de *Stoltz*.	Stoltzen-Gässlein.	S.	11
de *Subhastation*.	Gant-Gässlein.	N.	20

T.

NOMS FRANÇAIS.	NOMS ALLEMANDS.	CANTONS.	N.º DU PLAN.
Fossé des *Tailleurs*.	Schneider-Graben.	S.	2
des *Tanneurs*.	Gerber-Graben.	O.	51
Grande place du *Temple neuf*.	Neuenkirchehof.	N.	24
Petite place du *Temple neuf*	Kleiner Neuenkirchehof.	N.	25
Rue *Thomann* (n.º 1 à 11 et 23 à 25).	Thomann-Loch.	N.	46
Idem (n.º 12 à 22).	Idem.	O.	41
Quai Saint-*Thomas*.	Rheineckel, Thomasstaden	S.	55
Place Saint-*Thomas*.	Thomas-Platz.	S.	66
Cul-de-sac du *Tiroir*.	Schubladen-Gässlein.	N.	35
Rue du *Tonnelet rouge*.	Rothfässel-Gässlein.	E.	63
des *Tonneliers*.	Küfer-Gasse.	S.	51
de la *Toussaint*.	Allerheiligen-Gasse.	O.	27
Traversière.	Zwerch-Gasse.	E.	49
des *Treilles vertes*.	Bey den grünen Hälten.	O.	22
des *Tripes*.	Kuttel-Gasse.	S.	49
des *Trompettes*.	Trompeter-Gasse.	O.	36

V.

NOMS FRANÇAIS.	NOMS ALLEMANDS.	CANTONS.	N.º DU PLAN.
Rue des *Veaux*.	Kalbs-Gasse.	E.	67
Vieux marché aux *Vins*.	Alter Weinmarkt.	E.	38
Marché aux *Volailles*.	Gayot-Markt oder auf dem verbrennten Hof.	E.	64

7.° *Description abrégée des différens quartiers de la ville et de leurs monumens.*

La méthode la plus facile d'acquérir la connaissance topographique de l'intérieur de la ville, est de prendre pour point de départ l'église cathédrale, dont la tour présente un moyen sûr de s'orienter sans peine, à chaque pas que l'on fait.

Nous commencerons nos notices topographiques par la description de ce que nous trouverons de remarquable sur la rive gauche de la rivière.

Église cathédrale.

La cathédrale a été commencée en l'année 1015, sous l'évêque VERNHER. On prétend cependant que le chœur est encore celui qui fut construit vers l'année 770, d'après les ordres de l'empereur Charlemagne. Le fait est que cette partie de l'édifice n'est pas en harmonie avec le reste de cet auguste monument.

Les chroniques rapportent que, pendant treize ans, plus de cent mille personnes furent employées journellement à la construction de la cathédrale. La piété les excitoit seule à ce travail. Des indulgences, du pain et quelques racines, voilà ce qu'elles recevaient pour salaire.

Cette construction se ralentit ensuite, et ne fut terminée qu'en 1275, c'est-à-dire, 260 ans après qu'elle fut commencée.

En l'année 1277, Conrad de Lichtenberg, alors évêque de Strasbourg, posa la première pierre de la tour, qui fut élevée d'après les dessins et sous la direction d'*Erwin*, de Steinbach.

D'après le plan primitif, que l'on conserve soigneusement dans les archives de la fondation de Notre-Dame, il devait y avoir deux tours absolument semblables, et elles devaient être élevées chacune à la hauteur de 594 pieds. Une seule, celle du côté du nord, a été achevée, et portée seulement à la hauteur de 490 pieds (ancienne mesure de Strasbourg, ce qui fait un peu plus de 437 pieds de roi). L'autre tour n'a que la hauteur de la plate-forme, achevée en l'année 1365.

Les escaliers tournans, au haut desquels on arbore les drapeaux lors des solennités publiques, ont été achevés en 1433, et quatre années après, c'est-à-dire, en 1437, le surplus de la tour a été terminé.

On a donc employé à cette dernière construction 162 ans, lesquels, ajoutés aux 260 ans employés à la construction de l'église, forment, pour cette vaste entreprise, un total de 422 ans.

Des tremblemens de terre et des incendies, la plupart produits par le feu du ciel, ont mis à plusieurs reprises l'église et la tour en péril. En 1654, entre autres, la foudre tomba sur la cathédrale, et brisa une portion considérable de la partie supérieure de la tour. On fut obligé, à raison des dégradations, d'en démolir 58 pieds. Il fallut trois années pour la rétablir. On prétend qu'elle a été élevée alors d'un pied dix pouces et demi au-dessus de la hauteur qu'elle avait originairement.

En 1759 la foudre tomba sur le toît au-dessus de la nef, laquelle était alors couverte en plomb, et y mit le feu. En moins d'une heure toute la toiture fut consumée. Le feu était si ardent que le plomb embrasé tombait en cascades sur le pavé, et roulait ensuite jusque dans la rivière. En rétablissant cette toiture, on l'a recouverte en lames de cuivre rouge, comme on le voit encore aujourd'hui.

En 1772 on a construit des boutiques le long des contreforts qui existent entre la façade principale et les portails du nord et du midi. Ces boutiques sont enjolivées d'ornemens gothiques analogues à l'architecture du monument principal ; elles ont été terminées en 1778. La façade du temple est décorée de trois portails, auxquels on arrive au moyen d'un parvis élevé de plusieurs degrés, et entouré de bornes de pierre liées entre elles par des chaînes de fer.

Le portail du milieu, le plus grand et le plus beau des trois, est orné de six colonnes et de plusieurs statues. La porte principale était primitivement d'airain sculpté; on l'a fondue pendant la révolution, pour en faire de la monnaie, et elle a été remplacée par une porte de bois.

Au-dessus du portail, là où commence le *premier étage de la tour,* on voit, dans des niches particulières, les statues équestres de *Clovis*, de *Dagobert*, de *Rodolphe de Habsbourg* et de *Louis XIV :* celle-ci a été inaugurée le 25 Août 1823.

Immédiatement au-dessus est la grande rose en vitraux peints. Sa circonférence extérieure est de 150 pieds, et son diamètre de 48.

Le clocher vient ensuite : il est formé d'une vaste tour, en forme de carré oblong, terminé par la plate-forme, où commence le *second étage de la tour.*

La tour proprement dite, qui forme ce second étage, se présente à l'œil, vue de loin, comme étant de forme carrée ; mais elle est véritablement octogone, et les quatre escaliers tournans qui conduisent à la flèche, en dissimulent quatre faces.

La flèche s'élève au-dessus, et forme le

troisième étage de l'édifice. C'est une pyramide à huit pans, comme la tour; le travail en est admirable et ressemble à une découpure, tant il est léger, et tant la pyramide est à jour. On voit au-dessus ce que l'on appelle la lanterne, ensuite la couronne, et enfin le bouton qui termine l'édifice : c'est une pierre octogone.[1]

Il est impossible de faire de ce magnifique monument une description qui puisse en donner une idée exacte. Tous les connaisseurs qui l'ont vu, sont d'accord qu'on ne peut rien lui opposer dans son genre, et qu'il est supérieur à tout ce qui existe en édifices d'architecture gothique.

Il n'y a point, dans toute l'Europe, un ouvrage sorti de la main des hommes qui soit aussi élevé. Il a, comme on l'a dit précédemment, plus de 437 pieds de roi. La plus haute des pyramides d'Égypte ne le surpasse que de trente pieds. L'église de S. Pierre de Rome a neuf pieds de moins que la cathédrale de Strasbourg. La hauteur de celles de Vienne, de Paris, d'Yorck, de Londres, de Milan, de Cologne, de Zurich, etc.,

---

[1] On vient en ce moment (Septembre 1824) de placer au-dessus du bouton une croix en pierre de taille de la hauteur de 5 pieds 4 pouces, et dont les branches ont 5 pieds de longueur.

ne peut lui être comparée, et elle ne le cède à aucune d'elles sous le rapport de la solidité, de l'élégance des formes et de la beauté du travail.

Quant à l'intérieur de l'église, quelque beau qu'il soit, il ne répond pas à l'extérieur. Le chœur surtout n'est pas en rapport avec le surplus du vaisseau, dont la longueur intérieure est de 355 pieds, et la largeur de 132. La hauteur de la nef, depuis le pavé jusqu'à la voûte, est de 71 pieds 10 pouces 3 lignes.

La nef est séparée des bas côtés par deux rangs de piliers colossaux qui supportent l'édifice. Ils sont au nombre de neuf de chaque côté.

On remarque dans l'intérieur de l'église les orgues, faites par André Silbermann, en 1714; la chaire, d'architecture gothique, qui vient d'être restaurée avec beaucoup de goût et d'élégance; le grand autel; le S. Sépulcre (chapelle souterraine au-dessous du chœur); l'horloge, chef-d'œuvre du seizième siècle, mais dont le rouage est rompu; les chapelles de S.ᵉ Catherine ou de la Croix, et de S. Laurent, etc.

Les restaurations nouvellement faites font espérer qu'on exécutera prochainement d'autres embellissemens.

On ne pourrait en dire davantage sur la

cathédrale, sans sortir du cadre que l'on s'est tracé, et qui ne permet de donner que de simples aperçus sur les différens édifices de la ville. Les curieux qui voudront avoir une description plus complète de la tour et de l'église, ainsi que des détails circonstanciés sur l'histoire de leur construction, pourront consulter *les Essais historiques et topographiques sur l'église cathédrale de Strasbourg*, par l'abbé *Grandidier* (Strasbourg, chez Levrault, 1782); *les Notices historiques, statistiques et littéraires sur la ville de Strasbourg*, par *J. F. Hermann* (Strasbourg, chez Levrault, 1817—1819); et enfin *la Description de la cathédrale de Strasbourg*, avec six gravures (Strasbourg, chez Schuler, 1817).

Ces ouvrages ne sont pas les seuls qui fournissent des renseignemens authentiques sur ce magnifique monument : on en trouve de précieux dans plusieurs ouvrages latins et allemands ; mais ceux que nous venons de citer suffisent pour satisfaire complétement les personnes qui voudront connaître à fond l'une des merveilles de l'architecture gothique.

Château royal.

Vis-à-vis la cathédrale, et à quelque distance de la porte méridionale, on remarque d'abord le ci-devant palais épiscopal, aujourd'hui le château royal, sur le bord de la rivière.

Ce palais, dont la construction a été commencée en 1728 et terminée en 1741, est d'une belle architecture. Le rez-de-chaussée, formant premier étage sur la terrasse du bord de l'eau, contient de beaux et vastes appartemens de représentation, meublés avec splendeur, et décorés de tableaux, de statues et de bronzes d'un grand prix.

L'étage supérieur est divisé en appartemens destinés aux personnes de marque qui accompagnent les princes lors de leur séjour à Strasbourg.

La façade sur la terrasse est imposante par sa noble simplicité; elle a près de 80 mètres de longueur, et est ornée au milieu d'un pavillon en saillie, formé de quatre colonnes qui soutiennent un entablement surmonté d'un dôme.

Ce palais était devenu propriété nationale au moment de la révolution; la ville de Strasbourg en fit l'acquisition en 1791, et y établit l'administration de la Mairie; elle l'offrit ensuite, en 1806, à Napoléon, pour lui servir de palais, et elle reçut en échange l'hôtel de Darmstadt. Le roi y a assigné aujourd'hui le logement de M.gr l'Évêque du diocèse.

Frauenhaus.

Il existe à la droite de ce château une maison remarquable par son antiquité, et même par la forme de sa construction ; on l'appelle *Frauenhaus* (maison de Notre-Dame). C'est le bureau et la demeure du receveur de la fondation de Notre-Dame, dont la régie est, depuis la fin du treizième siècle, entre les mains du magistrat, qui en nomme les officiers. Les revenus de cette fondation, indépendantes de la ville, ainsi que de ceux de la fabrique de l'église, sont consacrés uniquement à la réparation et à l'entretien des bâtimens de la cathédrale.

Frohnhof — Christkindelsmarkt.

La place entre le château, le Frauenhaus et l'église, se nomme *Frohnhof* (place aux corvées) ; c'est sur cette place que se tient annuellement une foire précieuse aux enfans, et qui consiste uniquement en bonbons, jouets, bimbeloterie, etc.

Cette foire, que l'on appelle *Christkindelsmarkt*, a lieu huit jours avant Noël, et dure jusqu'à la messe de minuit.

Halle au poisson et au gibier.

En descendant ensuite vers la rivière, derrière le *Frauenhaus*, on trouve une halle couverte, construite en 1812, et destinée à la vente du poisson et du gibier.

Devant cette halle, une assez jolie petite place, qui aboutit à la terrasse du château royal sur le bord de l'Ill, et qui est plantée de platanes, sert tous les vendredis de marché aux poissons.

En remontant vers la cathédrale, on trouve à côté de l'église même l'ancien collége catholique, bâti par les jésuites, aujourd'hui le collége royal (ci-devant le *lycée*, et sous la république l'*école centrale*). C'est sur le même emplacement qu'a été monté le premier atelier d'imprimerie qui ait existé à Strasbourg, dans la maison dite *zum Thiergarten* (au parc).

Le séminaire épiscopal[1] est attenant au collége et à la cathédrale. Il est situé dans la rue des Frères, près du marché Gayot.[2]

---

[1] Ce bâtiment a été élevé sur les ruines de l'ancien *Bruderhoff*, qui, dans les premiers temps, fut un cloître où vivaient des chanoines réguliers sous le nom de *Frères de Notre-Dame*, d'où leur maison a pris le nom de *Bruderhoff*, que la rue a conservé.

[2] Ce marché, destiné à la vente journalière de la volaille, du beurre et des légumes, a été appelé ainsi en l'honneur d'un préteur royal du nom de *Gayot*, qui a laissé à Strasbourg les souvenirs les plus honorables.

Ce vaste bâtiment renferme encore les bibliothèques et musées appartenant aux différens établissemens d'instruction publique. Les bureaux de l'Académie et les facultés, qui y étaient établis, ont été récemment transférés à l'ancien hôtel de la Prévôté, rue de la Nuée bleue.

La rue des Frères conduit à la place S. Étienne, à l'entrée de laquelle on remarque le ci-devant *Ritterhaus*, c'est-à-dire, l'hôtel du directoire de la noblesse immédiate de la Basse-Alsace, bâti sur l'emplacement de l'ancienne chapelle de S.ᵉ Croix, qui fut démolie du temps de la réformation, et dont le nom est conservé par une petite rue tout à côté, dite rue de la Croix (*Kreutzgässlein*).

Église de S. Étienne.

L'église de S. Étienne est la plus ancienne de celles qui subsistent actuellement à Strasbourg : aussi a-t-elle essuyé un grand nombre de vicissitudes. Elle fut bâtie, vers le milieu du huitième siècle, par Adelbert, duc d'Alsace, à l'usage d'un monastère de chanoinesses. Les dames de ce couvent perdirent successivement les habitudes d'une discipline sévère, et contractèrent insensiblement des goûts mondains ; elles finirent enfin par embrasser la réformation, et leur église fut transformée en magasin.

Louis XIV, étant devenu Souverain de Strasbourg, donna ce monastère, avec ses revenus, aux Dames de la Visitation, à la charge d'élever à leurs frais, dans la religion catholique, dix jeunes demoiselles de la province. L'église fut remise en état, érigée en paroisse et desservie par un curé royal. La révolution a englouti les revenus; l'église et le monastère sont devenus magasins, et depuis, le théâtre de Strasbourg ayant été incendié, on a établi, dans l'église même de S. Étienne, une salle de spectacle provisoire, laquelle a existé jusqu'au mois de Mai 1821, époque à laquelle on a ouvert la nouvelle salle sur le Broglie.

Cette église a été alors de nouveau rendue au culte; elle sert de chapelle au Collége épiscopal, qui a été établi dans les anciens bâtimens qui longent la cour et dans de nouvelles salles bâties exprès.

Hôtel de la Préfecture.

Si de S. Étienne on remonte par la petite rue de l'Arc-en-ciel, où se trouve la caserne de la gendarmerie et l'ancien couvent des Récollets, dans lequel est placé le magasin général des hôpitaux militaires, on entre dans la rue Brûlée ou des Brûlés, ainsi appelée par suite d'un événement affreux qui s'y passa en 1349.[1] Une révolte eut lieu à Strasbourg à cette époque, et 2000 Israélites furent inhumainement brûlés dans leur propre cimetière, sur l'emplacement où est aujourd'hui l'hôtel de la préfecture (la ci-devant intendance), qui fut bâtie, dans les années 1730 à 1736, par le préteur royal François-Joseph Klinglin.

Loterie royale.

Vis-à-vis la préfecture, et toujours dans la rue Brûlée, on voit le jardin de l'hôtel Luckner (avant la révolution l'hôtel du doyen du grand-chapitre), appartenant maintenant à l'Administration de la loterie royale de France. La façade et la principale entrée de cet hôtel sont dans la rue des Juifs.

Vieux grenier de la ville.

Le vieux grenier de la ville, à côté de la préfecture, est un respectable monument de la prévoyance et de la sollicitude des magistrats de l'ancienne république de Strasbourg. Il doit son origine aux alarmes du sénat, à l'occasion du passage des troupes françaises par la Haute-Alsace, en 1444, sous la conduite du Dauphin, depuis le Roi

---

[1] Voyez l'Annuaire historique et statistique du département du Bas-Rhin, année 1810, p. 10.

Louis XI, marchant contre Bâle. Ce grenier avait plus de 60 toises de longueur avant qu'on en eût abattu une partie pour donner du jour à l'intendance : il a cinq étages. C'est dans ce vaste magasin, toujours abondamment fourni, que Strasbourg trouvait ses ressources dans les temps les plus difficiles et les plus malheureux. C'était alors un véritable grenier d'abondance, non-seulement pour les bourgeois de la ville, mais encore pour les habitans de la campagne, que les événemens de la guerre obligeaient si souvent de se réfugier dans cette bonne ville.

Lors de la construction de la nouvelle salle de spectacle, on a coupé le vieux grenier de la ville par le milieu, de manière à en faire deux bâtimens, séparés par un intervalle de dix mètres, que l'on destinait alors à la percée d'une rue qui, à travers l'avant-cour de l'hôtel de la Préfecture, aurait conduit de la rue Brûlée à l'une des façades latérales de la nouvelle salle de spectacle. On paraît avoir renoncé à ce projet qui, sans être d'une grande utilité au public, aurait fait un dommage sensible à l'hôtel de la préfecture.

La partie du vieux grenier la plus rapprochée de cet hôtel contient les archives du département, l'autre partie sert de magasin pour le spectacle.

Quartier-général de la 5.ᵉ division militaire et hôtel de ville.

Près de l'hôtel de la préfecture on remarque l'ancien hôtel de *Deux-Ponts,* où demeure M. le lieutenant-général commandant la division, et l'hôtel-de-ville (autrefois de *Darmstadt*), occupé par M. le Maire de la ville et par les bureaux de son Administration.

Ce dernier hôtel contient le Musée des tableaux et des sculptures appartenant à la ville, et provenant en grande partie des dons du Gouvernement.

Il y existe quelques beaux tableaux et des modèles des meilleures statues antiques.

Luxhof.

Entre ces deux hôtels, dans la rue de la Comédie (anciennement du Luxhof), on voit les restes d'un ancien palais, appelé le Luxhof, parce que la chapelle qui s'y trouvait était consacrée sous l'invocation de S. Luc.

C'est de cette chapelle que partait jadis une procession de pénitens, fondée en 1357, en vertu d'un vœu qu'avaient fait les magistrats pour obtenir du ciel la cessation des tremblemens de terre qui, à cette époque, avaient été presque continuels durant une année entière. Tous les sénateurs, selon la teneur du vœu, devaient assister à cette procession, pieds nus, revêtus d'une grosse étoffe pluchée, couverts de cendres, et tenant un cierge d'une livre à la main. Après la procession, les cierges étaient consacrés et destinés à brûler devant la Vierge, patrone de la ville ; les habits étaient distribués aux pauvres, avec une aumône de vingt muids de blé. Cette procession a été exécutée régulièrement chaque année, depuis 1357 jusqu'en 1524.

Le palais du Luxhof était destiné au logement des empereurs, lorsqu'ils venaient à Strasbourg ; c'était là aussi que l'on conservait le grand étendard de la république de Strasbourg, qui représentait la Vierge couronnée d'un cercle d'or, enrichi de pierres précieuses. On a transféré ensuite cet étendard aux archives de la ville : il a été mis en pièces par la populace ameutée lors du pillage des archives, au commencement de la révolution, en 1789. Il ne subsiste plus du Luxhof que quelques restes assez difficiles à reconnaître. Depuis quelques années on y a établi une brasserie.

Promenade du Broglie.

Arrivé au bout de la rue Brûlée, on a à gauche la rue du Dôme, qui conduit à la cathédrale, et qui contient beaucoup de belles maisons particulières. Si l'on tourne à droite, en longeant l'ancienne tribu des tailleurs, on se trouve devant une promenade entourée d'une belle balustrade en fer, formée de trois allées de tilleuls, plantés en 1818. Lors de l'érection de cette promenade, en 1740, on lui donna le nom du maréchal de Broglie, gouverneur de la province. Elle ne se composait alors que de deux allées de tilleuls et de platanes, et était entourée d'un mur de briques à hauteur d'appui. Cette place s'appelait auparavant *Rossmarkt* (marché aux chevaux). Dans les temps anciens elle servait de carrière pour les carrousels et les tournois qui étaient célébrés en cette ville.

Fonderie de canons.

Au bas de la promenade, à gauche et vis-à-vis la terrasse de l'hôtel de Deux-Ponts, on voit la fonderie de canons, l'école et la direction d'artillerie[1], qui occupent l'emplacement d'un ancien couvent de Clairisses. Le fond de cet arsenal touche à l'ancien arsenal de la ville, qui était très-considérable. On y montre plusieurs pièces très-curieuses.

A la droite de la fonderie, et en face du Broglie, on voit la nouvelle salle de spectacle, devant laquelle il existe une vaste et

---

[1] Construits en 1703.

belle place pavée, et ayant un large trottoir le long du canal.

Salle de spectacle.

Cette nouvelle salle est construite sur la grande place où existait celle qui a été incendiée en 1800, mais plus en arrière que celle-ci, commencée en 1700 et qui a existé juste 100 années.

La nouvelle salle a 68 mètres (environ 210 pieds) de longueur sur 31 (environ 96 pieds) de largeur : elle est construite sur pilotis et grillages de chênes, avec tous les soins qu'exigent des fondations voisines d'eaux vives.

Le bâtiment est précédé d'un beau péristile de six colonnes d'ordre ionique, répondant à autant de pilastres, séparés l'un de l'autre par des portes cintrées, garnies de belles grilles bronzées et dorées. L'entablement qui est au-dessus de la colonnade, est orné de six statues colossales de muses, exécutées par le célèbre *Ohnmacht*, que Strasbourg s'enorgueillit de compter au nombre de ses citoyens.

L'ouverture de l'avant-scène est de plus de douze mètres ; le théâtre est vaste et profond. Le jeu des machines et des décorations se fait d'autant plus facilement qu'il existe au-dessous du théâtre un espace égal à celui qui est au-dessus, jusqu'aux frises.

Vue du Théatre.

La salle est construite de manière que la partie destinée aux spectateurs est séparée par un mur épais, qui s'élève dans toute la hauteur du comble pour défendre du feu en cas d'incendie la charpente au-dessus de la salle.

La toiture du théâtre est séparée de celle du foyer des acteurs par un mur en briques et pierres de taille, qui dépasse le toit, et sur lequel on a pratiqué des marches avec des rampes de fer pour faciliter les secours contre le feu.

On remarque particulièrement les escaliers et les corridors, qui sont beaux et spacieux. Les rampes d'escaliers, et en général tous les ouvrages de serrurerie, sont parfaits et d'un fini que l'on rencontre rarement.

Un vaste foyer destiné au public se trouve dans la partie intérieure du péristile, et sert de salle de restauration lors des bals publics. Il y a un beau local pour le café au rez-de-chaussée sur le devant, et derrière le théâtre des foyers pour les répétitions et des appartemens pour la toilette des acteurs.

La décoration intérieure de la salle, ainsi que celle du théâtre proprement dit, sont d'accord avec la beauté du monument. Cette décoration a été exécutée par les soins et sous la direction de MM. Cicéry et Lebe-Gigun, premiers machinistes et peintres en décorations de Paris.

Enfin, rien n'a été épargné pour faire de la nouvelle salle de spectacle un monument qui réponde à l'importance de la ville et à l'aisance de ses habitans.[1]

Académie et Palais de justice.

Si, en revenant du Broglie, on prend par la rue de la Nuée-bleue, on trouve sur la droite deux grands hôtels, celui du ci-devant grand-prévôt de l'église cathédrale, qui est occupé provisoirement par l'Académie, et celui dit du Gouvernement, où est établi le Palais de justice. On vient de bâtir derrière ce palais un bâtiment carré, environné de cours, pour servir de prisons civiles.

Église de Saint-Pierre-le-jeune.

Un peu avant d'arriver au Palais de justice, on voit l'église de S.-Pierre-le-jeune, au fond

---

[1] La nouvelle salle de spectacle a été commencée en 1804. On y a joué pour la première fois en Mai 1821. On calcule qu'y compris les abords et embellissemens extérieurs, qui ne sont pas tous terminés, elle coûtera environ deux millions.

Les travaux de la salle de spectacle ont été exécutés sous la direction de M. Villot, architecte de la ville.

La maçonnerie a été entreprise par M. Wenger, entrepreneur de travaux publics.

La serrurerie, par MM. Sultzer et Gœrner, maîtres serruriers.

de la place qui porte son nom. Le chœur de cette église est occupé par la seconde paroisse catholique ; la nef appartient aux protestans, conformément aux arrangemens commandés par Louis XIV.

Caserne de la Finckmatt.

En allant de là aux faux-remparts, et tournant à droite, on se trouve de suite à l'entrée des casernes de la Finckmatt, qui consistent en deux grands corps de bâtimens sur une même ligne, ensemble de 200 toises de face, à trois étages, y compris le rez-de-chaussée, et qui peuvent contenir 1500 hommes.

Église de Saint-Jean.

Le faubourg de Pierre ne présente rien d'intéressant ; celui de Saverne ne possède que l'église et la maison de la ci-devant commanderie de Saint-Jean. Ces bâtimens méritent, sous plusieurs rapports, de fixer l'attention. Ils furent construits primitivement pour un couvent de filles, sous le nom de Saint-Marc. Ces religieuses ayant embrassé la réformation et renoncé à leurs vœux, la ville s'empara de leurs biens, et les convertit en fondations pieuses, qui subsistent encore sous le même nom, et servent à soulager un grand nombre de pauvres honteux. Quant à la maison, le magistrat la céda, en 1686, aux Joannites[1], en échange des restes de leur ancien couvent, dont une partie avait été enveloppée dans les fortifications, et dont l'autre sert aujourd'hui de Maison de force, et est connue sous le nom de *Raspelhaus*.

C'est dans cette même maison de S. Marc, dans l'emplacement de la bibliothèque, que s'assemblait, dans les premières années du seizième siècle, une société de savans, composée de *Beatus Rhenanus*, de Jacques Wim-

---

[1] L'établissement de ces religieux à Strasbourg date de 1371. Lorsqu'ils occupèrent la maison de S. Marc, on les chargea de desservir une paroisse pour les trois faubourgs. Ils vivaient en commun sous la direction d'un supérieur élu à vie, qui avait le titre de commandeur et recevait sa confirmation du grand-prieur d'Allemagne. Il recevait la bénédiction abbatiale et avait le droit de porter la croix pastorale et d'officier pontificalement avec la crosse et la mitre. Leur bibliothèque était très-curieuse, remplie de manuscrits et de livres rares. Au commencement de la révolution, du temps de la persécution des prêtres qui refusaient de jurer la *constitution civile du clergé*, les Joannites se distinguèrent par leur constance inébranlable. Enfin, ne pouvant les renvoyer autrement on les chargea sur des voitures et on les déporta en masse. Depuis ce temps la maison et l'église ont servi tour à tour de magasins, d'hospice pour les enfans trouvés, etc.

pheling, etc., ayant le célèbre Érasme pour associé. C'est peut-être la plus ancienne société savante qu'on puisse citer en Europe; c'est à elle que remonte l'origine de l'université de Strasbourg, qui s'est acquis dans la suite une si grande réputation en France, en Allemagne et dans tout le nord de l'Europe.

Faubourg Blanc.

En sortant de S. Jean, on se dirige sur le faubourg Blanc, qui est un des plus beaux et des plus larges de la ville. Près de la porte Blanche on remarque une singulière inscription, en langue allemande, sur une pierre incrustée dans la muraille, entre la porte et la tour d'observation. Elle est conçue en ces termes :

Gottes Barmherzigkeit,
Der Pfaffen Grittigkeit
Und der Bauren Bosheit
Ergründet niemand bey meinem Eid.
1418.

C'est-à-dire : *Personne ne saurait comprendre jusqu'où peuvent aller la miséricorde de Dieu, l'avarice des moines et la malice des paysans.*

Voici l'anecdote qu'on dit avoir donné lieu à cette inscription.

Les paysans d'un village appartenant au chapitre de S. Thomas, étaient obligés de voiturer en ville les dixmes des chanoines leurs seigneurs, et à cette occasion on avait coutume de leur donner chaque fois à rafraîchir. Une coutume long-temps suivie devient insensiblement un droit. Le receveur du Chapitre s'avisa cependant un jour de refuser le rafraîchissement accoutumé. Les paysans murmurèrent et promirent de s'en venger. Ils s'en vengèrent en effet, en brûlant ce qui restait de la dixme sur les champs : d'après une autre version, au voyage suivant, ils conduisirent, comme de coutume, leurs denrées en ville ; mais, ayant passé la porte, ils déchargèrent leurs voitures dans la rue, faisant dire au receveur qu'ils avaient rempli leurs obligations ; que les grains étaient en ville, et qu'il n'avait qu'à les faire prendre.

Sainte-Aurélie.

A l'extrémité du faubourg Blanc se trouve l'église de Sainte-Aurélie, de la confession d'Augsbourg, derrière laquelle existait l'ancien couvent de Sainte-Marguerite, que la guerre de la révolution a métamorphosé en hôpital de galeux et qui appartient maintenant au génie militaire.

Ce couvent devait son origine à une société de Béguines, fondée d'abord dans le village d'*Eckbolsheim*. En 1270, elles se transportèrent à Strasbourg et embrassèrent la règle de S. Dominique. La maison et l'église qu'on voit aujourd'hui, furent bâties en 1322. Ces religieuses demeurèrent fidèles à leurs vœux au milieu des troubles de la réformation.

Maison de force.

De S. Marguerite une petite rue à gauche conduit à la Maison de force. Cet établissement est dû aux soins de l'ancien magistrat pour la bonne police de la ville. Il date de l'année 1575. Il ne fut d'abord destiné qu'aux mendians-vagabonds pour les faire travailler. Dans la suite on y enferma aussi les filles publiques. On y renferme maintenant les condamnés à la réclusion. On y a aussi formé un hôpital pour toutes les prisons, et enfin on y détient les prisonniers pour dettes.

Il serait bien à désirer que des hommes qui ne sont que malheureux, et qui très-souvent ne se sont pas attiré leur malheur par la mauvaise foi, et ne le doivent qu'à des événemens commerciaux, ne soient pas confondus avec des criminels, et partagent avec eux le même réfectoire et le même foyer.

L'Administration finira sans doute par en sentir toute l'inconvenance, et elle fera établir un local entièrement séparé, à l'usage des détenus pour dettes.

Saint-Pierre-le-vieux.

L'église de S.-Pierre-le-vieux est le premier édifice qui se présente en quittant le faubourg. Cette église paroissiale devint collégiale en 1398. Elle tomba au seizième siècle entre les mains des protestans, mais lors de la soumission de la ville au roi, le Chapitre fut rétabli ; la nef resta aux protestans, et le chœur, séparé par une muraille, fut cédé aux catholiques.

L'église de S.-Pierre-le-vieux donne d'un côté sur la grand'rue, la plus longue et la plus peuplée de Strasbourg, mais qui ne renferme aucun monument public : de l'autre côté cette église donne sur le Vieux marché aux vins, sur lequel se tient tous les vendredis une espèce de foire, appelée Marché aux guenilles (*Gimpel-Markt*).

Marché aux guenilles.

Les jours où ce marché se tient, le Vieux marché aux vins offre à peu près l'aspect du quai de la ferraille à Paris. On remarque au Vieux marché aux vins une petite maison, connue sous le nom de Speyer-Bad (Bains de Spire), bâtie en pierre de taille, dont l'inscription porte qu'elle a été achevée en 1576, lorsque les *Zurichois* se rendirent à Strasbourg pour les jeux de l'*arquebuse*.[1] Ils mirent si peu de temps à leur voyage, dit l'inscription, qu'ils apportèrent de Zurich une *bouillie de mil* (Hirsebrey) encore toute chaude à Strasbourg, où elle fut mangée au poêle des Maçons à la table de l'Ammeistre. Cette bouillie avait été apportée dans un grand vase d'airain, pesant 140 livres, et entouré de sable chaud.

La rue du Vieux marché aux vins vient ensuite. C'est une des plus belles de la ville; on y remarque le vaste Hôtel du ci-devant

---

[1] Ceci nous rappelle les exercices et les fêtes du vieux temps. Il y avait à Strasbourg, comme dans les autres villes libres, des sociétés d'arquebusiers qui étaient en liaison entre elles, suivant les localités. Celle de Strasbourg était plus particulièrement liée avec celles de Bâle et de Zuric.

La compagnie de Strasbourg donnait souvent des fêtes et des jeux publics, auxquels elle invitait les sociétés étrangères affiliées, des princes et des seigneurs, et où le magistrat distribuait des prix consistant en médailles d'argent.

L'origine de la société des arquebusiers de Strasbourg remonte jusques vers l'an 1375, peu de temps après l'invention de la poudre à canon. Il paraît qu'en 1576 la compagnie de Strasbourg se signala par des fêtes extraordinaires. Les médailles offraient d'un côté deux arquebuses en sautoir, de l'autre les armes de la ville, soutenues par deux lions. La légende était : *Ludis publ. resp. Argent. f.f.* 1576.

Chapitre de Neuwiller, et l'ancienne auberge de la *Haute-montée*, où se tenait autrefois une des principales Curies (Tribus) de la noblesse, celle dont faisait partie la fameuse faction des *Zorn*, qui partageait l'autorité dans la ville avec la famille des *Müllenheim*.[1] Ces deux factions furent éteintes par la révolution de 1332 qui, enlevant l'autorité à la noblesse, la transporta au peuple.[2]

Petite Boucherie.

Vis-à-vis l'auberge de la Haute-montée se trouve la petite Boucherie qui, n'étant composée que de mauvaises échoppes, défigure singulièrement ce quartier, et y répand, surtout pendant les chaleurs, une odeur infecte.

Au bas de la petite Boucherie il existe sur l'ancien canal un pont de pierres qui donne entrée sur la place d'armes. C'est au-

---

[1] Dans la suite la Haute-montée devint le siége du directoire de la haute noblesse immédiate de la Basse-Alsace, qui y tint ses assemblées jusqu'à l'époque de la soumission à la souveraineté de Louis XIV, où le directoire fut transféré à Niedernai. Après la soumission de Strasbourg, en 1681, le directoire y revint, et ayant ensuite vendu son hôtel de la Haute-montée, il fit bâtir celui sur la place Saint-Étienne.

[2] Voyez, pour les événemens de cette révolution, la partie historique ci-après.

dessus de ce pont qu'était la Tour-aux-Pfennings, appelée vulgairement *Pfenningthurn*, et dans laquelle on conservait le trésor et les archives de la ville. Élevée du temps du premier agrandissement de la ville, elle était ouverte par dessous et formait la porte des *Artisans*.

Place d'armes.

La Place d'armes forme un carré long, irrégulier, ayant environ 160 mètres (492 pieds) dans sa plus grande longueur, et environ 120 (370 pieds) dans sa plus grande largeur. Le côté du nord est le seul qui ait des bâtimens alignés. Ils ont été construits en 1767, et ils contiennent plusieurs établissemens militaires, tels que le logement de M. le Lieutenant de Roi, l'État-major de la place, le Bureau du logement militaire, les Conseils de guerre permanens de la Division, etc. C'est sur la Place d'armes qu'a lieu la parade des troupes de la garnison. C'est aussi le lieu d'exécution pour les jugemens criminels.

La Place d'armes sert encore, tous les vendredis, à la tenue du marché aux grains. Ce marché se tenait auparavant sur le Broglie, et n'en a été retiré qu'au moment où l'on a replanté cette promenade, en 1818. Il serait bien à désirer que l'on réalisât enfin le projet, depuis si long-temps formé, d'établir une halle couverte pour servir de marché aux grains.

L'Administration ne paraît pas encore bien fixée sur l'emplacement à choisir pour y établir cette halle. Tout porte à croire cependant qu'elle le sera au *Marais vert*, qui pourrait convenir parfaitement à cette destination. Le Marais vert est situé entre les deux faubourgs de Saverne et de Pierres à proximité de l'eau. Les abords en sont faciles. Un semblable établissement serait d'ailleurs un bienfait pour ce quartier, qui est un des moins habités de la ville, et il attirerait une partie de la population qui afflue vers les quartiers du centre, déjà assez favorisés par leur position et par les établissemens qu'ils renferment.

Le prolongement de la rue du Vieux marché aux vins, appelé rue de la Mésange, aboutit à la promenade du *Broglie*. Au commencement de cette rue on trouve le pont des Étudians, qui conduit à la place d'armes par le passage de la Pomme de pin, et sert aussi pour aller au *Temple neuf* et au *Collége protestant* (Gymnase).

Temple neuf et Gymnase protestant.

Ce vieil édifice, bâti en 1254, était anciennement un couvent de Dominicains, qui y demeurèrent jusqu'en 1521. Les écoles protestantes y furent instituées par Jean Sturm[1], célèbre professeur de grec, de latin et de logique, à Paris.

L'habileté des maîtres qu'on y attira de toutes parts, parmi lesquels se trouvait le célèbre historien *Sleidan*, la sollicitude des scolarques, qui avaient à leur tête le Stettmeistre *Jacques Sturm*, rendirent bientôt cette école célèbre dans toute l'Europe. Déjà en 1578, Jean Sturm comptait parmi ses auditeurs trois princes, vingt-quatre comtes et barons, deux cents gentilshommes, sans parler de ceux qui étaient de la condition bourgeoise. En 1566, Maximilien II érigea ce Collége en Académie, et en 1621 Ferdinand l'honora du titre d'Université, avec les plus grands priviléges qui puissent s'accorder. Aussi ne le cédait-elle en réputation à aucune autre université et y voyait-on à la fois des Allemands, des Polonais, des Hongrois, des Russes, des Danois, des Anglais, et même des Français.

Après le départ des Dominicains, l'église resta fermée jusqu'à l'époque de l'intérim,

---

[1] Cet établissement s'est formé sous les auspices et sous la direction du magistrat, notamment sous celle de l'illustre Stettmeistre *Jacques Sturm de Sturmeck*, d'après les bases de la société libre établie dans la Bibliothèque de S. Marc, dont nous avons parlé plus haut.

publié par *Charles-Quint,* par suite duquel la cathédrale ayant été restituée aux catholiques, les protestans furent établis dans l'église des Dominicains.

Les choses ayant changé de face dix ans après par l'abdication de l'empereur, et les catholiques ne trouvant plus de protection, ils cessèrent d'eux-mêmes leurs offices, et les protestans retournèrent à la cathédrale, et y restèrent jusqu'à la soumission de la ville à Louis XIV, lequel y rétablit le culte catholique et renvoya les protestans dans l'église des dominicains, qui reçut alors la dénomination de *Temple neuf.*

En restaurant l'intérieur de ce temple, on vient de découvrir, sous le plâtre dont le mur était recouvert, de belles peintures, représentant une *danse des morts*, dans le genre de celle si connue de Bâle. Le premier tableau représente, comme dans celle-ci, un prédicateur en chaire avec un auditoire composé de prélats, de religieux et de religieuses de divers ordres : dans les tableaux suivans on voit la mort entraînant l'un après l'autre, tous les rangs et tous les états de la vie. Les premiers tableaux sont bien conservés, à quelques dégradations près; le coloris est encore fort beau. Malheureusement il n'en est pas de même de la partie la plus considérable, peinte sur le grand côté à gauche en entrant; la plupart des figures en sont à peu près détruites par l'humidité du mur ou par d'anciennes réparations.[1] Les recherches faites jusqu'à ce jour n'ont pu encore faire découvrir ni l'auteur de ces peintures, ni l'époque où elles ont été faites ; cependant, comme cette danse des morts paraît évidemment faite d'après celle de Bâle, on doit la regarder comme du 15.ᵉ siècle, et peinte pendant que l'église était occupée par les Dominicains. La couche de plâtre qui la cachait, pourrait alors remonter à l'époque où ils l'ont quittée.

Le Temple neuf renferme encore le tombeau de l'un de ses pasteurs les plus distingués, M. Jean-Lorenz Blessig, mort en 1816. Ce beau monument est dû au ciseau de M. Ohnmacht.

Les orgues de cette église, qui sont fort belles, ont été construites par André Silbermann, fils, célèbre facteur.

Le *Gymnase* protestant occupe le rez-de-chaussée du couvent ; le haut est occupé, d'un côté, par les étudians de la fondation de *S. Guillaume*, et de l'autre côté par la Bibliothèque.

---

[1] On s'occupe de la restauration de la partie la mieux conservée, et celle qui n'offroit plus que des traces informes sera de nouveau recouverte.

Bibliothèques publiques.

La Bibliothèque de la ville[1] renferme une collection considérable de manuscrits curieux et de livres rares, parmi lesquels il y a beaucoup d'*incunabula*, c'est-à-dire, des premières éditions, faites dans l'origine de l'imprimerie.

Dans le même local, mais dans un emplacement particulier, se trouve la Bibliothèque *Schœpflinienne*, léguée en 1772 à la ville par le célèbre professeur *Daniel Schœpflin*, avec son Cabinet d'antiques et de médailles, pour être consacrés à l'utilité publique.[2]

---

[1] Le premier établissement de cette bibliothèque date de l'an 1531, et est due, comme tant d'autres institutions utiles, aux soins et au patriotisme de *Jean Sturm*. Elle ne constistait d'abord qu'en 700 volumes; mais ce nombre fut bientôt augmenté tant par des achats que par des donations. En 1692 le magistrat y joignit la bibliothèque de *Marcus Otto*, que ce digne citoyen lui avait léguée pour être consacrée à l'utilité publique. C'est en 1764 qu'elle reçut sa forme actuelle. Les livres y sont rangés d'après les *quatre facultés*. La collection des manuscrits a été considérablement augmentée en 1783 par les donations de MM. Wenckler et Garus.

[2] En 1783 le magistrat réunit à la bibliothèque Schœpflinienne toute la précieuse collection de Silbermann, relative à l'histoire et aux antiquités de *Strasbourg* et de l'*Alsace*.

Parmi les différens portraits dont cette partie de la salle est ornée, on remarque celui de Schœpflin et celui de Jean Guttenberg, inventeur de l'imprimerie.

Auprès de la salle de la Bibliothèque se trouve un Cabinet de mécanique, où l'on voit entre autres curiosités, l'ancien plan de la ville de Strasbourg avec ses fortifications, exécuté en bois par le célèbre *Speckle*, le petit étendard de la ville, le plan en relief d'un vauxhall projeté, des vitraux coloriés très-curieux, des autels quadrilatères, etc.

En sortant du Temple neuf, on se trouve dans la rue des Orfèvres, où demeurent plusieurs fabricans et artistes distingués, notamment M. Kirstein, renommé pour ses beaux ouvrages de ciselure; et en passant à droite par le Marché neuf, on arrive sous les grandes Arcades, et l'on remarque vis-à-vis le poêle de la Lanterne, où était établie autrefois une ancienne Académie de *Troubadours* allemands, nommés *Minnesœnger*.

Ancien Hôtel-de-ville.

Les grandes Arcades conduisent au Marché aux herbes, où est une jolie place, plantée d'acacias. On y voit l'ancien Hôtel-de-ville (*alte Pfaltz*) dont le rez-de-chaussée est converti aujourd'hui en boutiques, et comtient la salle des ventes à l'encan ; les étages supérieurs renferment le Tribunal, la Chambre et la Bourse de commerce.

Cet hôtel fut construit en 1583, sur les dessins de Daniel Speckle. C'est là que siégeaient les différentes chambres et corps de la magistrature. Il renfermait des archives extrêmement précieuses, plusieurs manuscrits rares et un grand nombre d'actes curieux, qui ont été pillés en grande partie dans une émeute populaire, le 28 Juillet 1789.

Grande Boucherie.

En descendant du Marché aux herbes vers la rivière, et en suivant la rue du vieux Marché aux poissons [1], l'on voit, à droite, l'ancien poêle de la Moresse, où se donnaient autrefois les concerts publics [2] ; et à gauche, attenant au pont du Corbeau, la grande Boucherie, construite en 1578.

Douane.

A la droite du pont du Corbeau est la Douane du commerce (*Kaufhaus*), bâtiment très-vaste, construit en 1358, à la suite du-

---

[1] C'est dans cette rue que se tiennent les deux foires, qui commencent le 24 Juin et le 25 Décembre, et durent chacune quinze jours.

[2] Les concerts publics ont maintenant lieu à l'ancienne tribu des maçons, dans la rue des Juifs, à laquelle on a donné le nom de *Réunion des arts*.

quel se trouve le nouveau Marché aux vins, sur une petite place, plantée de tilleuls, qui aboutit au pont de l'Esprit.

Directoire et Séminaire protestans.

En remontant le quai de l'Esprit, on arrive au beau quai Saint-Thomas, où sont deux superbes bâtimens, dans lesquels sont établis le Directoire, le Consistoire et le Séminaire des protestans de la confession d'Augsbourg.

Église Saint-Thomas.

Attenant à ces deux bâtimens, on voit l'église S. Thomas, qui ne fut d'abord qu'un petit hospice, fondé, en 670, par S. Florent, évêque de Strasbourg, pour y recevoir des étrangers, particulièrement des Écossais, compatriotes de cet évêque. Cent soixante ans après (en 830) il fut transformé par l'évêque *Adeloch* en chapitre de chanoines réguliers. L'église ayant été brûlée en 1007, elle fut rebâtie à neuf en 1030. En 1141, elle éprouva un nouvel incendie et on la rebâtit de nouveau.

En 1374, le Chapitre fut sécularisé et les revenus partagés en 14 prébendes. A l'époque de la réformation qui s'introduisit dans le Chapitre par les prédications d'*Antoine Firn*, les magistrats en appliquèrent les biens aux établissemens de l'instruction publique. A l'occasion de l'*interim*[1], il se passa à ce sujet entre les magistrats et l'évêque Érasme une transaction, par laquelle celui-ci consentit à l'emploi des biens du Chapitre *ad usum scholarum*. C'est d'après ce traité que les professeurs de l'Université protestante jouissent à perpétuité des prébendes de S. Thomas.

Mausolée du Maréchal de Saxe.

Dans le chœur de l'église de S. Thomas on voit le Mausolée que Louis XV a fait ériger à la mémoire du Maréchal *comte de Saxe*, par le sculpteur Pigal, en 1777.

« Au bas d'une pyramide de marbre noir,
« contre laquelle est appuyé un sarcophage,
« paraît le *Maréchal de Saxe*, descendant
« les marches d'un gradin qui conduit au
« tombeau. A sa droite, on voit dans l'atti-
« tude de la déroute les animaux symbo-
« liques des trois nations alliées dont il
« triompha dans les guerres de Flandre.
« Leurs enseignes sont brisées. A sa gauche
« est le génie de la guerre en larmes, ayant
« les yeux fixés sur le Maréchal, et tenant
« son flambeau renversé; à côté de ce génie
« sont les drapeaux de la France, élevés et
« victorieux. Au-dessous du Maréchal paraît
« la France, s'efforçant d'une main de rete-

---

[1] Voyez ci-après, la partie historique.

Monument du Maréchal de Saxe.

« nir le héros, et de l'autre, de repousser
« la mort. Celle-ci, dont le squelette est caché
« sous une ample draperie, se trouve à la
« gauche du tombeau ; le clepsidre à la
« main, elle annonce au Maréchal que ses
« momens sont écoulés, et le presse d'en-
« trer dans le tombeau qu'elle tient ouvert.

« De l'autre côté du sarcophage on voit
« une figure d'Hercule, plongée dans la
« douleur.

« Au-dessous du sarcophage sont les ar-
« mes du Maréchal, traversées de deux
« bâtons de commandement et ornées de
« l'ordre de l'*Aigle blanche de Pologne.* »

Ce monument est beau, les détails surtout en sont parfaitement soignés, peut-être même le sont-ils trop.

Malgré les défauts de composition que des critiques sévères y trouvent, le mausolée du maréchal de Saxe passera toujours pour un des plus beaux ouvrages de la sculpture moderne.

Les arts en doivent la conservation à un citoyen courageux (M. Mangelschott) qui, étant garde-magasin des fourrages militaires à Strasbourg, au moment où les *iconoclastes* de 93 faisaient main-basse sur tous les monumens publics, fit entasser du foin et de la paille dans le temple S. Thomas, et dérobant ainsi ce chef-d'œuvre de Pigal à la vue des propagandistes[1], il le sauva de la fureur insensée de ces modernes Vandales.[2]

Le temple S. Thomas contient encore quelques autres monumens, élevés en l'honneur de plusieurs savans qui ont illustré Strasbourg (Schœpflin, Oberlin, Koch, Emmerich, etc.).

Ceux de ces monumens que l'on doit au ciseau du célèbre *Ohnmacht* (sculpteur vivant), se font particulièrement remarquer.

Il existe aussi à S. Thomas deux momies que l'on a découvertes en 1802, en faisant l'ouverture de quelques anciens cercueils déposés dans un caveau du temple. La tradition porte que ces cercueils existaient primitivement à S. Nicolas aux ondes (*in undis*), et qu'ils ont été transportés à S. Thomas en 1525, lors de la démolition de cette église.

Le célèbre professeur Oberlin a reconnu aux armoiries peintes sur les cercueils, que l'une de ces momies est un comte de Nassau-Sarverden; l'autre est une jeune personne, morte à l'âge de dix ans environ, que l'on présume être sa fille.

---

[1] Voyez sur la propagande le *livre bleu*, recueil de pièces authentiques servant à l'histoire de la révolution à Strasbourg.

[2] Voyez l'Annuaire historique et statistique du Bas-Rhin, par Fargès-Méricourt, année 1808, pages 115 et 116.

L'homme est habillé de bure, veste boutonnée, juste-au-corps et culotte de même étoffe, bas de lin et souliers carrés. Il a des gants de peau de daim; sa tête, couverte d'un bonnet de drap d'argent garni de dentelles, repose sur un chevet fourré de mélissés; il a au cou une fraise plissée blanche.

La jeune fille a une robe de tafetas, vert et bleu changeant, ornée de rubans. Sa tête est parée d'une couronne de fleurs. Deux chaînes, composées de petits anneaux de bronze entremêlés d'étoiles blanches, lui pendent sur les épaules, et supportent une main blanche émaillée, tenant une couronne verte de lauriers, ayant au milieu un rubis.

Cette jeune fille a aux deux bras des bracelets composés alternativement de perles et de coraux : à chacune de ses mains se trouve une bague d'or, l'une avec un diamant et l'autre avec les lettres I H S, sur un fond noir.

La figure du comte est mieux conservée que celle de la jeune fille.

Hôtel de la monnaie.

Au-delà du temple S. Thomas, on trouve l'Hôtel de la monnaie (ancienne Intendance); les pièces qui y sont frappées portent la marque BB.

Ponts-couverts.

Derrière cet hôtel, en tournant à gauche, on entre dans une île qui conduit jusqu'aux

Ponts-couverts, et où l'on remarque d'un côté la grande écluse construite par Vauban, à l'entrée de la rivière, et par le moyen de laquelle on peut, en cas de besoin, faire refluer les eaux dans tous les fossés extérieurs et même inonder tout le terrain entre l'Ill, le Rhin et la ville, à plus de 1500 toises de distance ; de l'autre côté, on remarquera l'usage que l'on fait de ces eaux pour l'utilité des habitans et pour faire aller plusieurs moulins. Cette répartition des eaux est de l'an 1393. On prétend que l'architecte, auteur de cet ouvrage, tomba malheureusement dans l'eau pendant qu'il dirigeait la construction, et qu'il s'y noya.

A l'issue des Ponts-couverts sont les tours qui servaient naguères de prisons civiles.

Vis-à-vis de la prison militaire, qui reste seule, sont les anciennes écuries de la ville, connues sous le nom de *Herrenstall*, dans lesquelles la république entretenait les chevaux nécessaires, soit pour les besoins de la guerre, soit pour accompagner l'empereur à son couronnement. Pour l'entretien de ces chevaux, les bourgeois payaient un impôt appelé *Stallgeld*[1], c'est-à-dire, *impôt de l'écurie*.

---

[1] L'origine de cette institution remonte à une époque inconnue ; mais il est constaté par un ancien

Haras royal.

Près de là on trouve l'hôtel du *Haras*, dans la rue *S.ᵉ Élisabeth*; le manége y a été fondé dans le seizième siècle; les magistrats y entretenaient les meilleurs maîtres pour la danse, les armes et l'équitation. Les élèves étaient soumis à la jurisdiction du tuteur de l'Université. L'hôtel a été rebâti à neuf en 1763. On y voit de nos jours de superbes étalons, de race pure, que le Gouvernement y entretient pour l'amélioration des races de chevaux dans le département.

Aumônerie de Saint-Marc.

Cette *Aumônerie* a été établie en 1529 et dotée des revenus du couvent S. Marc (église de S. Jean[1]) et de la moitié de ceux de l'église de S. Arbogast, démolie en 1530; la recette générale des hospices de Strasbourg, ainsi que les greniers et magasins, y sont établis.

---

document, rapporté par *Schilter*, que le *Herrenstall* était déja établi et organisé en 1249. Dans les temps ordinaires, le nombre des chevaux paraît avoir été d'environ 2000. En 1532, la quotité de cet impôt fut augmentée, et il fut réparti sous une nouvelle forme. Il a été payé ainsi jusqu'au commencement de la révolution, en 1789. Il rapportait alors environ 100,000 francs par an.

[1] Voyez page 53.

Église Saint-Louis.

Cette église, située près de la rivière et du pont S. Thomas, doit son origine à une société de *Béguines* nobles qui s'y établirent en 1252, sous la direction de *Catherine de Wangen*. Quelque temps après, une de ces dames, nommée *Jemie*, fonda, sous le titre de S.ᵉ *Barbe*, un petit hôpital pour dix pauvres infirmes. La guerre que la ville eut à soutenir vers la fin du quatorzième siècle contre son évêque, Fréderic de *Blanckenstein*, et plusieurs autres seigneurs ligués contre elle, l'ayant obligée de raser l'hôpital bourgeois, le couvent des Carmes et autres bâtimens qui étaient hors la ville, près l'endroit où est aujourd'hui la porte de l'*Hôpital*, les Carmes furent transférés dans le petit hôpital de S.ᵉ Barbe, et les Béguines furent placées ailleurs. Enfin les Carmes, qui s'appelaient alors *Frères de Notre-Dame* (Unserer lieben Frauen Brüder), ayant été chassés de leur monastère, en 1526, à cause de leur libertinage ¹, l'église fut transformée en magasin à suif.

---

¹ A la diète d'Augsbourg, en 1530, l'empereur Charles-Quint fit des reproches très-amers aux députés de Strasbourg de ce que le magistrat de cette ville avait chassé de leur couvent les *Frères de Notre-Dame*, sans leur assigner un autre local. *Jacques*

Elle resta dans cet état jusqu'à la soumission de la ville à Louis XIV. Le roi la fit alors rétablir et l'a érigée en paroisse, sous le titre de S. Louis. L'église et les bâtimens ont été vendus pendant la révolution. L'église a été en partie incendiée en 1805 : il y existe maintenant un magasin à tabac ; mais on parle de la rendre incessamment à sa destination primitive.

Église Saint-Nicolas.

A peu de distance de S. Louis, sur le quai, se trouve l'église protestante de S. Nicolas. Elle fut fondée, en 1182, par la famille noble de Spender ; elle dépend du chapitre de S. Thomas.

Hôpital civil.

Le premier hôpital bourgeois se trouvait

Sturm, sans se déconcerter, répondit : « Allergnädigster Kayser, so lange diese Ordensleute unserer lieben Frauen Brüder geblieben sind, konnten wir sie wohl dulden; als sie sich aber unterstanden auch unserer lieben Frauen Männer zu werden, wollten wir sie nicht länger unter uns leiden. » Ce qui veut dire : « Magnanime Empereur, aussi « long-temps que les *Frères de Notre-Dame* se sont « bornés à être les frères de nos femmes, nous les « avons tolérés ; mais nous n'avons plus dû agir de « même, dès l'instant qu'ils ont voulu exercer auprès « d'elles les priviléges de maris. » Cette réponse fit rire l'empereur et l'affaire en demeura là.

en-deçà de la rivière d'Ill sur un emplacement qui s'étendait depuis la grande Boucherie jusqu'à la rue Mercière, devant la cathédrale. Il dut sa fondation au magistrat dans le douzième siècle. Une rue qui a été percée à sa place, lorsqu'on le transféra hors de la ville, en 1316, en a reçu le nom de *Spittelgœsslein*. La cause de cette translation fut le renouvellement d'une mortalité qu'on attribuait à la corruption de l'air occasionée par le séjour et l'enterrement des morts dans l'enceinte de la ville. Cet hôpital fut encore démoli, vers l'an 1390, à l'occasion de la guerre entre l'évêque et les nobles; et après la guerre, en 1397, il fut reconstruit au même endroit où il est aujourd'hui, près de la porte de la ville, appelée porte de l'Hôpital. Ce nouvel édifice fut consumé par les flammes, en 1716. Deux ans après on commença son rétablissement, lequel a été achevé en 1724.

L'amphithéâtre anatomique est attenant à l'hôpital. Il fut autrefois un des plus fréquentés de l'Europe. Au-dessus de la porte de la ville dite *porte de l'Hôpital*, il existe une tour de 90 pieds de hauteur, qui sert d'observatoire depuis 1673, époque à laquelle les magistrats la destinèrent à cet usage et la firent approprier en conséquence.

Caserne des Canonniers.

En suivant le rempart, on arrive au quartier des canonniers, à côté de la porte **Dauphine**, en face d'une place irrégulière. Ce quartier est partagé en trois corps de bâtimens, l'un en face et les deux autres sur les côtés; ils forment une cour, fermée du côté de la place par une grille en fer, ouverte par trois grandes portes. La grille est soutenue de distance en distance par des piliers de pierre de taille.

C'est à l'entrée de la rue des Bouchers, près de la place, que se trouvait autrefois une porte bastionnée et flanquée de deux grosses tours, faisant partie des anciennes fortifications et se joignant à cette chaîne de murailles garnies de tours, qui allait des Ponts-couverts jusqu'au canal du Rhin (*Rheingiessen*). On voit des restes de cette muraille qui servent de mur d'enceinte à l'ancien couvent de la Magdeleine[1], le long du petit canal qui passe au-dessous, dont une partie a été comblée il y a deux ans. Ces restes aboutissent à la rue de la *Magdeleine*, au bout de laquelle était jadis une petite porte du même nom, dont on ne voit plus aucun vestige.

---

[1] Ce couvent sert maintenant de magasin des effets d'habillement et de campement pour les troupes.

Hospice des Orphelins.

Au-delà de la rue de la Magdeleine et dans celle appelée des *Orphelins*, se trouvent les hospices des orphelins des deux religions. Tous les enfans de la ville au-dessous de l'âge de 15 ans, qui ont perdu leur père et leur mère, ou qui sont entièrement privés de leurs secours et n'ont point d'autres parens en état de les soutenir, sont reçus dans ces hospices.

Quant à ceux qui sont encore au-dessous de l'âge de sept ans, l'Administration les fait élever hors de la maison jusqu'à ce qu'ils aient atteint l'âge requis pour y entrer.[1]

Hôpital militaire.

A quelque distance de ces hospices, vers l'extrémité de la ville, à l'entrée du canal du Rhin[2], se trouve l'*Hôpital militaire*.

---

[1] Ces hospices sont organisés avec sagesse et parfaitement bien administrés. Les enfans sont bien nourris et habillés proprement. On leur enseigne la religion, la lecture, l'écriture en allemand et en français, l'arithmétique et le dessin. Le reste du temps est employé à coudre, à tricoter et à filer, à faire ou à préparer les ouvrages nécessaires dans un ménage, etc. Tous les ans il y a des exercices publics, en présence des Autorités et des Administrateurs des hospices de Strasbourg. Les garçons restent dans la maison jusqu'à l'âge où ils peuvent apprendre un métier, et les filles jusqu'à ce qu'elles puissent entrer dans quelque condition.

[2] Le canal du Rhin a été ouvert en faveur du com-

C'est un vaste bâtiment partagé en trois cours, et contenant douze grandes salles pour les malades, sans compter plusieurs autres, de moindre étendue. On prétend qu'il y a de la place pour dix-huit cents malades. Ce bâtiment fut commencé en 1692, mais les malheurs qui accompagnèrent la fin du règne de Louis XIV, en retardèrent la continuation, de manière qu'il ne fut achevé que cinquante ans après.

A une petite distance du canal du Rhin, vers la chaussée de la citadelle¹, on voit la balance à foin qui est digne de remarque, et vis-à-vis l'emplacement où était le couvent des grands capucins, qui a été démoli depuis peu d'années.

Hangars de l'artillerie.

En suivant la chaussée on arrive aux *Hangars* d'artillerie, vastes bâtimens, où se font et se conservent à couvert les affûts et autres ustensiles nécessaires à ce service. Il y a aussi un dépôt d'armes, ainsi qu'un parc, fermé d'une grille en fer, où sont rangés

---

merce, en 1292, afin de faciliter l'entrée de la ville aux bateaux venant de la Suisse et du Haut-Rhin. Ce canal se partage, au sortir de l'écluse, en deux bras inégaux, qui enveloppent l'hôpital militaire et en reçoivent les immondices.

¹ Pour la citadelle, voyez pages 16 et 17.

en piles les boulets et les bombes de tous les calibres. De l'autre côté de la rue sont les forges pour toute la ferrure qui entre dans le service de l'artillerie et pour la fonderie des boulets. Derrière les hangars se trouve la jolie caserne des ouvriers d'artillerie.

Quartiers S. Nicolas et des Pêcheurs.

A côté de la caserne des Ouvriers d'artillerie est la place S. Nicolas, sur laquelle s'élève une grande caserne pour la cavalerie; le corps-de-logis existant devait être accompagné de deux ailes qui n'ont point été exécutées.

Près de là, en suivant le rempart, on trouve le quartier des Pêcheurs, qui peut contenir un bataillon d'infanterie.

Ancien hospice des Enfans trouvés; Facultés de Médecine et des Sciences.

De la place S. Nicolas, descendant la rue S. Guillaume, on trouve d'un côté les fours militaires et les magasins de la manutention des vivres militaires, et de l'autre, l'ancien hospice des enfans trouvés.

Depuis la révolution, l'hospice a été transféré à Stephansfeld, près Brumath, et la maison dont il s'agit a reçu plusieurs destinations. Elle a servi d'*atelier de travail* pour les pauvres, et on va y transférer la faculté de médecine et celle des sciences avec le muséum anatomique, le cabinet de physique, celui d'histoire naturelle, le laboratoire de chimie et la bibliothèque qui en dépendent.

Jardin botanique.

Vis-à-vis ce bâtiment est situé le *Jardin botanique*, qui est sous la direction de la Faculté de médecine. Ce jardin est parfaitement entretenu et très-riche en plantes et arbres étrangers. Il a été établi en 1619, et il a été considérablement agrandi, en 1736, par la réunion de plusieurs jardins, entre autres celui de *S. Nicolas des ondes*, couvent de religieuses qui existait autrefois dans le voisinage. Plus tard il fut encore augmenté par l'emplacement d'un ancien magasin nommé *Windhoff*.

Église Saint-Guillaume.

Au bout de la rue qui ramène vers la rivière, en face du pont S. Étienne, est l'église de S. Guillaume, paroissiale de la confession d'Augsbourg. Ce fut d'abord un monastère, qui subsista jusqu'en 1533, où la paroisse de la Krautenau y fut transférée, en vertu d'un accord fait entre les religieux et le sénat. Les religieux abandonnèrent leurs biens et leurs maisons moyennant une pension viagère. Quelques années après, le stettmeistre *Jacques Sturm*, qui venait de fonder le Collége protestant, établit à S. Guillaume un institut d'éducation pour former une pépinière de jeunes gens, où l'on pût trouver de dignes ministres de l'évangile. La première fondation fut de vingt-deux étudians; par la libéralité de plusieurs personnes, le nombre en fut porté successivement jusqu'à trente. En 1660, ce séminaire fut transféré dans l'ancien couvent des *Dominicains*, où il se trouve aujourd'hui.

En quittant S. Guillaume, on arrive au pont S. Étienne, que l'on appelle aussi pont S. Guillaume, et avant d'y être, on voit sur la gauche un beau pont de pierre d'une seule arche, que l'on vient de construire à l'endroit où le canal du Rhin, qui entoure l'hôpital militaire, se jette dans la rivière d'Ill. Ce pont sert de prolongement au quai des Bateliers, et ouvre au public une communication très-utile, dont il avait été privé jusqu'alors.

Quand on a traversé le pont S. Étienne, on arrive de nouveau devant l'ancien couvent de ce nom, après avoir eu à droite les chantiers à bois et la Manufacture royale des tabacs, à gauche des Bains publics, et ensuite la rue des Veaux, qui remonte au Château royal.

Quai Kléber.

Si ensuite de la place S. Étienne on se dirige sur la porte des Pêcheurs, on arrive au quai Kléber qui vient d'être établi le long du canal dit du Faux-rempart.

Ce quai est embelli dans presque toute sa longueur par la belle façade d'une manufacture de papiers peints, qu'un citoyen recommandable de cette ville (M. Vanné) vient de construire.

Il aboutit à l'ancien couvent des Récollets, près de la Préfecture.

Caserne des pontonniers.

Vis-à-vis l'établissement de M. Vanné on voit une belle caserne destinée au génie militaire et au corps des pontonniers.

8.° *Des environs de la ville.*

Jardins Christian et Baldner, Polygone, Hippodrome, etc.

Il y a peu de places fortes qui aient des environs aussi agréables que le sont ceux de Strasbourg; ils le seraient davantage encore, s'il y avait plus de plantations d'arbres, mais cet agrément, comme l'on sait, n'est guère compatible avec la destination d'une ville de guerre. On voit cependant hors des portes quantité de jardins de plaisance appartenant à des particuliers et des guinguettes, parmi lesquelles on remarque la Montagne-verte et la Tour-verte hors la porte Blanche; le jardin *Christian* hors la porte des Pêcheurs; et le jardin *Baldner* (où l'on donne pendant l'été des fêtes champêtres), hors la porte des Bouchers; ce dernier est sur le chemin qui conduit au Polygone, destiné aux exercices et manœuvres de l'artillerie; on y a élevé un monument au général Kléber. Il existe dans l'île du Rhin sur la route de Kehl aussi un monument consacré au général Désaix.[1]

On trouve encore hors la porte des Bouchers, sur la route de Colmar, un vaste hippodrome destiné aux courses de chevaux qui ont lieu tous les ans, d'après les ordres du Gouvernement.

Robertsau.

Il y a en outre deux promenades publiques très-belles et très-fréquentées. La première et la plus ancienne est celle de la Ruprechtsau ou Robertsau[2]. Elle commence dès les glacis, en sortant du fort Mutin, hors la porte des Pêcheurs, et va jusqu'au canal dit des *Charpentiers de bateaux*, au-delà duquel elle s'élargit et se partage en plusieurs

---

[1] Voyez, pour la description des monumens consacrés aux généraux Désaix et Kléber, l'Annuaire de Fargès-Méricourt, pour l'an 13, pag. 79 et suivantes.

[2] La Ruprechtsau ou Robertsau (Pré-Robert) est une île renfermée entre le Rhin et l'Ill; elle formait anciennement une seigneurie. En 1197 elle appartenait à un nommé *Ruprecht Bock*, dont elle a conservé le nom. Ce seigneur eut vingt enfans, et sa famille ne s'est éteinte qu'en 1717.

allées de vieux et gros tilleuls, plantés en 1692, par Le Notre. L'allée du milieu aboutit à un gros village d'environ dix-sept cents ames, composé de maisons de plaisance et de maisons rustiques entremêlées de jardins.

Orangerie.

En 1802, on a abattu une partie de la promenade, sur la droite en venant de Strasbourg, pour y établir de belles et vastes serres destinées à recevoir la superbe Orangerie que le ci-devant landgrave de Hesse-Darmstadt avait formée à Bouxwiller, et dont le Gouvernement d'alors fit présent à la ville de Strasbourg.

Elle se compose d'environ 140 pieds d'arbres exotiques de la plus belle conservation et de la plus haute dimension. La dépense occasionée par cette construction dépasse 350,000 fr.

Il eût été à désirer que l'on plaçât l'Orangerie ailleurs, et surtout qu'on n'abattît pas, pour la construire, des arbres magnifiques, plantés depuis près de cent cinquante ans, et qui ornaient si bien une des plus belles promenades du royaume.

Pendant l'été les orangers sont placés hors des serres, sur un terrain très-bien disposé pour cet usage.

L'Administration de la ville se sert alors

quelquefois du local de l'orangerie pour y donner de belles fêtes publiques.[1]

Le Contades.

La seconde promenade est le *Contades*, que l'on appelait aussi *Hohenlinden*. Elle est d'autant plus agréable qu'elle est tout près de la ville, hors la porte des Juifs. Lors de sa première plantation, elle avait été dédiée au maréchal de *Contades*, qui avait sa maison de campagne dans le voisinage. Elle était ombragée par des tilleuls plantés en quinconce. Durant les guerres de la révolution, les arbres furent coupés, et dans les temps de la disette le terrain fut partagé entre les citoyens, labouré et ensemencé. En l'an 7 de la république (1799), lorsqu'on n'eut plus besoin de cette ressource alimentaire, on pensa de nouveau aux plaisirs de la promenade, la ville se ressaisit du terrain et y fit planter environ 2000 pieds d'arbres de tous genres.

Après la bataille de Hohenlinden, gagnée par le général Moreau sur les Autrichiens et leurs alliés, en l'an 9 de la république, cette promenade lui a été dédiée par le conseil

---

[1] Voyez la description complète des bâtimens et du jardin de l'orangerie, dans l'Annuaire historique et statistique du département du Bas-Rhin, par Fargès-Méricourt, année 1806 (an 14 de la répul.), p. 89 et suiv.

municipal de Strasbourg, mais on continue cependant à l'appeler le *Contades* : son étendue est de plus de 9 hectares.

A l'extrémité de la grande allée il y a une jolie guinguette (le jardin *Zis*), qui vient d'être arrangée avec goût. On y remarque un *pont suspendu en fil de fer*, placé sur un bras de la rivière d'Ill, et qui conduit à un *tir au pistolet*, parfaitement dirigé par un brave et ancien officier.

Promenades naturelles.

Indépendamment de ces deux belles promenades, ouvrages de l'art, les bords du Rhin et ceux de l'Ill et de la Bruche offrent un grand nombre de promenades naturelles, remplies d'agrément. On y jouit d'une vue magnifique que l'on ne saurait rencontrer ailleurs, et qui tient à la position de Strasbourg entre les Vosges et les montagnes Noires, dont les sommités les plus élevées se perdent dans les nues, tandis que leurs mamelons les plus rapprochés de la plaine, présentent, d'un côté comme de l'autre, des sites enchanteurs, couronnés de beaux villages, d'immenses forêts et de riches vignobles.

Les vieux châteaux fortifiés que l'on entrevoit à travers les nuages, rappellent les guerres sans fin qui ont inondé l'Alsace de sang pendant l'anarchie féodale.

(90)

Mais ces vieux châteaux ne sont plus que des ruines qui succombent journellement sous le poids du temps, comme l'hydre dont ils étaient les repaires a succombé elle-même sous le poids de la raison et de la philosophie. Ils n'effraient donc plus le voyageur tranquille, l'habitant paisible, et ils ne servent au contraire qu'à animer de superbes paysages, et à nous faire goûter plus vivement les charmes de l'heureuse liberté dont nous jouissons à l'ombre d'un Gouvernement constitutionnel.

Monument du G.al Désaix.

PRÉCIS HISTORIQUE

DES RÉVOLUTIONS ARRIVÉES DANS LE GOUVERNEMENT DE LA RÉPUBLIQUE DE STRASBOURG.

Quoiqu'il n'existe pas assez de données pour déterminer d'une manière précise la nature du gouvernement de Strasbourg pendant la durée des premiers siècles du moyen âge; on voit cependant que, dans les douzième et treizième siècles, ce gouvernement n'était rien moins que populaire, que tout se réglait au gré de quelques familles nobles, et que nul n'entrait dans le sénat que par leur faveur. Ces patriciens s'étaient mis en possession de choisir chaque année les sénateurs, les quatre stettmeistres ou présidens, et l'ammeistre ou chef des corps de métiers. Les échevins, élus par les tribus des artisans, étaient réduits à une nullité presque absolue. Le peuple, entièrement subordonné aux nobles, foulé par eux, et n'ayant aucun moyen d'obtenir justice, se borna pendant long-temps à gémir et à murmurer en silence; et si de loin en loin il faisait quelques tentatives pour secouer un joug odieux, elles étaient trop mal combinées pour pouvoir réussir : enfin, l'excès du mal amena le remède.

Vers le commencement du quatorzième siècle, deux familles principales, ennemies entre elles, se disputaient la prépondérance et pesaient toutes deux également sur le peuple. Ces familles étaient celles des Müllenheim et des Zorn. En l'année 1332, à l'époque du renouvellement des magistrats, les membres de ces deux factions s'étant rassemblés à un repas, une querelle s'éleva bientôt entre eux; on en vint aux mains, et neuf personnes restèrent sur le carreau. Ce combat eut lieu dans la maison de Marmoutier, rue Brûlée, vis-à-vis l'hôtel de Darmstadt. Il répandit l'alarme dans toute la ville, d'autant plus que les deux partis ne parlaient que de nouveaux combats, et mettaient tout en mouvement pour grossir leur nombre, en appelant à leur secours les gentilshommes de la campagne. Dans ces circonstances, un habitant sensé et résolu, nommé Burkhardt Twinger, démontra à ses concitoyens le péril où se trouverait la ville, si elle devenait le théâtre d'un combat acharné entre les nobles des deux factions. Le peuple, s'ébranlant aussitôt, se porta à la maison-de-ville, conjura les magistrats de ne pas laisser entrer les étrangers, offrit de garder les portes, et promit de garantir la ville des dangers dont elle était menacée. Le magistrat se rendit à leur demande.

Dès que les bourgeois furent maîtres des portes de la ville, ils conçurent de suite la pensée de se rendre maîtres du gouvernement. Ils s'assemblèrent, établirent un nouveau sénat, et nommèrent quatre stettmeistres parmi les hommes les plus capables, sans distinction de naissance. Burckhardt Twinger fut créé ammeistre (*Handwerksmeister*, c'est-à-dire, maître des corps de métiers).[1]

Ces chefs de l'État, ainsi que les vingt-cinq sénateurs, qui furent tous tirés des tribus ou corps de métiers, furent nommés à vie. La bourgeoisie prêta de suite le serment de fidélité à son nouveau magistrat, et celui-ci en fit de même envers la bourgeoisie.[2]

Aussitôt tous les nobles furent désarmés,

---

[1] Twinger resta en place jusqu'à sa mort, arrivée en 1346. Le peuple honora alors sa mémoire en le faisant enterrer au milieu de la cathédrale, vis-à-vis de la chaire, et en plaçant sur son tombeau une épitaphe avec ses armes en cuivre doré.

[2] C'est à cette époque qu'a été rédigé l'ancien *Schwœrbrief* de Strasbourg, qui peut être regardé comme le *pacta conventa* entre les bourgeois et le magistrat.

et les auteurs du tumulte furent exilés. Il fut ordonné qu'à l'avenir les portes de la ville ne seraient ouvertes ou fermées qu'après le son de la cloche[1], et qu'au son du tocsin tous les bourgeois prendraient les armes et se rassembleraient sur la place de la cathédrale.

C'est de cette époque que date le gouvernement républicain de Strasbourg, gouvernement qui s'y est conservé tant que la ville a pu maintenir son indépendance.

Une forme de gouvernement aussi démocratique devait sans doute, et surtout dans l'origine, donner occasion à des troubles fréquens, et à des mutations dans le personnel et dans les institutions. En effet, en 1349, c'est-à-dire, moins de vingt ans après la révolution opérée par Twinger, le peuple, soulevé contre les juifs par un fanatisme furieux, destitua tout le sénat, sans autre cause que celle de sa juste et courageuse résistance contre cette aveugle fureur populaire. La magistrature subit une grande modification à l'occasion de ce renouvellement. On nomma quatre stettmeistres pour présider le sénat alternativement par quartier. L'ammeistre conserva sa charge pendant une année; mais, l'année révolue, ces

---

[1] Cette pratique s'observe encore de nos jours.

cinq chefs, ainsi que les sénateurs, devaient être remplacés par de nouvelles élections.[1]

Le nouveau magistrat prêta le premier le serment de fidélité à la bourgeoisie, et puis celle-ci en fit de même envers le magistrat. L'ancien ammeistre fut banni à vie, et la moitié de sa fortune fut adjugée aux nouveaux magistrats. Tous les juifs qui ne consentirent pas à être baptisés, furent condamnés à être brûlés vifs.[2]

On ordonna en même temps qu'aucun juif ne serait reçu dans la ville pendant l'espace de cent ans. Cette ordonnance a été rapportée en 1368.

On s'aperçut bientôt des inconvéniens d'une si grande mobilité dans les charges de la république, et déjà en 1372 on fixa à dix années la durée des fonctions publiques.

Mais à peine ces dix ans furent-ils écoulés, que le peuple, las d'obéir si long-temps aux mêmes magistrats, rétablit la forme de 1349: elle dura environ cent ans.

Enfin, en 1482, la veille de Noël, on fit

---

[1] L'ammeistre était pour cette fois un boucher, nommé *Betschold*, le premier qui eût été tiré du corps des métiers.

[2] Voyez ci-après, page 103, les désastres qui signalèrent l'année 1349, et qui servirent de prétexte à cette seconde révolution dans le gouvernement de Strasbourg.

un nouveau réglement ou *Schwœrbrief*, conçu avec tant de sagesse qu'il n'a jamais varié depuis. Chaque année, à la suite d'une lecture faite sur la place de la cathédrale, le premier mardi après le jour des Rois, tous les citoyens de la république en juraient la fidèle observation.

En voici les principales dispositions :

« Les maîtres, sénateurs, bourgeois et
« chevaliers, etc., sont convenus d'ériger
« un sénat commun pour juger et régir le
« pauvre comme le riche.

« Ce sénat sera composé de trente-une
« personnes, dont dix du corps des nobles,
« et vingt du corps des métiers, avec un
« ammeistre pris parmi ces derniers.

« Chaque sénateur restera deux ans en
« place, et le sénat ne sera renouvelé, cha-
« que année, que par moitié.

« Les dix sénateurs plébéiens sortans, se-
« ront remplacés par dix autres des mêmes
« tribus, afin que chaque tribu ait toujours
« un sénateur qui la représente.

« Le sénat en corps élira chaque année les
« cinq nobles remplaçans, et choisira parmi
« eux deux stettmeistres des mêmes tribus
« auxquelles appartiennent les nobles sor-
« tans.

« Les quatre stettmeistres présideront al-
« ternativement pendant trois mois.

« L'ammeistre sera choisi par les vingt
« sénateurs plébéiens : c'est à lui à proposer
« toutes les affaires. L'ammeistre, les quatre
« stettmeistres, et tous les sénateurs jureront
« de protéger fidèlement les chevaliers, les
« bourgeois, les artisans, et la communauté
« de Strasbourg, en leurs personnes et en
« leurs biens; de leur rendre justice, et de
« les gouverner de bonne foi.

« Les chevaliers, les écuyers et les bour-
« geois feront serment de ne rien prétendre
« de plus dans les élections.

« S'il arrivait quelque démêlé dans la
« ville, personne ne pourra s'armer qu'a-
« près avoir entendu le beffroy (tocsin),
« que l'ammeistre seul a le droit de faire
« sonner.

« Au premier signal d'un incendie, tous
« les corps de métiers s'armeront et se
« rendront sur la place de la cathédrale.
« Les nobles ne prendront pas les armes
« avant que l'ammeistre et les stettmeistres
« ne les y aient autorisés et qu'ils n'aient
« fait serment d'exécuter leurs ordres. Il
« est défendu à tous nobles et plébéiens
« d'entrer dans aucune ligue, sous peine
« d'être déclaré parjure et infame, et d'être
« banni de la ville pour vingt ans. »

Telle est en substance la charte fonda-
mentale des libertés de Strasbourg.

Le gouvernement de cette république était organisé de la manière suivante :

« Toute la bourgeoisie était divisée en
« vingt tribus, chaque tribu avait quinze
« notables, élus ou échevins, tirés de son
« sein, et tenant des assemblées régulières. »

Tout bourgeois de Strasbourg était obligé d'être incorporé à l'une de ces vingt tribus, à l'exception des nobles, qui avaient leur tribu particulière.

Le corps des échevins, appelé le conseil des trois cents, nommait aux places vacantes dans le gouvernement, et décidait toutes les affaires majeures qui pouvaient intéresser le salut de la république. Ses décisions avaient force de loi, et ce corps représentait le Souverain.

Le gouvernement proprement dit se composait de trois colléges, qu'on appelait la régence perpétuelle (*das bestœndige Regiment*).

1.° Le collége des treize, qui était chargé des relations extérieures, ainsi que des fortifications et de tout ce qui y est relatif.

2.° Le collége des quinze, dont l'autorité s'étendait à tout ce qui regardait la partie économique, l'administration des deniers publics, la police, les arts et métiers, etc.

3.° Le collége des vingt et un, qui n'avait pas d'attributions fixes, mais qui servait à alimenter les chambres des treize et quinze, lorsqu'il y survenait des vacances ou des empêchemens.

Ces trois colléges s'appelaient chambres secrètes. Il y avait en outre le grand et le petit sénat.

Le grand sénat, composé de trente membres, dont dix nobles et vingt bourgeois, connaissait en dernier ressort des crimes capitaux, examinait les requêtes, les plaintes, et ordonnait le renvoi de chaque affaire au tribunal compétent. Le petit sénat, composé de dix-huit membres, dont six nobles et douze roturiers, connaissait des testamens, des héritages, des cautions et d'autres causes civiles.

Lorsque le grand sénat était réuni aux trois chambres secrètes ; cette assemblée s'appelait *Rath und XXI* (le conseil et les vingt et un). C'est dans cette assemblée réunie que les ordonnances et les réglemens généraux recevaient leur sanction, et que se faisaient les élections des principaux officiers et employés de la ville.

Cette forme de gouvernement a été suivie jusqu'au moment de la soumission de la ville à la France, en 1681. Quelques années après cet événement, en 1685, un préteur royal fut nommé par le Roi à l'effet d'assister à toutes les assemblées ordinaires ou extraordinaires du magistrat, pour veiller à tout ce qui pouvait intéresser le service du Roi, l'exécution des ordres de la Cour et le bien public.

État politique, indépendance, relations extérieures, etc., de la république de Strasbourg, jusqu'à l'époque de sa réunion à la France.

Le récit des combats que le peuple de Strasbourg a soutenus dans le cours de quatre à cinq siècles, des efforts qu'il a faits pour fonder, maintenir et affermir son indépendance contre les prétentions toujours renouvelées de ses évêques, contre les attaques multipliées de tous les grands et petits seigneurs du voisinage et contre celles des empereurs eux-mêmes, prouve à quel point l'amour de la liberté exalte le courage, et combien le bienfait de l'égalité devant la loi augmente les forces des plus petits États.

Après avoir joui long-temps d'une profonde tranquillité dans ses relations extérieures, la république de Strasbourg se vit, au moment de la mort de l'empereur Othon III, exposée aux effets d'une vengeance barbare de la part de Hermann, duc de Souabe et d'Alsace. Ce duc, l'un des concurrens de Henri II pour la couronne impériale, ayant appris que l'évêque de Strasbourg s'était déclaré en faveur de son rival, attaqua la ville, la prit d'assaut[1], la mit au pillage, et brûla la cathédrale, après en avoir enlevé le trésor. Mais Hermann fut bientôt obligé de se soumettre à Henri II, qui l'obligea de réparer les dommages causés à la ville de Strasbourg.

Henri favorisa cette ville d'une manière particulière. Conrad II s'y plaisait beaucoup, et, voulant la rendre de plus en plus florissante et célèbre, il y convoqua plusieurs assemblées (*Fürsten-Tage*) pour régler les affaires générales de l'empire.

Cette ville fut une de celles qui, par leur attachement généreux et inviolable à la cause de l'infortuné empereur Henri IV, eurent l'honneur d'être mises au ban de l'église par le pape Grégoire VII.

Lothaire, successeur de Henri V, accorda, en 1129, à la ville de Strasbourg un privilége, d'après lequel aucun de ses bourgeois ne pouvait être cité devant un tribunal étranger.

L'empereur *Philippe*, frère et successeur de Henri VI, prit cette ville sous sa protection spéciale, et ordonna que tous les biens des bourgeois de Strasbourg, situés en Alsace, seraient affranchis de toutes charges et impositions ; que nul ne pourrait exiger aucun service de leurs vassaux ou sujets. Il lui accorda en outre le privilége de conférer le droit de bourgeoisie à des étrangers non

---

[1] Au mois d'Avril de l'année 1002.

domiciliés dans la ville. Elle compta bientôt un nombre prodigieux de ces bourgeois étrangers sur toute la surface de la province. De toutes parts les habitans s'empressèrent d'acheter ce droit de bourgeoisie pour jouir de la puissante protection de cette ville contre les vexations et oppressions de leurs seigneurs.

Depuis long-temps les évêques avaient prétendu que les bourgeois ne pouvaient être jugés que par l'avoué de l'évêque; mais la ville, voulant être indépendante de la juridiction ecclésiastique en matière civile, se crut en droit d'établir elle-même des juges pour décider les contestations entre les citoyens. Ce différent amena entre l'évêque et le magistrat de longues querelles, dont l'issue fut l'entière indépendance de la ville, et son affranchissement de toute espèce de juridiction épiscopale en matière civile.

Les évêques et les seigneurs voyaient d'un œil jaloux la prospérité toujours croissante de cette ville. L'évêque *Gauthier de Géroldseck* fut un des plus implacables ennemis de Strasbourg[1]. Cet homme ambitieux s'était proposé de soumettre la ville à ses despotiques volontés. A cet effet il se ligua avec presque tous les nobles du pays et des

---

[1] On peut voir sa statue à l'entrée de la bibliothèque de la ville.

environs; une guerre acharnée et sanglante s'ensuivit, les Strasbourgeois firent des prodiges de valeur pour la défense de leur liberté. Enfin, en 1261, le magistrat s'attacha *Rodolphe comte de Habsbourg*, et le nomma commandant des troupes de Strasbourg. Rodolphe battit l'évêque Gauthier, et l'obligea de se désister de ses prétentions. En 1263, les droits respectifs de la ville et de l'évêque furent réglés d'une manière définitive. Dès lors le magistrat s'occupa entièrement du commerce et de la navigation.

L'année 1349 fut marquée par de grands désastres.

Une peste générale dépeupla une partie de l'univers connu. Ce terrible fléau exerça de grands ravages sur les bords du Rhin, et enleva environ 16000 personnes des deux sexes à la seule ville de Strasbourg. Cet horrible malheur, loin de porter les hommes à se ménager entre eux, servit de prétexte pour satisfaire l'animosité qui existait contre les juifs. On les accusa d'avoir empoisonné les puits et les fontaines, et d'avoir occasioné la peste.

Malgré tous les efforts du magistrat, 900 de ces infortunés furent livrés aux flammes [1],

---

[1] Voyez l'Annuaire historique et statistique du département du Bas-Rhin, de 1810, page 8.

dans leur cimetière même, placé où se trouve maintenant l'hôtel de la préfecture.

Deux mille environ avaient été arrêtés et traînés sur le lieu du supplice; mais les enfans et tous ceux d'entre les adultes qui embrassèrent le christianisme, furent épargnés.

Depuis cette époque la rue où cette cruelle exécution a eu lieu, a pris le nom de *rue Brûlée* (Brand-Gasse), qu'elle porte encore.

Déjà dans le quatorzième siècle cette ville était parvenue à un si haut degré de puissance, qu'elle osa résister aux ordonnances des empereurs, quand elles portaient atteinte à son indépendance. Voici quelques exemples de cette courageuse résistance.

L'empereur Charles IV, pour payer aux électeurs le prix de leurs suffrages, eut recours à l'établissement de nouveaux péages sur le Rhin. La ville de Strasbourg lui fit déclarer qu'elle ne souffrirait jamais ces péages de nouvelle création. Elle ferma aussitôt le passage du Rhin par des pieux et des chaînes, et le commerce resta interrompu pendant deux ans et demi. Les princes favorisés par l'empereur furent forcés de renoncer à leurs prétentions, et ce ne fut qu'à cette condition que Strasbourg débarra le fleuve en 1351.

Le landvogt (avoué) d'Alsace manda aux magistrats de Strasbourg, qu'en vertu de l'article XV de la Bulle d'or, il ne leur était plus permis d'avoir des bourgeois étrangers (*Ausburger*). Le sénat répondit que, sans se déshonorer, il ne pouvait renoncer à ses priviléges acquis, et il continua d'accorder aux étrangers le droit de bourgeoisie, droit qui, alors, fut recherché même par les nobles et les seigneurs de la plus haute distinction.

Les embarras que la ville de Strasbourg éprouvait à cette époque, furent encore augmentés par les dévastations commises, jusque sous les murs de la ville, par un immense ramas de déserteurs anglais et autres [1], désignés depuis sous le nom de *Malandrins*, dans les années 1365 et suivantes.

Ils investirent la ville pendant plusieurs jours et provoquèrent les habitans au combat. Ceux-ci voulaient l'accepter ; mais le magistrat s'y opposa, vu le nombre et l'indignité des provocateurs. L'approche des troupes de l'empereur Charles IV fit retirer les malandrins.

Pour assurer de plus en plus son indépendance contre les nombreux ennemis dont elle était entourée, la ville de Strasbourg entra, dès l'an 1378, dans la ligue des villes

---

[1] *Filii Belial, guerratores de variis nationibus, non habentes titulum.*

libres du Rhin, ligue destinée à contrebalancer celle des évêques, comtes, margraves, etc.

C'est par cet esprit persévérant de sagesse que Strasbourg se mit en état de défendre efficacement ses bourgeois contre les prétentions des seigneurs, et même contre celles des empereurs et des papes. En 1391, *Brunon de Rappoltstein*, reçu bourgeois de Strasbourg, emprisonna un gentilhomme anglais qui avait mis à feu quelques villages appartenans à Brunon. Le roi d'Angleterre s'en plaignit à plusieurs reprises et le pape Urbain VI écrivit en faveur de l'Anglais. Le magistrat ne céda ni aux instances du roi ni à celles du pape. Enfin, le roi d'Angleterre engagea l'empereur Wenceslas d'user *d'autorité*. L'empereur ordonna; le magistrat refusa d'obtempérer, et l'empereur mit la ville au ban de l'empire. Aussitôt les seigneurs des environs, ainsi que l'évêque de Strasbourg, (Fréderic de Blanckenheim), siégeant à Saverne, se mirent en devoir d'exécuter le mandat impérial, c'est-à-dire, d'abattre la puissance de la ville, ayant l'espoir de profiter de ses dépouilles.[1]

---

[1] On est surpris de trouver parmi les conjurés ce même Brunon de Rappoltstein, dont Strasbourg avait soutenu les intérêts avec une fermeté si inflexible.

Tous les villages appartenant à la ville furent impitoyablement ravagés, et ses troupes commirent de semblables ravages sur les terres de ses ennemis. Cette guerre désola l'Alsace pendant une année. Enfin, en 1398, la ville paya trente-deux mille florins à l'empereur Wenceslas pour être déchargée de son ban.

Mais bientôt les contestations recommencèrent entre la ville et Guillaume de *Dietsch*, successeur de Fréderic de Blanckenheim à l'évêché de Strasbourg.

Guillaume de Dietsch avait cédé à l'empereur Robert plusieurs villes et soixante-dix villages appartenant à l'évêché, et il avait engagé à la ville plusieurs autres domaines dépendant également de l'évêché.

Le grand-chapitre, voulant prévenir la ruine de l'évêché, prit, de concert avec le magistrat, la résolution de faire arrêter l'évêque, ce qui fut exécuté à Molsheim, le 4 Décembre 1415.

Le concile de Constance, alors assemblé, évoqua l'affaire, et lança l'interdiction contre la ville.

L'évêque ayant été remis en liberté, en 1416, l'interdiction fut levée l'année suivante, et la ville paya 50,000 florins à l'empereur.

Mais Guillaume de Dietsch avait conservé

du ressentiment de son arrestation, et il le manifestait journellement par les actes les plus hostiles. Enfin, ayant été défait en rase campagne, en 1429, il s'ensuivit un traité de paix entre la ville et lui.

C'est à peu près à cette époque que Jean Gænsfleisch, nommé *Guttenberg*, natif de Mayence, vint s'établir à Strasbourg, et qu'il y fit, en 1440, ses premiers essais d'imprimerie en caractères mobiles [1]. Il y demeura jusqu'en l'année 1445.

Cette même année 1445 fut signalée par la défaite des Armagnacs [2] (troupe composée de Français et d'Anglais), qui depuis deux ans désolaient et pillaient la Suisse et l'Alsace.

La ville de Strasbourg, si jalouse de ses droits et de la défense de ses citoyens, apportait la plus grande attention à ne pas se mêler des affaires d'autrui.

Des marchands de *Genève*, retournant de la foire de Strasbourg, furent dépouillés en chemin par les gens du comte *de Tupfen*. Le duc de Savoie en fit des plaintes à l'empereur, qui ordonna d'emprisonner le comte, jusqu'à ce qu'il eût réparé les torts causés aux sujets du duc de Savoie. L'évêque exécuta d'abord les ordres de l'empereur, mais

---

[1] Voyez l'Annuaire hist. et statistique du Bas-Rhin, de l'année 1811, pages 20 à 63.

[2] Voyez le même, de l'année 1812, pages 1 à 11.

ensuite il relâcha le comte avant qu'il n'eût satisfait aux réparations exigées. Le duc, voulant user de représailles, fit arrêter quelques marchands de Strasbourg, retournant de la foire de Genève. Le magistrat de Strasbourg remontra au duc que cette ville n'avait aucune part à l'injure dont il se plaignait. Cette remontrance, dressée en 1452, et signée de la principale noblesse de l'Alsace, contient un monument authentique de l'indépendance de la ville à l'égard de l'évêque. En voici la substance :

« Strasbourg existe, comme ville libre,
« depuis un temps immémorial ; elle est
« dans l'usage de servir l'empereur au-delà
« des monts, pour son couronnement, et rien
« de plus. A l'égard du temporel elle n'est
« nullement soumise à l'évêque. C'est à la
« ville seule qu'il appartient de choisir ses
« magistrats et ses officiers, de régler la
« forme de son gouvernement, de faire des
« commandemens et des défenses, etc. Le
« comte de Tupfen n'a pas été détenu pri-
« sonnier dans la ville, mais dans le château
« de *Dachstein*, dont l'évêque est le seul
« maître. La ville ne peut donc être rendue
« responsable du fait de l'évêque. »

En conséquence de cette remontrance, le duc de Savoie rendit la liberté aux bourgeois de Strasbourg.

En 1475, l'empereur Fréderic III ordonna aux magistrats de saisir les revenus du grand-prévôt de la cathédrale, par la raison qu'il refusait d'investir celui que l'empereur avait nommé au bénéfice de *Roi du chœur*. Le magistrat se récusa dans cette affaire, et pria l'empereur de charger un autre de l'exécution de ses ordres.

Mais, dès qu'il s'agissait de la défense de ses alliés, Strasbourg s'y portait avec autant d'empressement que de fermeté. Parmi un grand nombre d'exemples, on se contentera d'en rapporter un seul. En 1474, des marchands de Bâle, descendant le Rhin pour aller à la foire de Francfort, furent arrêtés par les seigneurs de *Geroldseck*, et conduits à Schuttern. Strasbourg, sans attendre que Bâle, son alliée, implorât son secours, fit aussitôt marcher ses troupes : elles rasèrent les fortifications de Schuttern, conduisirent en triomphe les prisonniers dans la ville de Strasbourg, qui les fêta, et s'enorgueillit de cette expédition comme d'une *conquête*.

A cette époque, la Suisse, l'Alsace et la Lorraine étaient occupées à une guerre sérieuse contre Charles le Téméraire, duc de Bourgogne.

Strasbourg, alliée des Suisses, prit une forte part à cette guerre, et figura avec distinction aux batailles de *Granson*, de *Morat* et de *Nancy*.

Cette dernière eut lieu le 5 Janvier 1477. Le duc de Bourgogne y fut tué.[1]

Strasbourg, si inviolablement attachée à l'empire germanique, déploya cependant toujours son courage à défendre et à soutenir son indépendance contre les empereurs. L'empereur Fréderic III ayant demandé qu'elle lui fît serment de fidélité, le magistrat répondit : « Nous nous sommes libre-
« ment attachés à l'empereur et à l'empire ;
« nous avons contribué volontairement aux
« frais de leurs entreprises, lorsqu'elles
« étaient justes ; nous avons toujours sou-
« tenu leurs droits légitimes, même en ré-
« pandant notre sang ; toujours on s'est
« reposé sur notre loyauté : nos ancêtres
« n'ont jamais prêté serment de fidélité,
« nous ne pouvons, sans nous déshonorer,
« dépasser les règles que leur exemple nous
« a tracées. Si Sa Majesté veut consulter les
« lettres de ses prédécesseurs, elle y trou-
« vera quelles sont les libertés de la ville
« de Strasbourg. Nous ne pouvons ni ne
« devons y porter aucune atteinte. »

---

[1] Voyez, pour les causes et les détails de cette guerre, l'Annuaire hist. et statist. du département du Bas-Rhin, pour l'année 1812, pages 23 à 47.

En 1660, l'empereur Léopold, plus puissant que ses prédécesseurs, fit de nouvelles tentatives à ce sujet : les magistrats de Strasbourg répondirent que la ville de Strasbourg était dans une possession immémoriale de ne pas rendre cet hommage, ayant toujours été regardée comme ville parfaitement libre. Vainement on leur objecta l'hommage rendu à Charles-Quint, en 1574 ; ils prouvèrent que cet hommage avait été extorqué par force majeure, sans le consentement de la bourgeoisie, et avec la réserve expresse que cet acte ne préjudicierait en rien aux droits de la ville.

Nous retrouvons le même esprit de liberté et d'indépendance de la ville de Strasbourg jusque dans son traité de soumission à Louis XIV, qui, malgré toute sa puissance et toute sa fierté, fut contraint de s'en accommoder par l'organe du ministre Louvois, plus impérieux encore que son maître.

Ce fut ce même esprit qui favorisa dans cette république l'établissement de la religion protestante. Parmi les villes impériales, elle fut une des premières à se déclarer pour la doctrine de Luther. Dès l'an 1518, quelques bourgeois affichèrent aux portes des églises les propositions que ce réformateur avait soutenues. Ce fut là le premier signal de la révolution religieuse dans la ville de

Strasbourg, et déjà en 1521 *Wicram* prêcha la nouvelle doctrine dans sa chaire de la cathédrale. On eut beau le destituer; son successeur *Simphorien Pollion* prêcha la même doctrine : il en fut bientôt de même dans d'autres églises. *Martin Bucer* se maria en 1523, et fut protégé par les magistrats; beaucoup d'autres prêtres suivirent alors son exemple. En vain l'évêque cita-t-il les prêtres mariés pardevant son tribunal à Saverne, les magistrats les prirent sous leur protection, et remontrèrent à l'évêque, ainsi qu'au légat du Saint-Siége, « que cette affaire
« intéressait tout l'Empire, et qu'il n'avait
« pas le droit d'agir contre les prévenus, jus-
« qu'à ce qu'on eût vu ce qui serait résolu à
« la diète de Nuremberg; qu'ils avaient eux-
« mêmes à se plaindre de l'entreprise de
« l'évêque, qui avait cité à Saverne des bour-
« geois de Strasbourg; que ce procédé por-
« tait atteinte à leurs priviléges, auxquels
« on ne peut toucher sans risque de voir
« naître une insurrection ; que l'évêque de-
« vrait d'abord s'attacher à punir les prêtres
« concubinaires ; que les prêtres accusés
« étaient prêts à renoncer au mariage, dès
« qu'on aurait prouvé qu'il leur était dé-
« fendu de droit divin. »

L'évêque, n'ayant pu vaincre la fermeté du sénat, publia une sentence d'excommunication contre tous les prêtres mariés. Dès-lors le magistrat ne se borna plus à leur accorder sa protection, il s'empara des cures, et en disposa en leur faveur (en 1524 on comptait déjà jusqu'à neuf cures protestantes; le fameux Bucer eut celle de Sainte-Aurélie). La plupart des moines quittèrent le froc; les chanoines s'enfuirent avec leurs trésors, et s'adressèrent au grand-préfet de Haguenau, qui gouvernait la province au nom de l'empereur; mais le grand-préfet ne put faire mollir la fermeté du magistrat. En 1526 il fit enlever de la cathédrale l'image de la vierge, patrone de cette église; il fit dresser dans toutes les églises des tables pour recevoir la communion sous les deux espèces; il défendit de faire de l'eau bénite; il réitéra la défense, déjà portée antérieurement, d'enterrer aucun mort dans l'enceinte de la ville; enfin, en 1528 il défendit la messe.

C'est par ces ordonnances successives, suggérées par la tendance générale des esprits, qu'on hâta les progrès de la réforme dans la ville de Strasbourg et dans la province.

Par suite des remontrances de l'évêque, l'empereur envoya son chancelier à Strasbourg pour y soutenir les intérêts de la religion catholique; mais le magistrat resta inébranlable. On s'accorda enfin à rapporter cette affaire devant le grand conseil de la ville, auquel appartenait la décision de toutes les affaires majeures.

Le grand conseil prononça la suspension de la messe jusqu'à ce qu'on eût reconnu qu'elle était un culte agréable à Dieu ; mais il laissa aux chapitres la jouissance de leurs revenus.[1]

Ce décret fut publié dans toute l'étendue de la juridiction de la ville et envoyé à la diète de l'Empire.

Ces mesures hardies et rapides méritèrent à Strasbourg l'honneur de jouer un des rôles les plus distingués dans les affaires religieuses qui, dans ce temps, occupaient tout l'empire germanique.

Aussi les députés de Strasbourg eurent-ils les premiers l'honneur d'être refusés à la diète de Spire, l'an 1529 ; mais *Jacques Sturm*, l'un d'entre eux, répondit à Ferdinand, lieutenant-général de Charles-Quint : « Si vous privez les députés de Strasbourg « du droit de séance dans les diètes, Stras- « bourg ne contribuera plus aux dépenses « de l'Empire. » La fermeté énergique de

---

[1] L'esprit de modération et d'humanité fut en tout temps un des caractères distinctifs du gouvernement de la république de Strasbourg.

Jacques Sturm amena bientôt un arrangement honorable pour la ville.

A Strasbourg se joignirent aussitôt l'électeur de Saxe, plusieurs princes, et quatorze villes impériales, qui protestèrent en commun contre les décrets de cette diète. Résolue de maintenir la cause qu'elle avait embrassée, la ville de Strasbourg conclut un traité solennel avec les villes de *Bâle*, de *Berne* et de *Zurich*, portant stipulation de secours réciproques en cas de violation au sujet de la religion.[1]

Jacques Sturm, stettmeistre de Strasbourg, fut un des hommes les plus marquans de l'Allemagne dans ces temps difficiles.

Henri VIII d'Angleterre, irrité contre la cour de Rome, ayant manifesté son désir de s'allier avec les protestans d'Allemagne, Jacques Sturm fut choisi pour négocier cette importante affaire. Il avait mérité cette honorable distinction par sa noble défense de la cause protestante à la diète d'Augsbourg, devant la personne de Charles-Quint.

Ce même magistrat, toujours sage et généreux, toujours l'ame et le conseil de sa république, engagea la ville de Strasbourg,

---

[1] C'est à cette époque que la ville de Strasbourg devint à peu près ce qu'elle a été jusqu'à sa soumission à la France.

en 1537, d'intercéder auprès de François I.er, roi de France, en faveur des protestans français. Le roi n'ayant pas répondu à l'attente de la ville, le sénat offrit aussitôt une nouvelle patrie à ces exilés malheureux, en publiant un décret, portant : « Que tout individu obligé de sortir de France ou de Flandre pour cause de religion, pourrait venir demeurer à Strasbourg. » Ils y furent reçus à bras ouverts par le peuple. Calvin se trouvait parmi eux.

Telle fut la réputation du protestantisme de Strasbourg dans ces premiers temps, que les princes qui embrassaient successivement la nouvelle doctrine, s'adressèrent au sénat de cette ville pour lui demander des prédicateurs. On peut citer, au nombre de ces princes, l'électeur palatin, le roi d'Angleterre, l'électeur de Brandebourg, etc. Aucune ville impériale aussi ne s'est soutenue avec autant de courage et autant de loyauté à la fois, que la ville de Strasbourg. Dans la guerre de *religion*, qui éclata en 1546, Strasbourg se signala particulièrement par sa prudence et par son zèle pour les intérêts de la ligue de *Schmalkalden*. Cette ville parut alors

---

[1] On appelait ainsi la confédération formée, en 1530, entre les états protestans, à Schmalkalden en Franconie, contre l'empereur et plusieurs princes

d'une telle importance à Charles-Quint, qu'il employa tous les moyens possibles pour la détacher d'une telle fédération. Mais le magistrat, toujours ferme, se contenta de répondre en ces termes à l'empereur : « Nous « risquerons tout pour soutenir la cause « commune de notre religion ; nous ne pou- « vons nous soumettre au décret d'un con- « cile où le pape présidera. Les moines, qui « possédaient les biens de l'église, ne sont « d'aucune utilité ni au peuple ni à la reli- « gion : il est plus avantageux de former de « tous ces biens un trésor utile à l'Église et « à la république.¹ »

Après la bataille de *Mühlberg*, en 1547, l'empereur, victorieux, publia *l'interim*²,

---

catholiques. Cette confédération ne fut d'abord formée que pour cinq ans ; mais elle fut ensuite renouvelée à plusieurs reprises. Strasbourg y accéda en 1532.

¹ Toujours inviolablement attachée à l'Empire, la ville de Strasbourg répondit dans le même esprit au marquis de Brandebourg, après le traité de *Passau*, conclu en 1552. « Strasbourg a toujours à cœur qu'on « fasse revivre les lois et que l'exercice de la religion « soit libre ; mais ayant fait serment à l'Empire, « cette ville ne peut se soumettre à aucun autre « maître. »

² On appela ainsi un formulaire de foi que Charles V avait fait dresser, et qui fut reçu par le pape. Le nom d'*interim* fut donné à ce formulaire, parce qu'il

consenti par les électeurs. Strasbourg refusa de s'y soumettre; mais, lorsqu'il n'y eut plus moyen de résister à la force, *Jacques Sturm* négocia un accommodement approprié à la circonstance. Le concordat convenu entre le sénat et l'évêque *Érasme*, est du 23 Novembre 1549 : il est remarquable sous plus d'un rapport. En voici les principales dispositions :

« Les chapitres demeureront sous la pro-
« tection de la ville durant dix années con-
« sécutives, et paieront chaque année une
« somme déterminée, moyennant laquelle
« le clergé de Strasbourg sera déchargé des
« obligations qui résultent du droit de bour-
« geoisie. Les ecclésiastiques qui aimeront
« mieux se soumettre aux charges imposées
« aux habitans, auront la liberté de le faire,
« sans préjudice cependant aux droits de
« leurs supérieurs.

« Les chapitres pourront ériger des au-
« tels, dont la consécration se fera avec le
« moins d'éclat possible, pour éviter les
« troubles.

« Les chapitres pourront faire célébrer
« la messe; mais ils paieront cent francs par
« an aux ministres protestans.

---

devait servir de livre symbolique en attendant qu'un concile eût décidé sur la doctrine générale.

« Les ministres protestans s'abstiendront
« de rien dire dans les prêches ni contre
« l'Église catholique, ni contre les dispositions de l'intérim.[1]

Cet arrangement, quelque sage qu'il fût, déplut aux exagérés des deux partis. Les catholiques prétendaient qu'en tenant plus ferme, l'évêque *Érasme* aurait pu rétablir le culte romain dans tous ses droits. Les protestans disaient d'un autre côté que l'on avait trop accordé aux catholiques ; les esprits s'échauffèrent, et il en résulta des désordres : mais le sénat, toujours sage et toujours modéré, sut prendre des mesures efficaces pour réprimer les efforts de l'exagération. C'est particulièrement à l'énergie et à l'habileté du stettmeistre *Jacques Sturm* que l'on attribue le retour de la tranquillité. Cet illustre magistrat attacha son nom à tout ce qui se fit de bien à Strasbourg, depuis la naissance des troubles religieux jusqu'à l'année 1553, époque à laquelle il termina son honorable carrière, deux ans

---

[1] Ce formulaire était en général conforme aux dogmes de l'Église de Rome ; mais il y dérogeait en ce qu'il permettait aux prêtres déjà mariés de conserver leurs femmes, et aux laïques qui avaient déjà communié sous les deux espèces, de continuer à recevoir la communion de cette manière.

avant la conclusion de la paix de la religion, à laquelle il était si digne de coopérer.¹

Les dix années de protection révolues, le sénat fit signifier à l'évêque et aux trois chapitres², qu'il ne pouvait soutenir plus long-temps le culte catholique; mais que les ecclésiastiques continueraient cependant à jouir de leur temporel. Cette déclaration entraîna de longues contestations; mais le sénat, persistant dans son refus, ordonna aux prêtres catholiques de quitter les églises des chapitres, le 2 Février 1560, jour auquel le culte catholique y avait été rétabli dix ans au-

---

¹ L'illustre stettmeistre *Jacques Sturm de Sturmeck*, d'une ancienne famille noble d'Alsace, était doué d'une ame forte, d'un caractère libéral et d'un courage imperturbable. Il a servi sa patrie avec un zèle infatigable, avec une intelligence rare, avec un désintéressement à toute épreuve. Quoique le plus vif partisan et le plus ferme appui de la nouvelle doctrine, il ne dévia jamais de la voie de la justice envers les adversaires de ses opinions, ne donna jamais dans aucun excès de religion et réprima toujours avec vigueur les exagérations, de quelque côté qu'elles s'annonçassent ; aussi a-t-il constamment joui du respect des deux partis, de la vénération de ses concitoyens, et de l'estime des peuples et des souverains : en un mot, *Jacques Sturm* était un de ces êtres privilégiés que la nature accorde trop rarement aux nations pour leur bonheur et pour leur gloire.

² L'église cathédrale et les paroisses de S. Pierre le jeune et de S. Pierre le vieux.

paravant. L'empereur envoya des commissaires à plusieurs reprises pour faire exécuter le traité de Passau et d'Augsbourg; mais le sénat resta inébranlable.

Le 17 Mai 1561 le culte protestant recommença dans la cathédrale, ainsi que dans les autres églises collégiales. Cependant les prêtres catholiques conservèrent la jouissance de leurs bénéfices, à charge seulement de contribuer à la subsistance des prêtres protestans des trois églises. Cette modération du sénat de Strasbourg présente un contraste frappant avec l'avidité insatiable que la plupart des princes protestans déployaient dans le même temps.

L'évêque Érasme mourut en 1568, et le sénat eut encore la modération de consentir que le grand-chapitre s'assemblât dans la cathédrale pour élire son successeur avec les cérémonies ordinaires. Le choix tomba sur Jean Manderscheid-Blankenheim. Le sénat persista dans cette louable disposition jusqu'en 1582, où éclata la fameuse affaire de Guebhardt, comte de Truchsess-Waldbourg, archevêque de Cologne et doyen de la cathédrale de Strasbourg, qui adhéra alors à la confession d'Augsbourg, et auquel se joignirent immédiatement trois autres chanoines, comtes de la cathédrale de Strasbourg. Ces trois chanoines protestans, protégés par le sénat, s'emparèrent aussitôt des maisons et possessions des 24 comtes. L'évêque s'en plaignit; l'empereur envoya des mandats : les États de la haute et de la basse Alsace s'assemblèrent à Sélestat pour délibérer; ils envoyèrent des députés au sénat de Strasbourg. Le sénat maintint les trois chanoines protestans, mit en prison le grand-prévôt du chapitre catholique, et conclut un nouveau traité d'alliance avec la ville de Bâle et les cantons de Zurich et de Berne, pour le maintien réciproque de leur liberté et de leur religion. Cette confédération fut célébrée avec la plus grande solennité. Sept députés de Zurich et six de Berne vinrent à Strasbourg : onze cents Strasbourgeois allèrent au-devant d'eux et les amenèrent dans la ville, où ils furent reçus avec une magnificence extraordinaire, et où ils prêtèrent serment d'alliance en public, avec la plus grande solennité. Sur les médailles frappées à cette occasion, on voyait d'un côté les armes de la ville de Strasbourg, avec cette légende : *Majorum libertati tuendæ*; c'est-à-dire, pour la conservation de la liberté que nous tenons de nos aïeux. Sur le revers on lisait : *Fœdere cum Tiguri et Berna init hoc mnemozinon S. P. Q. F. F.* 1588; c'est-à-dire, en mémoire de la confédération avec Zurich et Berne, le sénat et le peuple de Strasbourg ont fait frapper une médaille en 1588.

Les trois chanoines comtes protestans, aussi puissamment protégés, indiquèrent dans la même année un chapitre général, reçurent de leur autorité quatorze comtes et princes d'Empire, et déclarèrent tous les anciens chanoines catholiques réfractaires et déchus de leurs revenus. En 1589 Guebhardt Truchsess vint à Strasbourg, et de suite les chanoines catholiques furent dépouillés de tous les revenus qui leur restaient dans cette ville, malgré les protestations de l'évêque Manderscheid-Blankenheim.

La mort de cet évêque, en 1592, donna occasion à de plus vives agitations; chacun des deux partis mit tout en œuvre pour se rendre maître de la nouvelle élection. Les chanoines protestans, forts de la protection du sénat, *postulèrent* Jean-George, marquis de Brandebourg, âgé de seize ans. Les catholiques élurent le cardinal Charles de Lorraine, évêque de Metz; il s'en suivit une guerre acharnée qui ravagea le pays. Des commissaires impériaux arrivèrent et ne furent pas écoutés. Le sénat, qui n'était plus dirigé par la sagesse de *Jacques Sturm*, répondit avec orgueil : « que cette affaire « n'était pas de la compétence de l'empereur « seul; qu'il fallait le concours de tous les « États de l'Empire. » En conséquence de cette présomptueuse déclaration, la guerre recommença, et le sénat fut forcé de plier et d'avoir recours aux arrangemens. Le 22 Novembre 1604 les deux partis conclurent un traité dont voici les dispositions principales.

« Le marquis de Brandebourg renonce à tous
« les droits sur l'évêché de Strasbourg, etc.

« Les princes, comtes et seigneurs de la
« confession d'Augsbourg demeureront en
« possession des maisons capitulaires sises
« dans la ville, et jouiront pendant quinze
« ans de toutes les rentes du chapitre qui
« se trouvent dans l'étendue de la juridic-
« tion de la ville, etc.

« Le cardinal et son chapitre s'obligent
« de maintenir la ville dans les droits et
« priviléges dont elle jouissait avant les
« troubles, etc.

« Le magistrat renonce à l'alliance du
« marquis de Brandebourg, et *promet qu'a-*
« *près que le cardinal aura prêté le ser-*
« *ment accoutumé et délivré les réversales,*
« il le reconnaîtra comme chef et évêque du
« diocèse de Strasbourg, et six chanoines
« comme seuls membres du grand-chapitre. »

Malgré cet échec, Strasbourg forma, à la mort de Jean-Guillaume, dernier duc de Juliers, de Clèves et de Berg, une nouvelle confédération avec plusieurs princes et villes d'Allemagne, pour soutenir les princes protestans et pour les maintenir dans la possession des biens ecclésiastiques ; mais cette fameuse union évangélique rappela la guerre en Alsace, et occasiona à la ville de Strasbourg des dommages incalculables.

L'empereur, informé que cette ville avait été la principale cause de la confédération et de la guerre qui s'ensuivit, y envoya un mandat, portant ajournement à la chambre de Spire. Le sénat fit arracher ce mandat et publia « qu'il avait été donné à l'insçu « de l'empereur et affiché à l'insçu du sénat. »

Cependant la ville de Strasbourg avait payé si cher sa prétendue grandeur, qu'elle ne voulut prendre aucune part active dans les troubles de Bohème, et dès l'an 1621 le sénat se rangea du parti du plus fort, renonçant entièrement à la confédération avec l'union *évangélique*.

Ferdinand II, partout victorieux, envoya en 1627 un mandat au sénat, ordonnant de rétablir le chapitre catholique dans la jouissance de toutes ses maisons, rentes et revenus, etc.

Dès que ce mandat fut affiché, le sénat s'empressa de commettre des gardes pour empêcher qu'il ne fût arraché, et s'y conforma sur-le-champ ; mais il s'opposa avec beaucoup de fermeté à l'exécution d'un autre mandat du même empereur, portant restitution de la cathédrale et des autres églises

dont les protestans s'étaient emparés depuis
1559. L'empereur accorda d'abord un délai
de deux mois ; le sénat demanda une prorogation, et la réponse de l'empereur porta :
« prorogation suffisante pour dresser les
« instructions nécessaires et justificatives de
« leur opposition. »

On voit que cette ville parut à Ferdinand
II d'une telle importance, qu'il se crut obligé
de la ménager, et de ne pas user à son égard
de cette rigueur avec laquelle il traitait alors
beaucoup d'autres États protestans.

L'empereur répondit au mémoire justifi-
catif du sénat : « Vous avouez que la paix
« de religion doit être observée ; vous
« n'ignorez pas qu'en vertu de cette paix les
« États protestans doivent laisser aux catho-
« liques le libre exercice de leur religion.
« Puisque donc le culte protestant, de vôtre
« aveu même, ne s'est mis en possession des
« églises contestées qu'en 1560, plusieurs
« années après la paix de religion, il est
« clair que ces églises doivent être rendues
« aux catholiques, etc. »

Ce mandat impérial ne put ébranler le
sénat : il persista à refuser aux catholiques
les églises qu'ils réclamaient, et se lia de
nouveau plus étroitement que jamais avec
les États protestans. La ville de Strasbourg
entra dans la confédération de Leipsic, et

l'envoyé du roi de Suède, qui arriva en cette ville, en 1631, la trouva parfaitement bien disposée; elle promit des subsides. Le roi Gustave la pressa de se mettre sous sa protection : cette proposition alarma extrêmement le sénat de cette ville, si jalouse de son indépendance. Elle balançait entre l'amour pour la liberté et le zèle pour la religion, entre la crainte de se donner un maître et l'espérance de ne plus être troublée dans l'exercice de son culte. Enfin, en 1632, elle finit par reconnaître Gustave comme *protecteur de la liberté germanique*, et promit de lui fournir autant de troupes qu'elle pouvait; de laisser le passage libre aux troupes suédoises *par compagnies et par régimens*; de recevoir garnison suédoise, quand besoin serait; de fournir des vivres et des munitions, à condition que le roi les rendrait en nature; de ne point faire d'alliance avec un autre potentat, à l'exception de la France, etc.

Bientôt après cette convention, Montécuculi entra en Alsace et demanda au sénat des places pour mettre ses troupes en quartier. Le sénat s'y refusa et s'adressa à *Gustave Horn* : ce général vint à Strasbourg, où il fut reçu avec toutes les marques d'honneur; il y resta jusqu'à l'époque de la paix de Prague, conclue en 1635 entre l'empereur et l'électeur de Saxe.

La prépondérance du parti impérial, forçant alors la plupart des États protestans à accéder à cette paix, jeta la ville de Strasbourg dans un très-grand embarras : elle chercha d'abord à temporiser et demanda des explications sur quelques articles; mais Ferdinand, roi de Hongrie, qui se trouvait à Philipsbourg, répondit, « qu'elle devait se sou-
« mettre purement et simplement, faute de
« quoi elle serait exclue de l'amnistie. »

Dans ces circonstances difficiles le magistrat s'adressa aux princes protestans de l'Allemagne, au marquis de Bade, à l'électeur de Saxe, au landgrave de Hesse-Darmstadt, etc. « La ville craint, dit le sénat, 1.° qu'on
« ne la contraigne de restituer les trois égli-
« ses canonicales; 2.° qu'on ne la force d'a-
« bandonner les princes et comtes qui se
« sont réfugiés chez elle et ont eu recours
« à sa protection; 3.° qu'on n'exige qu'elle
« ne rompe sa neutralité avec la France,
« dont le commerce lui est si nécessaire, etc. »

Les princes conseillèrent à la ville de ne pas retarder à se soumettre ; mais le sénat temporisa toujours, en attendant que le temps découvrît pour qui la fortune se déclarerait définitivement, et il eut bientôt lieu de se féliciter de sa lenteur.

Mais ce même sénat n'en resta pas moins attaché à l'Empire en général, et conserva encore long-temps son ancienne attitude à l'égard des puissances étrangères.

Le duc de Saxe-Weimar, s'étant rendu maître de la plus grande partie de l'Alsace, forma le projet de passer le Rhin, pour couper les vivres au général impérial *Galas*, et demanda en conséquence à la ville de Strasbourg passage sur son pont[1]. Le sénat refusa le passage : le duc, indigné, fit mettre des gardes devant les portes de la ville; mais en revanche Strasbourg lui refusa même les madriers et cordages nécessaires pour construire un pont de bateaux, ce qui le mit dans l'impossibilité de passer le Rhin. Les reproches les plus vifs du duc Bernard et

---

[1] Le premier pont que les Strasbourgeois eurent sur le Rhin, fut un pont de bateaux, que la ville fit construire, en 1335, pour aller se venger de *Walr de Géroldseck*; après l'expédition il fut rompu. Trente-cinq ans après, le sénat, ayant à se venger de *René de Windeck*, fit construire un autre pont sur le Rhin, pour faire passer des troupes et un matériel de guerre. Avant ce temps on s'était servi, pour l'usage ordinaire, de deux bacs, dont l'un, du côté de Strasbourg, partait de la Robertsau et débarquait dans une île du Rhin, d'où le second partait sur la plage où est le fort de Kehl. Mais l'avantage que le sénat trouva dans un pont permanent, l'engagea à solliciter auprès de l'empereur la permission de le conserver. Le rescrit qui accorde et qui confirme cette permission à perpétuité, est de 1393.

des autres généraux français et suédois ne purent ébranler la résolution du sénat.

En 1636, le duc de Weimar, revêtu du commandement en chef des troupes françaises, revint en Alsace et employa tous les moyens pour obtenir le passage du pont ; mais le sénat résista opiniâtrement à toutes ses sollicitations, à toutes ses promesses, comme à toutes ses menaces.

Après la mort du duc de Weimar, la France s'empara de ses conquêtes en Alsace ; mais Strasbourg conserva toujours son indépendance, et le comte de *Guebriand* s'empressa de restituer à la ville ce que les soldats français avaient enlevé dans les lieux de sa dépendance.

La ville de Strasbourg sut se maintenir invariablement dans cette respectable attitude jusqu'à la paix de Westphalie. Les plénipotentiaires de l'empereur ne voulant pas y recevoir les députés de Strasbourg, le sénat remontra avec beaucoup d'énergie : « que « cette ville n'avait jamais pris les armes « contre l'empereur ; qu'elle avait toujours « observé une exacte neutralité et qu'elle était « obligée de persister dans ce système, en « raison de son voisinage avec une puissance « aussi redoutable que la France. » Ses représentations furent écoutées, et les députés de la ville furent admis aux conférences.

La souveraineté de l'Alsace ayant été cédée à la France par la paix de Westphalie, Strasbourg montra encore pendant quelque temps le courage que les circonstances pouvaient permettre.

Lorsqu'en 1672 le pont de Strasbourg fut brûlé par ordre du prince de Condé, pour fermer aux impériaux l'entrée de l'*Alsace*, le peuple en fut tellement ému qu'il s'en prit aux magistrats et les taxa de traîtres. Le pont fut reconstruit avec la plus grande diligence.

En 1674, le duc de Lorraine et le général *Caprara*, commandant les troupes de l'empire, demandèrent le *passage du pont :* le sénat le refusa.

La même année l'empereur étant devenu le plus fort, écrivit de sa main au sénat, pour lui demander le *passage du pont*. Turenne, instruit de cette demande et craignant la condescendance du magistrat, détacha un corps de troupes vers Strasbourg (dans la Robertsau). Tous les habitans coururent aux armes : l'envoyé de l'empereur, profitant de ce tumulte, força le magistrat d'abandonner le pont aux troupes de l'empereur. C'est alors que le magistrat déclara à Turenne : « que la ville ne pouvait plus obser-
« ver de neutralité, puisque l'armée fran-
« çaise était entrée sur les terres de la répu-
« blique. » Au reste, pour empêcher les

impériaux de s'emparer encore une fois du pont du Rhin, le magistrat reçut six cents hommes de troupes suisses dans la ville, sous serment de la défendre contre quiconque l'attaquerait. Turenne étant maître de Wilstett, à deux lieues de Strasbourg, et Montécuculi étant campé près d'Offenbourg, la ville de Strasbourg souffrait extrêmement du voisinage des deux armées. Le peuple, impatient de cette gêne, pressait les magistrats de se déclarer pour un parti. Le magistrat garda cependant la neutralité.

Après la mort de Turenne, en 1675, Strasbourg accorda aux impériaux le *passage du pont;* mais, après la défaite du duc de Saxe par le maréchal de *Créqui*, cette ville éprouva une grande humiliation. Le duc de Saxe repassa le pont avec les débris de son armée. La ville, intimidée, n'osa plus lui ouvrir les portes, de manière qu'il fut obligé de rester avec quatre mille hommes entre le Rhin et la ville : cependant elle eut encore assez de crédit pour ménager auprès du général français un accommodement en faveur du duc.

En 1678, le maréchal de *Créqui*, fort de ses succès sur les impériaux, demanda au magistrat la garde du pont de Kehl. Le magistrat, bien loin d'entrer dans les vues du maréchal français, fit de suite des préparatifs de défense. Le maréchal attaqua le fort,

le prit d'assaut, et fit passer la garnison au fil de l'épée, à l'exception de cent hommes, qu'il renvoya à Strasbourg avec l'assurance d'épargner cette ville, si elle voulait s'engager à *rester neutre*. Strasbourg refusa. Le maréchal irrité fit raser le fort et brûler le pont. Avant de quitter les forts du pont, les Français tirèrent un coup de canon contre la cathédrale : le boulet toucha au haut du chœur. L'inscription que le magistrat fit mettre à l'endroit, porte : « Le 17 Octobre
« 1678, à dix heures et demie du matin,
« les Français ont tiré du fort du péage un
« boulet de six livres, qui a été apporté à
« M. Dietrich, ammeistre, qui le fit mettre
« dans la salle d'assemblée des *treize*, où
« il est conservé. Dieu veuille protéger la
« ville et l'église. »

Après la paix de *Nimègue*, il n'y eut plus que les *chambres de réunion*, établies par Louis XIV, qui donnèrent des inquiétudes à la ville de Strasbourg. Elle ne cessa d'implorer le secours de l'Empire : ses députés revenaient toujours avec des assurances de service, sans obtenir de services réels. Quelque épuisée qu'elle était, elle entretenait cependant, pour le maintien de son indépendance, une garnison suisse. Louvois écrivit alors au magistrat : « que le Roi son
« maître était étonné de ce que pendant la

« paix même il conservât des troupes étran-
« gères dans la république. »

Le magistrat renvoya les Suisses. Aussitôt Louvois fit marcher des troupes en Alsace, sous différens prétextes, tels que de changer les garnisons et de faire travailler aux fortifications.

Dès qu'il y eut trente-cinq mille hommes de rassemblés en Alsace, ils eurent ordre de marcher sur Strasbourg. Le baron d'Asfeldt s'empara d'abord avec un petit corps de troupes du terrain entre le Rhin et la ville, ainsi que de la redoute qui couvrait le pont, et fit dire au magistrat, qu'il était nécessaire que l'armée française occupât ces postes, pour prévenir l'empereur, qui avait l'intention de s'en saisir; que la ville n'avait rien à craindre, attendu que les Français n'étaient venus que pour la défendre. Le baron de Montclar, s'étant approché sur ces entrefaites à la tête de l'armée, tint un langage bien différent : il somma Strasbourg de se rendre, annonçant que M. de Louvois serait incessamment à ses portes, et que, si elle faisait de la résistance, on la traiterait en ennemie.

On délibéra sur le parti à prendre, et l'on reconnut bientôt qu'on était sans moyens réels de résister : cependant la bourgeoisie courut aux armes et prit la résolution de vendre chèrement sa liberté.

Pendant ce tumulte, Louvois qui avait quitté Paris sous le prétexte d'une partie de chasse, arriva à Illkirch, village situé à une lieue de Strasbourg. Le magistrat, l'ayant appris aussitôt, jugea à propos de lui demander une explication ; il lui envoya des députés, auxquels ce ministre déclara : « que
« l'intention du Roi était de prendre la ville
« sous sa protection, informée qu'était Sa
« Majesté que l'empereur et l'Empire déli-
« béraient pour y envoyer un corps de trou-
« pes, et que les magistrats de la ville avaient
« eux-mêmes sollicité ce secours ; que Sa
« Majesté n'avait pu souffrir une pareille
« contravention à la paix de Nimègue ; que
« le roi ne prétendait pas toucher à leurs
« priviléges ; qu'il se ferait même un plaisir
« de les combler de ses grâces ; qu'ils pou-
« vaient eux-mêmes dresser les articles de
« la capitulation ; que le roi les accorderait
« tous, pourvu qu'ils ne soient pas contrai-
« res à la souveraineté cédée à la France
« par la paix de Nimègue ; qu'enfin, si la
« ville attendait que la tranchée fût ouverte,
« elle paierait tous les frais du siége. »

Cette notification fut rapportée au grand-conseil, qui réunit aussitôt l'assemblée des échevins, ainsi que toutes les classes de citoyens. Il fut unanimement reconnu que l'on ne pouvait résister ; en conséquence on chargea le sénat de dresser la capitulation, qui fut présentée et signée le 30 Septembre 1681.[1]

Le jour même les troupes françaises prirent possession de la ville.

Le 4 Octobre suivant le magistrat et les autorités prêtèrent serment de fidélité au roi. Le 20 du même mois, l'évêque fit son entrée dans la ville, et trois jours après Louis XIV lui-même y vint.

Strasbourg reçut son nouveau souverain comme un triomphateur; cette ville étala à ses yeux 500 pièces de canon tirées de son arsenal, et fit frapper une grande médaille d'or, où l'on voit d'un côté le buste de Louis XIV avec cette légende : *Ludovicus magnus rex;* de l'autre côté, le roi assis sur son trône, couronné de lauriers par la Victoire; la ville de Strasbourg, sous l'emblême d'une femme à genoux aux pieds de *Sa Majesté,* reçoit de sa main une couronne murale. L'exergue porte ces mots : *Adserta urbis tranquillitate.*

Louis XIV rétablit la religion catholique dans la ville de Strasbourg, où, à cette époque, il n'y avait plus qu'une ou deux familles de cette religion. L'évêque Égon de Fürstenberg rentra dans la cathédrale. Les églises

---

[1] Voyez la capitulation, à la suite du Précis historique.

de Saint-Pierre le vieux et Saint-Pierre le jeune furent partagées entre les catholiques et les protestans, de manière que les luthériens conservèrent la nef, tandis que les catholiques eurent la disposition du chœur.

Pour assurer l'importante conquête qu'il venait de faire, le roi fit aussitôt travailler aux fortifications. Les ouvrages étant achevés, il fit frapper une très-belle médaille, avec cette inscription : *Clausa Germani Gallia;* c'est-à-dire, la France fermée aux Allemands.

Sa Majesté, cherchant à s'attacher les familles influentes et le clergé de l'Alsace, s'empressa d'acquiescer à toutes leurs demandes, pour peu qu'elles fussent compatibles avec sa souveraineté : elle confirma en conséquence les priviléges, les droits de chasse, de corvée, d'exemption de logement des gens de guerre, etc. Un séminaire de jeunes ecclésiastiques fut établi à Strasbourg, et la direction en fut accordée aux jésuites. Bientôt après, en 1685, le roi fonda en leur faveur un collége qui obtint des succès, mais qui ne put jamais atteindre la réputation du gymnase protestant.

On fit quelques conversions à Strasbourg et dans la province. Le roi prenait plaisir à s'en faire rendre compte et à récompenser par des évêchés, des bénéfices, des prébendes ou des canonicats ceux qui y concouraient.

L'intendant et les baillis, qui devaient tous être catholiques, joignirent leurs efforts à ceux des missionnaires qui parcoururent le pays, et secondèrent leurs travaux par tous les moyens qui étaient en leur pouvoir.

D'un autre côté, la population catholique s'accrut journellement par le nombre des troupes et des employés qui furent envoyés de l'intérieur. Il en résulta la nécessité de leur assigner un plus grand nombre d'églises.

Plusieurs missions furent fondées par la libéralité du roi ; des curés royaux furent établis, et l'évêque de Strasbourg fut fait cardinal.

Ces diverses circonstances favorables au culte catholique furent consacrées par une médaille. On y voit le Rhin appuyé sur une urne et tenant une corne d'abondance; dans le lointain, la ville de Strasbourg et la tour de la cathédrale; au-dessus, dans l'exergue, cet mots : *Sacra restituta*, et au-dessous : *Argentoratum receptum.* MDCLXXXI.

Tels sont les événemens principaux dont la ville de Strasbourg a été le théâtre pendant l'espace de quatre siècles et demi, et qui ont amené sa séparation de l'empire germanique et sa réunion à la France.

Depuis le 30 Septembre 1681 jusqu'à l'époque de la révolution française, la ville de Strasbourg a continuée à être administrée par des magistrats élus par les citoyens, et à jouir de toutes les prérogatives qui lui avaient été assurées par la capitulation, et qui, malgré les nombreux empiétemens des *préteurs royaux* et des intendans de la province d'Alsace, laissaient cependant à la ville une apparence de liberté et d'indépendance qui rappelait à ses habitans les douceurs et la dignité du gouvernement fondé par le courage et la noble prévoyance de leurs ancêtres.

Mais, en vertu du décret de l'assemblée nationale, des 4, 6, 7, 8 et 11 Août 1789[1], la ville de Strasbourg a été placée dans le droit commun du reste de la France, ce qui l'a mise souvent dans le cas de regretter son ancienne position, aussi éloignée de l'anarchie que de la servitude.

Enfin, elle jouit maintenant d'une heureuse tranquillité sous l'empire de la Charte

---

[1] Article 10 du décret : « Une constitution nationale et la liberté publique étant plus avantageuses aux provinces que les priviléges dont quelques-unes jouissaient et dont le sacrifice est nécessaire à l'union intime de toutes les parties de l'empire, il est déclaré que tous les priviléges particuliers des provinces, principautés, pays, cantons, villes et communautés d'habitans, soit pécuniaires, soit de toute autre nature, sont abolis sans retour, et demeureront confondus dans le droit commun de tous les Français. »

constitutionnelle que le royaume doit à la haute sagesse de Louis XVIII, et pour laquelle son Roi actuel, Charles X, a témoigné, lors de son avénement au trône, un respect qui est du plus heureux augure pour les destinées de la France.

Capitulation.

Nous François-Michel le Tellier, marquis de Louvois, secrétaire d'état et des commandemens de Sa Majesté; et Joseph de Ponts, baron de Montclar, lieutenant-général des armées du roi, commandant pour Sa Majesté en Alsace, avons, en vertu du pouvoir à nous accordé par Sa Majesté, pour recevoir la ville de Strasbourg à son obéissance, mis les apostilles ci-dessous, dont nous promettons fournir la ratification de Sa Majesté, et la remettre au magistrat de Strasbourg entre six et dix jours.

Articles proposés par les préteur, consuls et magistrats.

Le Roi reçoit la ville et toutes ses dépendances en sa royale protection.	1.ᵉʳ La ville de Strasbourg, à l'exemple de M. l'évêque de Strasbourg, le comte de Hanau, seigneur de Fleckenstein, et de la noblesse de la Basse-Alsace, reconnaît Sa Majesté très-chrétienne pour

son souverain, seigneur et protecteur.

Accordé.

2.ᵉ Sa Majesté confirmera tous les anciens priviléges, droits, statuts et coutumes de la ville de Strasbourg, tant ecclésiastiques que politiques, conformément au traité de paix de Westphalie, confirmé par celui de Nimègue.

Accordé, pour jouir de tout ce qui regarde les biens ecclésiastiques, suivant qu'il est prescrit par le traité de Münster, à la réserve du corps de l'église de Notre-Dame, appelé autrement le Dôme, qui sera rendu aux catholiques ; Sa Majesté trouvant bon néanmoins qu'ils puissent se servir des cloches de ladite église pour tous les usages ci-devant pratiqués, hors pour sonner leurs prières.

3.ᵉ Sa Majesté laissera le libre exercice de la religion, comme il l'a été depuis l'année 1624 jusqu'à présent, avec toutes les églises et écoles, et ne permettra à qui que ce soit d'y faire des prétentions, ni aux biens ecclésiastiques, fondations et couvens, à savoir l'abbaye de S. Étienne, le chapitre de S. Thomas, S. Marc, S. Guillaume, la Toussaint et tous les autres, compris et non compris, mais les conservera à perpétuité à la ville et à ses habitans.

Accordé, à la réserve que, pour les

4.ᵉ Sa Majesté veut laisser le magistrat dans le présent

état, avec tous ses droits et libre élection de leurs colléges, nommément celui des treize, quinze, vingt et un, grand et petit sénat, des échevins, des officiers de la ville et chancellerie ; des convens ecclésiastiques ; l'université avec tous leurs docteurs, professeurs et étudians, en quelque qualité qu'ils soient ; le collége, les tribus et maîtrises, tout comme ils se trouvent à présent, avec la juridiction civile et criminelle.

5.° Sa Majesté accorde aussi à la ville, que tous les revenus, droits, péages, pontenage et commerce, avec la douane, soient conservés en toute liberté et jouissance, comme elle les a eus jusqu'à présent, avec la libre disposition de la pfenningthurn et la monnaie ; des magasins de canons, munitions, armes, tant de ceux qui se trouvent dans l'arsenal qu'aux

causes qui excèderont 1000 livres de France de capital, on en pourra appeler au Conseil de Brisac, sans néanmoins que l'appel suspende l'exécution du jugement qui aura été rendu par le magistrat, s'il n'est pas question de plus de 2000 livres de France.

Accordé, à la réserve des canons, munitions de guerre et armes des magasins publics, qui seront au pouvoir des officiers de Sa Majesté ; à l'égard des armes appartenant aux particuliers, elles seront remises dans l'hôtel-de-ville en une salle dont le magistrat aura la clef.

remparts et maisons de la bourgeoisie ; des magasins des blés, vins, bois, charbons, suifs et tous les autres, comme aussi les archives, documens et papiers, de quelque nature qu'ils soient.

Accordé. 6.° Toute la bourgeoisie demeurera exempte de toutes contributions et autres paiemens; Sa Majesté laissant à la ville tous les impôts ordinaires et extraordinaires pour sa conservation.

Accordé. 7.° Sa Majesté laissera à la ville et citoyens de Strasbourg la libre jouissance du pont du Rhin, de toutes leurs villes, bourgs, villages, maisons champêtres et terres qui leur appartiennent, et fera la grâce à la ville de lui octroyer des lettres de répit contre ses créanciers, tant dans l'empire que dehors.

Accordé. 8.° Sa Majesté accorde aussi amnistie de tout le passé, tant au public qu'à tous les particuliers, sans aucune exception, et y fera comprendre le prince palatin de Veldenz, le comte de Nassau, le résident de Sa Majesté impériale, tous les hôtels, le Bruderhof avec ses officiers, maisons et appartenances.

Accordé. 9.° Il sera permis à la ville de faire bâtir des casernes pour y loger les troupes qui y seront en garnison.

10.° Les troupes du Roi entreront aujourd'hui, le 30 Septembre 1681, à la ville à quatre heures après-midi.

Fait à Illkirch, ce 30 Septembre 1681. Signé *Louvois; Joseph de Ponts,* baron *de Montclar; Jean-George de Zedlitz,* écuyer et préteur; *Dominique Dietrich, Johann-Leonhard Frœreisen, Johann - Philipp Schmidt, Daniel Richshoffer, Jonas Stœrr, J. Joachim Frantz, Christophe Günzer.*

Sa Majesté, après avoir vu et examiné tous les susdits articles et leurs apostilles, a approuvé, ratifié et confirmé, approuve, ratifie et confirme tout ce qui a été répondu et promis en son nom par lesdits sieurs marquis de Louvois et baron de Montclar, suivant la teneur desdites apostilles, promettant, en foi et parole de Roi, de les entretenir, garder et observer inviolablement de point en point, et d'empêcher qu'il n'y soit contrevenu directement ou indirectement. En foi de quoi Sa Majesté a signé les présentes de sa propre main, et à icelles fait apposer son scel secret. Fait à Vitry, le 3.ᵉ jour d'Octobre 1681. Signé Louis, et plus bas, *Colbert.*

Maison à Illkirch
où fut signée la capitulation.

NOTICES
TOPOGRAPHIQUES ET STATISTIQUES
SUR LE
DÉPARTEMENT DU BAS-RHIN.

Situation.

Le département du Bas-Rhin tire son nom du fleuve qui le cotoie à l'est, et de sa situation sur ce fleuve relativement au département du Haut-Rhin.

Il est situé dans la partie nord-est du royaume, entre les 48.e et 49.e degrés de latitude nord, et entre les 4.e et 5.e degrés de longitude à l'orient de Paris. Il est borné au nord, par la Bavière rhénane (le Palatinat); au sud, par les départemens du Haut-Rhin et des Vosges; à l'ouest, par les départemens de la Meurthe et de la Moselle; à l'est, par le fleuve du Rhin.

Pays qui composent le département.

Le département du Bas-Rhin est formé, 1.° de la ci-devant *Basse-Alsace*, à l'exception de quelques communes du *Ban-de-la-Roche*, d'une partie de la vallée de *Schirmeck* et du ci-devant comté de *Dabo*; 2.° de l'ancien comté de *Saarwerden*, provenant des deux maisons de *Nassau-Saarbrück* et de *Nassau-Weilbourg* ; 3.° de l'ancienne seigneurie de *Diemeringen*, provenant du rhingrave de *Salm*; 4.° de celle d'*Asswiller*, provenant de la famille de *Steinkallenfels*; 5.° du ci-devant bailliage de *Beinheim*, provenant du margrave de Baden, etc.

Superficie.

La superficie totale du département, sans y comprendre les rivières ni les routes, est d'environ 205 lieues carrées.

Rapport de la population à la superficie.

On évalue le rapport de la population à la superficie du sol à 2460 ames par lieue carrée.

Étendue.

La plus grande longueur du département, du nord au sud, est d'environ 12 myriamètres (28 lieues), et sa largeur moyenne, de l'est à l'ouest, est d'environ 3 myriamètres (7 lieues).

Division politique et territoriale.

Le département du Bas-Rhin est divisé en quatre arrondissemens communaux; savoir:

1.ᵉʳ arrondissement, chef-lieu Saverne.
2.ᵉ — — Sélestat.
3.ᵉ — — Strasbourg.
4.ᵉ — — Wissembourg.

Arrondissement de Saverne.

L'arrondissement de Saverne est subdivisé en sept cantons, dont les chefs-lieux sont : *Bouxwiller, Drulingen, Hochfelden, Marmoutier, la Petite-Pierre, Saar-Union, Saverne.*

Cet arrondissement comprend 165 communes. Les principales sont : *Saverne, Bouxwiller* et *Saar-Union.*

Arrondissement de Sélestat.

L'arrondissement de Sélestat est subdivisé en huit cantons, dont les chefs-lieux sont : *Barr, Benfeld, Erstein, Marckolsheim, Obernai, Rosheim, Sélestat, Villé.*

Cet arrondissement comprend 114 communes. Les principales sont : *Sélestat, Barr, Benfeld, Erstein, Obernai, Rosheim.*

Arrondissement de Strasbourg.

L'arrondissement de Strasbourg est subdivisé en douze cantons, dont les chefs-lieux sont : *Bischwiller, Brumath, Geispolsheim, Haguenau, Molsheim, Oberhausbergen, Strasbourg, Truchtersheim, Wasselonne.*

Cet arrondissement comprend 161 communes. Les principales sont : *Strasbourg, Bischwiller, Brumath, Molsheim, Haguenau, Wasselonne.*

Arrondissement de Wissembourg.

L'arrondissement de Wissembourg est subdivisé en six cantons, dont les chefs-lieux sont : *Lauterbourg, Niederbronn, Seltz, Soultz-sous-forêts, Wissembourg, Wœrth.*

Cet arrondissement comprend 104 communes. Les principales sont : *Wissembourg, Lauterbourg, Soultz-sous-forêts.*

Division électorale.

Conformément aux dispositions de la loi du 29 Juin 1820, le département est divisé en quatre arrondissemens électoraux, qui se composent, savoir :

Le premier, de l'arrondissement communal de Saverne et des cantons de *Wasselonne* et de *Truchtersheim*, de l'arrondissement communal de Strasbourg ;

Le second, des cantons de l'arrondissement communal de Sélestat, plus des cantons de *Molsheim* et de *Geispolsheim*, de l'arrondissement communal de Strasbourg ;

Le troisième, des cantons de l'arrondissement de Wissembourg, plus des cantons de *Bischwiller, Brumath, Haguenau* et *Ober-*

hausbergen, de l'arrondissement communal de Strasbourg;

Le quatrième, des quatre cantons composant la ville de Strasbourg.

Lors du renouvellement de la députation du Bas-Rhin, en 1824, le nombre des électeurs s'est élevé à 792. Le quart composant le grand collége, et jouissant du double vote, était par conséquent de 198. Le total des contributions du moins imposé des électeurs du grand collége était de 619 fr. 69 cent.

Le nombre des députés à élire par le département est de six : un par chaque collége électoral d'arrondissement et deux par celui du département.

Organisation civile.

Strasbourg est le chef-lieu du département, et la résidence du préfet et du secrétaire général de la préfecture, conservateur des archives.

Un conseil de préfecture et un conseil général du département participent à l'administration dans les limites des attributions qui leur sont accordées par les lois et réglemens.

Chaque arrondissement communal est administré par un sous-préfet et par un conseil d'arrondissement.

L'ingénieur en chef des ponts et chaussées et l'ingénieur des mines résident à Strasbourg.

Cette ville possède un télégraphe qui correspond avec Paris.

Organisation militaire.

Strasbourg est le chef-lieu de la 5.ᵉ division militaire, composée des départemens du Haut-Rhin et du Bas-Rhin. Le général commandant la division y a son quartier-général.

L'intendant militaire y réside.

Strasbourg possède une école royale d'artillerie, une direction d'artillerie, une direction du génie, une fonderie de canons.

Il existe dans le département deux manufactures d'armes : celle d'armes blanches est située à *Klingenthal*, et celle d'armes à feu à *Mutzig*.

La compagnie de gendarmerie du Bas-Rhin fait partie de la vingt-deuxième légion, commandée par un colonel, qui réside à Nancy. La légion est composée des compagnies des départemens du Haut-Rhin, du Bas-Rhin, des Vosges et de la Meurthe.

Organisation religieuse.

Église catholique.

Le diocèse de Strasbourg, composé des deux départemens des *Haut-* et *Bas-Rhin*, dépend de l'archevêché de *Besançon*. Il existe un séminaire et un collége épiscopal à Strasbourg.

Églises protestantes.

Strasbourg est le chef-lieu du consistoire général de la confession d'Augsbourg des départemens du *Haut-Rhin*, du *Bas-Rhin*, de la *Seine*, de la *Haute-Saône*, du *Doubs*, de la *Meurthe*, des *Vosges* et de la *Moselle*.

Strasbourg possède un séminaire protestant.

Les habitans du département professant la religion chrétienne réformée sont distribués en deux églises consistoriales, dont les chefs-lieux sont *Strasbourg* et *Bischwiller*. Chaque consistoire est présidé par le plus ancien des pasteurs, qui entre en correspondance directe avec le ministre de l'intérieur.

Culte israélite.

Les israélites ont un consistoire central à Paris, et sept synagogues consistoriales dans le royaume ; savoir : dans les villes de *Bordeaux*, *Marseille*, *Metz*, *Nancy*, *Paris*, *Strasbourg* et *Colmar*.

Organisation judiciaire.

Le département du Bas-Rhin ressortit de la Cour royale de Colmar. Chacun des quatre arrondissemens qui le composent a un tribunal civil. Celui de Strasbourg fournit quatre juges pour la Cour d'assises (tribunal criminel), qui tient chaque trimestre une session, et qui est présidée par un des conseillers de la Cour royale de Colmar.

La ville de Strasbourg possède un Tribunal de commerce. Dans les trois autres arrondissemens les juges du tribunal civil exercent les fonctions attribuées aux juges de commerce.

Il y a un juge de paix pour chaque canton.

Organisation financière.

Le receveur général des finances du département réside à Strasbourg. Il y a dans chaque chef-lieu d'arrondissement un receveur particulier.

Strasbourg a une *Direction des contributions directes*, une *Direction de l'enregistrement et des domaines*, une *Direction des douanes*, une *Inspection générale des contributions indirectes*, un *Bureau de garantie des matières d'or et d'argent*, une *Inspection des postes.*

Sous le rapport de l'administration des forêts, le département du Bas-Rhin dépend de la *Conservation de Colmar.* Il y a pour le département quatre inspecteurs et quatre lieutenans de louveterie.

Strasbourg possède une *Inspection des*

poids et mesures, un *Hôtel des monnaies*, à la marque BB, et un *Tirage de loterie*, qui a lieu les 7, 17 et 27 de chaque mois.

Instruction publique.

L'académie de Strasbourg comprend les départemens du Haut- et du Bas-Rhin.

Cette académie se compose 1.º d'une faculté de *théologie* (culte de la confession d'Augsbourg); 2.º d'une faculté de *droit;* 3.º d'une faculté de *médecine*, avec une *école spéciale de pharmacie;* 4.º d'une faculté des *sciences;* 5.º et d'une faculté des *lettres.*

Strasbourg possède un *collége royal*, et une *classe normale*, destinée à former des maîtres pour les écoles primaires des départemens du Haut- et du Bas-Rhin.

Il existe des *colléges communaux* dans les villes de *Bouxwiller*, *Haguenau*, *Saar-Union*, *Saverne*, *Sélestat* et *Wissembourg*.

La ville d'Obernai a une *institution communale.*

Constitution physique des habitans du département. [1]

Les qualités physiques d'un pays, sa position, son élévation, sa forme, la nature de

---

[1] Extrait d'un Mémoire inséré dans l'Annuaire historique et statistique de 1809.

son territoire, les forêts qui le couvrent, les eaux qui l'arrosent, en fixant son climat, sa salubrité, sa fertilité et ses productions, déterminent nécessairement aussi le genre de vie, les occupations, la nourriture, la constitution physique, et, en quelque sorte, les mœurs de l'homme qui l'habite.

Le département du Bas-Rhin offre, dans un espace très-limité, une telle variété sous le rapport du sol et du climat, qu'il est aisé de prévoir dès-lors combien l'état physique des habitans doit présenter de modifications.

En effet, le montagnard des Vosges diffère de son voisin qui occupe le fond de la vallée; celui-ci du vigneron qui cultive les collines jetées au-devant de ces montagnes; les riverains du Rhin se distinguent des paysans de la plaine, et parmi ceux-ci même on remarque des nuances particulières.

On peut dire en général que la constitution physique de l'habitant du Bas-Rhin est vigoureuse; sa taille moyenne, souvent haute et presque toujours bien exprimée; son corps musclé et sa charpente osseuse très-solide. Les traits de son visage sont grands et fortement prononcés; son teint est coloré; il a les cheveux bruns, quelquefois blonds ou blonds-roussâtres; les yeux bleus ou bruns. Il est rare de trouver un Alsacien dont les cheveux et les yeux soient très-noirs, et qui ait cette habitude du corps brune et sèche qui caractérise le tempérament bilieux-mélancolique. Le sien est ordinairement un mélange du sanguin et du bilieux, et il passe par des nuances insensibles au phlegmatique. Ses mouvemens n'ont point la vivacité qu'on remarque dans les habitans des pays méridionaux; mais ils sont fermes, et l'étendue de ses forces le rend capable de soutenir pendant long-temps les plus rudes fatigues. Né sous un ciel variable, accoutumé aux vicissitudes de l'atmosphère, doué d'un corps robuste, courageux par le sentiment de sa force, l'habitant du Bas-Rhin est propre à la guerre, comme au travail et aux arts. Il jouit d'une santé durable, et parvient souvent à un âge très-avancé.

Le sexe est d'une stature moyenne ; il a les yeux bleus ou bruns, les dents saines et blanches, une belle chevelure brune ou blonde. La gorge des Alsaciennes est communément assez développée, et elles passent en général pour d'excellentes nourrices.

Les enfans naissent gros et vigoureux, la plupart avec des cheveux blonds ou roussâtres; mais cette couleur se perd peu à peu et se change en brun.

Tels sont les traits qui caractérisent en général l'habitant du Bas-Rhin, sauf les modifications suivantes que présentent les divers cantons, d'après leur position topographique.

La plaine fournit les hommes les plus robustes : une température douce, un sol découvert et fertile, un travail non interrompu, aident à développer la vigueur de leur constitution, qu'ils entretiennent d'ailleurs par une nourriture abondante. De bon pain, des légumes, des pommes de terre, des choux salés, des fruits et du fromage, de la viande salée, souvent aussi de la viande fraîche, et dans la plupart des cantons du vin, voilà leurs alimens. Le paysan se lève avec le soleil, travaille toute la journée, ou dans ses champs, ou dans ses granges, et vient se reposer dans une habitation spacieuse, et entièrement séparée des écuries et des étables. Il est bon cavalier; son habitude de manier les chevaux, qu'il aime passionnément, et dont il se pique de se servir exclusivement pour son agriculture, l'a fait de tout temps estimer dans le service des troupes à cheval.

Dans la partie méridionale du département la physionomie tient encore beaucoup de celle des habitans du Haut-Rhin. Un corps grand et bien fait, un air décidé, le regard fier et animé, un tempérament bilieux et violent, sont les caractères assez généraux des hommes : les femmes sont vives ; leur taille est bien prise et dégagée, et on rencontre parmi elles des figures très-gracieuses.

Plus loin, vers le centre du département, où la plaine s'élargit et s'aplatit d'avantage, les hommes sont plus carrés, leur teint est brun et très-coloré ; leur tempérament est plus phlegmatique ; leurs mouvemens sont moins prompts et leur caractère est moins violent : ils ont beaucoup de disposition à acquérir par les progrès de l'âge un embonpoint et une surabondance d'humeurs très-considérables. Les femmes ont la taille épaisse, et de jour en jour elle devient encore plus écrasée par la mauvaise habitude qu'elles ont de porter d'énormes fardeaux sur la tête. Leur carnation est fraîche et d'un brun moelleux, tant qu'elles sont jeunes ; mais le travail assidu qu'exige la diversité de culture les dessèche et les roidit de bonne heure.

Plus bas, vers Wissembourg, où le sol est plus sablonneux et couvert de forêts, on ne remarque plus ces figures rouges et ces corps replets. Le teint est plus pâle, les yeux et les cheveux sont plus clairs ; on y voit même beaucoup de blonds ; la taille devient moins large et la figure plus maigre ; les membres sont moins arrondis et les épaules plus saillantes ; le tempérament est plus doux, et le caractère plus souple. Les femmes aussi sont plus maigres et plus sveltes. On rencontre cette même constitution, avec quelques nuances, sur le revers occidental de cette partie des Vosges. Au-delà de Wissembourg, où s'ouvre la fertile plaine de Landau, la nature paraît reprendre une nouvelle vigueur. Les hommes sont grands et forts, mais leur teint est plus clair et leurs cheveux sont plus blonds que dans la partie supérieure de la plaine. Les femmes ont une belle taille et la carnation très-vive.

A mesure qu'on s'approche du Rhin, l'humidité de l'atmosphère, la maigreur du sol, la privation de vin, portent évidemment atteinte au physique des habitans. Leur teint devient blême et jaunâtre, la peau se relâche et s'infiltre facilement, la vivacité diminue, le phlegme domine dans le tempérament. Les femmes sont très-sujettes au goître, qui prend quelquefois un volume énorme. Dans quelques endroits très-bas et rapprochés du Rhin, la constitution dégénère tellement qu'on y rencontre assez fréquemment des hommes hébétés, et même quelquefois de ces êtres misérables qui paraissent dépourvus de facultés intellectuelles, et auxquels on donne dans les vallées des Alpes le nom de *crétins*.

L'habitant des collines et des vallons qui s'étendent au-devant des Vosges, quoique voisin du paysan de la plaine, ne lui ressemble déjà plus.

Les terres qu'il cultive, presque toutes plantées de vignes, lui refusent bien plus souvent le tribut que ses travaux pénibles et dispendieux lui donnent droit d'attendre, et le laissent dans la misère; tandis que dans la plaine la diversité des objets de culture compense pour le cultivateur la perte d'une production par l'abondance d'une autre. Les extrêmes des fortunes se touchent le plus fréquemment dans les pays vignobles, et les pauvres forment toujours la grande majorité. Les privations de tout genre et la rudesse des travaux sur des pentes escarpées et exposées aux ardeurs du soleil, sont empreintes sur leurs figures. Doit-on s'étonner que beaucoup d'entre eux, pour se dédommager de leurs peines, aiment à se livrer à des excès dans la boisson, qui sans doute ne tournent point au profit de leur constitution?

Les habitans de ces cantons sont bien bâtis et assez robustes, mais maigres et desséchés. Leur teint n'a plus ce coloris animé, comme dans la plaine; les cheveux sont d'un brun plus clair, et chez les femmes surtout ils passent souvent au roussâtre.

L'entrée des grandes vallées présente encore assez de terrain labourable pour nourrir les habitans. La vigne et les prairies forment les principaux objets de leur industrie; leur constitution diffère peu de celle que nous venons de peindre. Mais, à mesure que les vallées se rétrécissent, la culture disparait, et avec elle le reste d'aisance des habitans. Le petit nombre de champs arides et sablonneux que les défrichemens ont dérobés aux forêts, fournit à peine au stricte nécessaire. Trop peu occupés de travaux agricoles, une partie des hommes vont louer leur main d'œuvre pour l'exploitation des forêts, des carrières, des mines, ou dans les forges, les usines, les verreries, pendant que d'autres s'entassent dans des poêles obscurs et mal aérés, et s'occupent avec les femmes à la filature du coton pour les manufactures, ou à d'autres travaux sédentaires. Leurs habitations sont de petites chaumières, qui réunissent sous le même toit la grange et les étables. La nourriture consiste en lait caillé et en pommes de terre, que les plus indigens mangent même sans sel ; les plus aisés y ajoutent quelquefois du cochon salé ou du lard.

Le pain est rare chez eux, et le peu qu'ils en ont est de seigle, d'orge ou même de sarrasin. Il est aisé de juger combien toutes ces circonstances doivent porter préjudice à la constitution des habitans : aussi chercherait-on en vain dans ces vallées de ces hommes bien nourris et de belle apparence, comme on les rencontre dans la plaine ; ils sont au contraire la plupart maigres, d'un teint pâle et d'une stature médiocre. Ils présentent cependant aussi des variétés dans les différens cantons ; car, d'une part, les différences qui distinguent entre eux les habitans de la plaine, s'étendent dans les vallées correspondantes ; et de l'autre, la constitution physique est détériorée dans quelques endroits par des causes particulières et locales d'insalubrité. C'est ainsi que dans quelques vallées étroites et tortueuses, où le ruisseau qui les parcourt est fréquemment arrêté, pour former des étangs ou pour arroser des prairies, les fièvres d'accès régnent presque sans interruption, et communiquent aux habitans un teint plombé et un air mal-sain.

Dans quelques vallées situées au centre des Vosges, sur les confins de la Lorraine, le changement brusque de langage indique déjà suffisamment que la grande différence qu'on observe dans le naturel et la constitution des habitans ne doit pas être attribuée aux influences naturelles, mais à la diversité d'origine.

Plus on s'élève dans les montagnes, plus on remarque les effets bienfaisans de l'air actif et pur qui y règne. La taille des habitans s'élance, le teint se colore d'un rouge vermeil, les yeux reprennent leur feu et leur brillant, tous les mouvemens s'opèrent avec vivacité. L'activité de l'air ne permet cependant point au corps d'acquérir beaucoup de masse. Les hommes ont pour la plupart peu d'embonpoint, leurs jambes sont hautes et grêles, les épaules saillantes, la poitrine est aplatie, et chez les femmes la gorge est peu développée. Cette constitution se remarque principalement dans les endroits situés sur la crête des Vosges et vers la haute plaine de la ci-devant Lorraine allemande.

Il est dans nos montagnes une classe d'hommes qui se distingue des autres habitans autant par le physique que par les mœurs et le costume ; ce sont les anabaptistes, qui habitent les fermes ou censes isolées répandues sur la chaîne des Vosges, où ils s'occupent principalement de l'éducation du bétail. Cette branche d'industrie les met au-dessus du besoin, en même temps qu'elle les dispense d'un travail trop rude et trop soutenu. Le pain, le laitage et les végétaux forment leurs principaux alimens.

Beaucoup d'entre eux sont originaires de la Suisse. Ils sont pour la plupart de haute stature, vermeils et de très-bon air; et généralement très-forts et carrés ; ils laissent croître leur barbe, et se rapprochent, dans la simplicité de leurs costumes, des quakers anglais : une propreté extrême règne dans leurs ménages ; le voyageur qui vient les visiter est reçu avec franchise et hospitalité, et la candeur et l'intégrité des mœurs s'allient chez eux à la santé et à la vigueur du corps.

Quant aux habitans des villes, les variétés que présente leur constitution physique sont l'effet d'une foule de causes accidentelles, qui ne tiennent plus aux localités, mais au genre de vie, et qui par conséquent se retrouvent dans toutes les grandes cités. Dans la plupart de nos petites villes les habitans, à l'exception de la classe opulente, des négocians et des gens en place, sont cultivateurs, ou cultivent du moins eux-mêmes quelque propriété, quelle que soit d'ailleurs la profession qu'ils exercent.

Partageant ainsi leur vie entre les travaux de la campagne et ceux de leur état, ils participent plus ou moins au caractère qu'impriment aux hommes les influences naturelles. A Strasbourg, comme dans toutes les grandes villes, l'homme est plus étranger à la nature ; l'influence de son éducation, de sa manière de vivre, de ses occupations, l'emporte sur celle du sol et du climat ; et le mélange d'étrangers que leurs fonctions y amènent, ou que l'industrie attire en grand nombre dans ce pays limitrophe, achève de masquer le caractère local des habitans.

LISTE alphabétique et générale des communes et annexes du département du Bas-Rhin, avec indication de leur population, des arrondissemens, ainsi que des cantons de justice de paix dont elles font partie.

COMMUNES.	CANTONS.	ARRONDISSE-MENS.	Population.
Achenheim	Oberhausbergen	Strasbourg	663
Adamswiller	Drulingen	Saverne	326
Albrechtshauserhof	*dép. de Morschbr.*		
Allenwiller	Marmoutier	Saverne	458
Alteckendorf	Hochfelden	Saverne	701
Altenheim	Saverne	Saverne	349
Altenstatt	Wissembourg	Wissembourg	1040
Altorf	Molsheim	Strasbourg	851
Alt-Pfaffenbronn	*dép. de Lembach*		
Altwiller	Saar-Union	Saverne	777
Andlau	Barr	Sélestat	1986
Artolsheim	Marckolsheim	Sélestat	789
Asbach	Seltz	Wissembourg	780
Asswiller	Drulingen	Saverne	411
Auenheim	Bischwiller	Strasbourg	549
Avenheim	Truchtersheim	Strasbourg	239
Avolsheim	Molsheim	Strasbourg	533
Bærendorf	Drulingen	Saverne	497
Baldenheim	Marckolsheim	Sélestat	1019
Ballbronn	Wasselonne	Strasbourg	993
Banbois	*dépend. de Belmont*		
Barr	Barr	Sélestat	4201
Bassemberg	Villé	Sélestat	387
Batzendorf	Haguenau	Strasbourg	790
Behlenheim	Truchtersheim	Strasbourg	142
Beinheim	Seltz	Wissembourg	1494
Bellefosse	Rosheim	Sélestat	445

COMMUNES.	CANTONS.	ARRONDISSE-MENS.	Population.
Belmont	Rosheim	Sélestat	577
Benfeld	Benfeld	Sélestat	1794
Berg	Drulingen	Saverne	469
Bergbieten	Wasselonne	Strasbourg	734
Bernardswiller	Barr	Sélestat	359
Bernardswiller	Obernai	Sélestat	1307
Bernolsheim	Brumath	Strasbourg	382
Berstett	Truchtersheim	Strasbourg	672
Berstheim	Haguenau	Strasbourg	334
Bettenhoffen	*dépend. de Brumath*		
Bettwiller	Drulingen	Saverne	308
Biblenheim	*dépend. de Soultz*		
Biblisheim	Wœrth	Wissembourg	268
Bietlenheim	Brumath	Strasbourg	181
Bilwisheim	Brumath	Strasbourg	299
Bindernheim	Marckolsheim	Sélestat	538
Birckenwald	Marmoutier	Saverne	614
Birlenbach	Soultz-sous-forêts	Wissembourg	602
Bischheim au Saum	Oberhausbergen	Strasbourg	2088
Bischholtz	Bouxwiller	Saverne	346
Bischofsheim	Rosheim	Sélestat	1474
Bischwiller	Bischwiller	Strasbourg	4806
Bisert	Saar-Union	Saverne	264
Bitschhoffen	Niederbronn	Wissembourg	1068
Blæsheim	Geispolsheim	Strasbourg	835
Blancherupt	Rosheim	Sélestat	169
Blienschwiller	Barr	Sélestat	998
Bœrsch	Rosheim	Sélestat	2237
Bœsenbiesen	Marckolsheim	Sélestat	226
Bolsenheim	Erstein	Sélestat	428
Booftzheim	Benfeld	Sélestat	749
Bootzheim	Marckolsheim	Sélestat	455
Bosselshausen	Bouxwiller	Saverne	455
Bossendorf	Hochfelden	Saverne	442
Botaschplatz	*dép. de Neuwiller*		
Bouxwiller	Bouxwiller	Saverne	3552

COMMUNES	CANTONS.	ARRONDISSE-MENS.	Population.
Boxmühl	dép. de Neuwiller		
Brechlingen	dép. de Wangenb.		
Breitenau	Villé	Sélestat	426
Breitenbach	Villé	Sélestat	1334
Breitenwasen	dép. d'Oberbronn		
Bremmelbach	Soultz	Wissembourg	218
Brumath	Brumath	Strasbourg	4203
Brüschwickersheim	Oberhausbergen	Strasbourg	480
Buchberg	dép. de Marmoutier		
Bueswiller	Bouxwiller	Saverne	302
Bühl	Seltz	Wissembourg	671
Burbach	Drulingen	Saverne	530
Bürkwald	dép. de Haguenau		
Burgheim	Obernai	Sélestat	228
Büst	Drulingen	Saverne	382
Bütten	Saar-Union	Saverne	793
Canal (le)	dép. de Wolxheim		
Canardière (la)	dép. de Strasbourg		
Charbe	dépend. de Lalaye		
Châtenois	Sélestat	Sélestat	2872
Citadelle (la)	dép. de Strasbourg		
Clébourg	Wissembourg	Wissembourg	1073
Climbach	Wissembourg	Wissembourg	484
Cosswiller	Wasselonne	Strasbourg	413
Crastatt	Marmoutier	Saverne	337
Creutzfeld	dépend. de Saverne		
Crœttwiller	Seltz	Wissembourg	208
Dachstein	Molsheim	Strasbourg	553
Dahlenberg	dép. de Lembach		
Dahlenheim	Wasselonne	Strasbourg	683
Dalhunden	Bischwiller	Strasbourg	539
Dambach	Niederbronn	Wissembourg	2373
Dambach	Barr	Sélestat	791
Dangolsheim	Wasselonne	Strasbourg	689
Daubensand	Erstein	Sélestat	175
Dauendorf	Haguenau	Strasbourg	1243

COMMUNES.	CANTONS.	ARRONDISSE-MENS.	Population.
Dehlingen	Saar-Union	Saverne	788
Dengelsheim	dép. de Sessenheim		
Dettwiller et Rosenwiller	Saverne	Saverne	1798
Diebolsheim	Marckolsheim	Sélestat	574
Diedendorf	Drulingen	Saverne	450
Dieffenbach	Wœrth	Wissembourg	462
Dieffenbach	Villé	Sélestat	317
Dieffenthal	Sélestat	Sélestat	347
Diemeringen	Drulingen	Saverne	923
Dimbsthal	Marmoutier	Saverne	303
Dingsheim	Truchtersheim	Strasbourg	487
Dinsheim	Molsheim	Strasbourg	1020
Discheldorf	dép. de Lembach		
Domfessel	Saar-Union	Saverne	401
Donnenheim	Brumath	Strasbourg	159
Dorlisheim	Molsheim	Strasbourg	1741
Dossenheim	La Petite-Pierre	Saverne	1182
Dossenheim	Truchtersheim	Strasbourg	130
Drachenbrunn	Soultz	Wissembourg	343
Drulingen	Drulingen	Saverne	366
Drusenheim	Bischwiller	Strasbourg	1511
Duntzenheim	Hochfelden	Saverne	639
Düppigheim	Geispolsheim	Strasbourg	928
Dürningen	Truchtersheim	Strasbourg	499
Dürrenbach	Wœrth	Wissembourg	1038
Dürstel	Drulingen	Saverne	261
Düttlenheim	Geispolsheim	Strasbourg	1088
Eberbach	Seltz	Wissembourg	613
Eberbach	Wœrth	Wissembourg	267
Ebersheim	Sélestat	Sélestat	1566
Ebersmünster	Benfeld	Sélestat	1053
Eckartswiller	Saverne	Saverne	518
Eckbolsheim	Oberhausbergen	Strasbourg	936
Eckwersheim	Brumath	Strasbourg	793
Ehl	dépend. de Sand		

(170)

COMMUNES.	CANTONS.	ARRONDISSE-MENS.	Population.
Ehly	dépend. de Benfeld		
Ehnweyer	dép. de Müttersholz		
Eichhoffen	Barr	Sélestat	472
Elsashausen	dép. de Frœschwill.		
Elsenheim	Marckolsheim	Sélestat	621
Engelbach	dép. de Meissengott		
Engenthal et Obersteigen	Wasselonne	Strasbourg	676
Engwiller	Niederbronn	Wissembourg	231
Engwiller	Marmoutier	Saverne	400
Entzheim	Geispolsheim	Strasbourg	699
Epfig	Barr	Sélestat	2197
Erckartswiller	La Petite-Pierre	Saverne	338
Ergersheim	Molsheim	Strasbourg	821
Erlenbach	Villé	Sélestat	1060
Ernolsheim	Saverne	Saverne	677
Ernolsheim	Molsheim	Strasbourg	787
Erstein	Erstein	Sélestat	3440
Eschau	Geispolsheim	Strasbourg	1232
Eschbach	Wœrth	Wissembourg	687
Eschbourg	La Petite-Pierre	Saverne	766
Eschwiller	Drulingen	Saverne	248
Espel	dépend. d'Ingwiller		
Ettendorf	Hochfelden	Saverne	970
Eywiller	Drulingen	Saverne	481
Fegersheim	Geispolsheim	Strasbourg	1459
Fessenheim	Truchtersheim	Strasbourg	390
Fleckstein	dépend. de Lembach		
Flexbourg	Wasselonne	Strasbourg	531
Forstfeld	Bischwiller	Strasbourg	354
Forstheim	Wœrth	Wissembourg	684
Fort-Louis	Bischwiller	Strasbourg	539
Fouchy	Villé	Sélestat	816
Fouday	Rosheim	Sélestat	270
Freudeneck	dép. de Wangenb.		
Friedolsheim	Hochfelden	Saverne	293

COMMUNES.	CANTONS.	ARRONDISSE-MENS.	Population.
Friesenheim	Benfeld	Sélestat	675
Frœschwiller	Wœrth	Wissembourg	617
Frohmühl	La Petite-Pierre.	Saverne	331
Frohnholtz	dépend. d'Epfig		
Furchhausen	Saverne	Saverne	281
Fürdenheim	Truchtersheim	Strasbourg	530
Gambsheim	Brumath	Strasbourg	1533
Gantzau (la)	dép. de Strasbourg		
Gébolsheim	dép. de Witternh.		
Geispolsheim	Geispolsheim	Strasbourg	1987
Geiswiller	Hochfelden	Saverne	232
Gerstheim	Erstein	Sélestat	1295
Gertwiller	Obernai	Sélestat	902
Geudertheim	Brumath	Strasbourg	1294
Gimbrett	Truchtersheim	Strasbourg	311
Gingsheim	Hochfelden	Saverne	409
Gœrlingen	Drulingen	Saverne	315
Gœrsdorf	Wœrth	Wissembourg	979
Gottenhausen	Marmoutier	Saverne	270
Gottesheim	Saverne	Saverne	396
Gougenheim	Truchtersheim	Strasbourg	678
Goxwiller	Obernai	Sélestat	639
Grafenstaden	dépend. d'Illkirch		
Grassendorf	Hochfelden	Saverne	414
Greifensteinerthal	dépend. de Saverne		
Grendelbruch	Rosheim	Sélestat	1440
Gresswiller	Molsheim	Strasbourg	746
Gries	Brumath	Strasbourg	1166
Griesbach	Niederbronn	Wissembourg	321
Griesbach	Bouxwiller	Saverne	454
Griesheim	Truchtersheim	Strasbourg	F.
Griesheim	Erstein	Sélestat	
Gumbrechtshoffen-Niederbronn	Niederbronn	Wissembou	
Gumbrechtshoffen-Oberbronn	Niederbronn	Wissemb	

COMMUNES.	CANTONS.	ARRONDISSE-MENS.	Population.
Gundershoffen	Niederbronn	Wissembourg	1144
Gungwiller	Drulingen	Saverne	223
Gunstett	Wœrth	Wissembourg	873
Gutenbrunnen	dépend. d'Altwiller		
Hachembach	dép. de Dieffenbach		
Hægen	Marmoutier	Saverne	533
Hænffen	dépend. de Gries		
Hæusern	dép. de Matzenheim		
Haguenau	Haguenau	Strasbourg	9002
Hambach	Drulingen	Saverne	1075
Handschuheim	Truchtersheim	Strasbourg	182
Hangenbieten	Oberhausbergen	Strasbourg	490
Hanhoffen	dép. de Bischwiller		
Harskirchen	Saar-Union	Saverne	964
Harthausen	dép. de Haguenau		
Hatten	Soultz	Wissembourg	1885
Hattmatt	Saverne	Saverne	611
Hegeney	Wœrth	Wissembourg	310
Heidolsheim	Marckolsheim	Sélestat	293
Heiligenberg	Molsheim	Strasbourg	369
Heiligenstein	Barr	Sélestat	619
Herbitzheim	Saar-Union	Saverne	1462
Herbsheim	Benfeld	Sélestat	500
Hermerswiller	Soultz	Wissembourg	235
Herlisheim	Bischwiller	Strasbourg	1813
Hermolsheim	dépend. de Mutzig		
Herrenstein	dép. de Neuwiller		
Hessenheim	Marckolsheim	Sélestat	411
Hilsenheim	Marckolsheim	Sélestat	1461
Hindisheim	Erstein	Sélestat	1073
Hinsbourg	La Petite-Pierre	Saverne	150
Hinsingen	Saar-Union	Saverne	160
Hinterfeld	dép. de Walbourg		
Hipsheim	Erstein	Sélestat	379
Hirschland	Drulingen	Saverne	629
Hirtzelbach	Villé	Sélestat	723

COMMUNES.	CANTONS.	ARRONDISSE-MENS.	Population.
Hochfelden	Hochfelden	Saverne	1998
Hochstett	Haguenau	Strasbourg	135
Hochwald	*dép. de Breitenbach*		
Hœhnheim	Oberhausbergen	Strasbourg	1011
Hœlschloch	*dép. d. Kutzenhaus.*		
Hœrdt	Brumath	Strasbourg	1404
Hoffen	Soultz	Wissembourg	494
Hohatzenheim	Hochfelden	Saverne	194
Hohengœst	Marmoutier	Saverne	493
Hohfranckenheim	Hochfelden	Saverne	321
Hohwarth	*dép. de Strasbourg*		
Hohwarth	*dép. de S. Pierre-B.*		
Hohwiller	Soultz	Wissembourg	541
Holtzheim	Geispolsheim	Strasbourg	733
Honcours	*dép. de S.-Martin*		
Hunsbach	Soultz	Wissembourg	736
Hürtigheim	Truchtersheim	Strasbourg	382
Hütte	*dépend. de Belmont*		
Hüttendorf	Haguenau	Strasbourg	485
Hüttenheim	Benfeld	Sélestat	1066
Ichtratzheim	Geispolsheim	Strasbourg	182
Ill	*dép. d'Ébersheim*		
Illkirch	Geispolsheim	Strasbourg	1907
Imbsheim	Bouxwiller	Saverne	760
Ingelshof	*dép. d. Gundershoff.*		
Ingenheim	Hochfelden	Saverne	680
Ingolsheim	Soultz	Wissembourg	325
Ingwiller	Bouxwiller	Saverne	1999
Innenheim	Obernai	Sélestat	695
Irmstett	Wasselonne	Strasbourg	141
Issenhausen	Hochfelden	Saverne	124
Ittenheim	Oberhausbergen	Strasbourg	720
Itterswiller	Barr	Sélestat	303
Ittlenheim	Truchtersheim	Strasbourg	213
Jægerthal	*dép. de Niederbronn*		
Jean (S.)-des-choux	Saverne	Saverne	763

(174)

COMMUNES.	CANTONS.	ARRONDISSE-MENS.	Population.
Jetterswiller	Marmoutier	Saverne	439
Johannesthal	dép. de Neuwiller		
Kaidenbourg	dépend. de Siegen		
Kaltenhausen	Haguenau	Strasbourg	706
Katzenthal	dép. de Lembach		
Kauffenheim	Bischwiller	Strasbourg	220
Keffesach	Soultz	Wissembourg	246
Kertzfeld	Benfeld	Sélestat	754
Keskastel	Saar-Union	Saverne	1120
Kesseldorf	Seltz	Wissembourg	387
Kienheim	Truchtersheim	Strasbourg	331
Kilstett	Brumath	Strasbourg	670
Kindsbrunnen	dép. de Wimmenau		
Kindwiller	Niederbronn	Wissembourg	565
Kintzheim	Sélestat	Sélestat	1300
Kirchheim	Wasselonne	Strasbourg	484
Kirberg	Drulingen	Saverne	412
Kirrwiller	Bouxwiller	Saverne	173
Kleinfranckenheim	Truchtersheim	Strasbourg	193
Kleingœft	Marmoutier	Saverne	160
Klingenthal	dépend. de Bœrsch		
Knœrsheim	Marmoutier	Saverne	187
Kœffendorf	dép. d'Ohlungen		
Kœnigsbruck	dép. de Lüttenheim		
Kogenheim	Benfeld	Sélestat	1198
Kohlhütte	dép. de Wimmenau		
Kolbsheim	Oberhausbergen	Strasbourg	533
Krafft	dépend. d'Erstein		
Krautergersheim	Obernai	Sélestat	1277
Krautwiller	Brumath	Strasbourg	156
Kriegsheim	Brumath	Strasbourg	311
Kühlendorf	Soultz	Wissembourg	224
Kurtzenhausen	Brumath	Strasbourg	490
Küttolsheim	Truchtersheim	Strasbourg	920
Kutzenhausen	Soultz	Wissembourg	1444
Lalaye	Villé	Sélestat	714

(175)

COMMUNES.	CANTONS.	ARRONDISSE-MENS.	Population.
Lampertheim	Oberhausbergen	Strasbourg	758
Lampertsloch	Wœrth	Wissembourg	558
Landersheim	Marmoutier	Saverne	235
Langackern	dép. de Wangenbg.		
Langensoultzbach	Wœrth	Wissembourg	871
Laubach	Wœrth	Wissembourg	158
Leiterswiller	Soultz	Wissembourg	257
Lembach	Wissembourg	Wissembourg	1818
Lichtenberg	La Petite-Pierre	Saverne	928
Limersheim	Erstein	Sélestat	407
Lingolsheim	Geispolsheim	Strasbourg	738
Linienhausen	dép. de Windstein		
Lipsheim	Geispolsheim	Strasbourg	593
Littenheim	Saverne	Saverne	437
Lixhausen	Hochfelden	Saverne	433
Lobsann	Soultz	Wissembourg	608
Lochwiller	Marmoutier	Saverne	548
Lohr	La Petite-Pierre.	Saverne	509
Lorentzen	Saar-Union	Saverne	424
Lupstein	Saverne	Saverne	746
Lüttenheim	Bischwiller	Strasbourg	852
Lützelhausen	Molsheim	Strasbourg	989
Mackenheim	Marckolsheim	Sélestat	922
Mackwiller	Drulingen	Saverne	678
Mænnolsheim	Saverne	Saverne	196
Marienthal	dép. de Haguenau		
Marckolsheim	Marckolsheim	Sélestat	1994
Marlenheim	Wasselonne	Strasbourg	1940
Marmoutier	Marmoutier	Saverne	2138
Martin (Saint-)	Villé	Sélestat	500
Mattstall	Wœrth	Wissembourg	268
Matzenheim	Benfeld	Sélestat	703
Maurice (Saint-)	Villé	Sélestat	393
Meisenthal	dép. de Memelshoff.		
Meissengott	Villé	Sélestat	814
Meistratzheim	Obernai	Sélestat	1489

COMMUNES.	CANTONS.	ARRONDISSE-MENS.	Population.
Melsheim	Hochfelden	Saverne	536
Memelshoffen	Soultz	Wissembourg	367
Menchhoffen	Bouxwiller	Saverne	353
Merckwiller	dép. de Kutzenhaus.		
Mertzwiller	Niederbronn	Wissembourg	1450
Mietesheim	Niederbronn	Wissembourg	638
Minversheim	Hochfelden	Saverne	798
Mitschdorf	Wœrth	Wissembourg	241
Mittelbergheim	Barr	Sélestat	754
Mittelhausbergen	Oberhausbergen	Strasbourg	188
Mittelhausen	Hochfelden	Saverne	627
Mittelkurtz	dépend. de Rangen		
Mittelschæffolsheim	Brumath	Strasbourg	304
Mollkirch	Rosheim	Sélestat	835
Molsheim	Molsheim	Strasbourg	3060
Mommenheim	Brumath	Strasbourg	1186
Monswiller	Saverne	Saverne	420
Morschbronn	Wœrth	Wissembourg	588
Morschwiller	Haguenau	Strasbourg	547
Motheren	Seltz	Wissembourg	1335
Mühlbach	Rosheim	Sélestat	467
Mühlhausen	Bouxwiller	Saverne	651
Münchhausen	Seltz	Wissembourg	692
Mundolsheim	Oberhausbergen	Strasbourg	386
Musau	dép. de Haguenau		
Mussig	Marckolsheim	Sélestat	605
Müttersholtz	Marckolsheim	Sélestat	1652
Mutzenhausen	Hochfelden	Saverne	336
Mutzig	Molsheim	Strasbourg	3122
Nabor (Saint-)	Rosheim	Sélestat	318
Neehwiller	Wœrth	Wissembourg	842
Neewiller	Lauterbourg	Wissembourg	366
Netzenbach	dép. de Lützelhaus.		
Neubeinheim	dépend. de Seltz		
Neubois	Villé	Sélestat	531
Neubourg	dép. de Dauendorf		

(177)

COMMUNES.	CANTONS.	ARRONDISSE-MENS.	Population.
Neudœrfel	dép. de Damb. (W)		
Neudorf	dépend. de Wingen		
Neugartheim	Truchtersheim	Strasbourg	340
Neuhof (le)	dép. de Strasbourg		
Neuhoffen	dép. de Dambach		
Neuhæusel	Bischwiller	Strasbourg	280
Neu-Pfaffenbronn	dép. de Lembach		
Neuve-Église	Villé	Sélestat	723
Neuweyerhof	dép. d'Altwiller.		
Neuwiller	La Petite-Pierre	Saverne	1821
Nieder-Altorf	dép. d Uhlwiller		
Niederbetschdorf	Soultz	Wissembourg	1185
Niederbronn	Niederbronn	Wissembourg	2315
Niederhaslach	Molsheim	Strasbourg	904
Niederhausbergen	Oberhausbergen	Strasbourg	414
Niederlauterbach	Lauterbourg	Wissembourg	1552
Niedermottern	Bouxwiller	Saverne	409
Niedernai	Obernai	Sélestat	1227
Niederrathsamhaus.	dép. de Müttersholz		
Niederrœdern	Seltz	Wissembourg	1314
Niederschæffolsheim	Haguenau	Strasbourg	869
Niederseebach	Seltz	Wissembourg	304
Niedersoultzbach	Bouxwiller	Saverne	349
Niefern	dép. d'Uhrwiller		
Nisern	dép. de Berstett		
Nonnenthal	dép. de Neuwiller		
Nordhausen	Erstein	Sélestat	1038
Nordheim	Wasselonne	Strasbourg	714
Nothhalten	Barr	Sélestat	831
Obenheim	Erstein	Sélestat	699
Oberbetschdorf	Soultz	Wissembourg	1120
Oberbronn	Niederbronn	Wissembourg	1372
Oberdorf	Wœrth	Wissembourg	301
Oberdorf	dép. de Neuwiller		
Oberhaslach	Molsheim	Strasbourg	838
Oberhausbergen	Oberhausbergen	Strasbourg	399

COMMUNES.	CANTONS.	ARRONDISSE-MENS.	Population.
Oberhoffen	Wissembourg	Wissembourg	242
Oberhoffen	Bischwiller	Strasbourg	885
Oberlauterbach	Seltz	Wissembourg	846
Obermottern	Bouxwiller	Saverne	882
Obernai	Obernai	Sélestat	4823
Oberrathsamhausen	dép. de Baldenheim		
Oberrœdern	Soultz	Wissembourg	694
Oberschæffolsheim	Oberhausbergen	Strasbourg	964
Oberséebach	Seltz	Wissembourg	1847
Obersoultzbach	Bouxwiller	Saverne	419
Oberstein	dép. d'Engenthal		
Odratzheim	Wasselonne	Strasbourg	558
Œrmingen	Saar-Union	Saverne	956
Offendorff	Bischwiller	Strasbourg	1172
Offenheim	Truchtersheim	Strasbourg	182
Offwiller	Niederbronn	Wissembourg	910
Ohlungen	Haguenau	Strasbourg	869
Ohnenheim	Marckolsheim	Sélestat	813
Ohnenheim	dép. de Fegersheim		
Olwisheim	Brumath	Strasbourg	410
Orschwiller	Sélestat	Sélestat	812
Osthausen	Erstein	Sélestat	765
Osthoffen	Truchtersheim	Strasbourg	687
Ostwald	Geispolsheim	Strasbourg	705
Ottersthal	Saverne	Saverne	435
Otterswiller	Marmoutier	Saverne	715
Ottrott (le bas)	Rosheim	Sélestat	1009
Ottrott (le haut)	Rosheim	Sélestat	789
Ottwiller	Drulingen	Saverne	229
Petersbach	La Petite-Pierre	Saverne	313
Petite-Pierre (la)	La Petite-Pierre	Saverne	1232
Pfaffenhoffen	Bouxwiller	Saverne	1287
Pfalzweyer	La Petite-Pierre	Saverne	321
Pfettisheim	Truchtersheim	Strasbourg	327
Pfulgriesheim	Truchtersheim	Strasbourg	332
Pierre (Saint-)	Barr	Sélestat	392

COMMUNES.	CANTONS.	ARRONDISSE-MENS.	Population.
Pierre-Bois (Saint-)	Villé	Sélestat	719
Pistorf	Drulingen	Saverne	365
Plobsheim	Geispolsheim	Strasbourg	2272
Preuschdorf	Wœrth	Wissembourg	806
Printzheim	Saverne	Saverne	320
Puberg	La Petite-Pierre	Saverne	357
Quatzenheim	Truchtersheim	Strasbourg	470
Rangen	Marmoutier	Saverne	217
Ratzwiller	Saar-Union	Saverne	376
Rauschenbourg	dép. d'Ingwiller		
Rauwiller	Drulingen	Saverne	382
Reichsfeld	Barr	Sélestat	445
Reichshoffen	Niederbronn	Wissembourg	2592
Reichstett	Oberhausbergen	Strasbourg	932
Reimerswiller	Soultz	Wissembourg	357
Reinhardsmünster	Marmoutier	Saverne	691
Reipertswiller	La Petite-Pierre	Saverne	567
Reitwiller	Truchtersheim	Strasbourg	402
Reschwoog	Bischwiller	Strasbourg	1375
Retschwiller	Soultz	Wissembourg	400
Reutenbourg	Marmoutier	Saverne	569
Rexingen	Drulingen	Saverne	168
Rhimenbergerhof	d. de Schweighaus.		
Rhinau	Benfeld	Sélestat	1368
Richtolsheim	Marckolsheim	Sélestat	204
Riedheim	Bouxwiller	Saverne	240
Riedseltz	Wissembourg	Wissembourg	1468
Rimsdorf	Saar-Union	Saverne	323
Ringeldorf	Hochfelden	Saverne	120
Ringendorf	Hochfelden	Saverne	545
Rittershoffen	Soultz	Wissembourg	1245
Robertsau (la)	dép. de Strasbourg		
Rohr	Truchtersheim	Strasbourg	371
Rohrwiller	Bischwiller	Strasbourg	660
Romanswiller	Wasselonne	Strasbourg	1072
Roppenheim	Bischwiller	Strasbourg	922

COMMUNES.	CANTONS.	ARRONDISSE-MENS.	Population.
Rosenwiller	Rosheim	Sélestat	781
Rosenwiller	dép. de Dettwiller		
Rosheim	Rosheim	Sélestat	3646
Rossfeld	Benfeld	Sélestat	479
Rosteig	La Petite-Pierre	Saverne	327
Rothbach	Niederbronn	Wissembourg	664
Roth	Wissembourg	Wissembourg	838
Rott	dépend. d'Erstein		
Rottelsheim	Brumath	Strasbourg	207
Rumersheim	Truchtersheim	Strasbourg	257
Runtzenheim	Bischwiller	Strasbourg	809
Saar-Union	Saar-Union	Saverne	3424
Saarwerden (vieux)	Saar-Union	Saverne	581
Saasenheim	Marckolsheim	Sélestat	450
Sæssolsheim	Hochfelden	Saverne	585
Saint-Gall	dépend. de Thal		
Saint-Léonard	dépend. de Bærsch		
Sainte-Marguerite	dépend. d'Epfig		
Salenthal	Marmoutier	Saverne	360
Salmbach	Lauterbourg	Wissembourg	1521
Sand	Benfeld	Sélestat	583
Saverne	Saverne	Saverne	4595
Saxenhausen	dép. de Haguenau		
Schæffersheim	Erstein	Sélestat	330
Schaffhausen	Seltz	Wissembourg	543
Schaffhausen	Hochfelden	Saverne	507
Schalkendorf	Bouxwiller	Saverne	387
Schambáine	dép. de Lichtenberg		
Scharrachbergheim	Wasselonne	Strasbourg	580
Scheibenhardt	Lauterbourg	Wissembourg	594
Scherlenheim	Hochfelden	Saverne	171
Scherwiller	Villé	Sélestat	2534
Scheuernhof	d. de Gundershoff.		
Schillersdorf	Bouxwiller	Saverne	620
Schiltigheim	Oberhausbergen	Strasbourg	2133
Schirhoffen	Bischwiller	Strasbourg	665

COMMUNES.	CANTONS.	ARRONDISSE-MENS.	Population.
Schirrhein	Bischwiller	Strasbourg	1223
Schleithal	Lauterbourg	Wissembourg	2405
Schnéematt	dép. d'Engenthal		
Schneethal	Idem		
Schnersheim	Truchtersheim	Strasbourg	455
Schœnau	Marckolsheim	Sélestat	545
Schœnbourg	La Petite-Pierre	Saverne	448
Schœnenbourg	Soultz	Wissembourg	767
Schopperten	Saar-Union	Saverne	306
Schwabwiller	Soultz	Wissembourg	673
Schwebwiller	dépend. de Thal		
Schweighausen	Haguenau	Strasbourg	1504
Schweighoffen	dép. de Lichtenberg		
Schweinheim	Marmoutier	Saverne	829
Schwindratzheim	Hochfelden	Saverne	1176
Schwobsheim	Marckolsheim	Sélestat	178
Sélestat	Sélestat	Sélestat	9070
Seltz	Seltz	Wissembourg	2265
Sermersheim	Benfeld	Sélestat	860
Sessenheim	Bischwiller	Strasbourg	1052
Siegen	Seltz	Wissembourg	793
Siewiller	Drulingen	Saverne	518
Siltzheim	Saar-Union	Saverne	362
Sindelsberg	dép. de Marmoutier		
Singrist	Marmoutier	Saverne	412
Solbach	Rosheim	Sélestat	208
Sornhoffen	dép. de Monswiller		
Souffelnheim	Bischwiller	Strasbourg	2637
Souffelweyersheim	Oberhausbergen	Strasbourg	662
Soultz	Molsheim	Strasbourg	898
Soultz-sous-forêts	Soultz-sous-forêts	Wissembourg	1685
Sourbourg	Soultz	Wissembourg	1817
Spachbach	dép. d'Oberdorf		
Sparsbach	La Petite-Pierre	Saverne	197
Stattmatten	Bischwiller	Strasbourg	474
Steige	Villé	Sélestat	1021

COMMUNES.	CANTONS.	ARRONDISSE-MENS.	Population.
Steinbourg	Saverne	Saverne	1039
Steinseltz	Wissembourg	Wissembourg	701
Stephansfeld	dép. de Brumath		
Steinmühl	dép. de Lichtenberg		
Still	Molsheim	Strasbourg	1181
Stotzheim	Benfeld	Sélestat	1568
Strasbourg	Strasbourg	Strasbourg	49680
Struth	La Petite-Pierre	Saverne	512
Stundwiller	Seltz	Wissembourg	538
Stützheim	Truchtersheim	Strasbourg	313
Sultzthal	dép. de Lembach		
Sundhausen	Marckolsheim	Sélestat	1272
Thal	Drulingen	Saverne	391
Thal	Marmoutier	Saverne	716
Thanvillé	Villé	Sélestat	307
Thomasthal	dép. de Neuwiller		
Tieffenbach	La Petite-Pierre	Saverne	474
Trænheim	Wasselonne	Strasbourg	612
Trautbronn	dép. de Lembach		
Triembach	Villé	Wissembourg	592
Trimbach	Seltz	Wissembourg	763
Trouchi	dép. de Fouday		
Truchtersheim	Truchtersheim	Strasbourg	656
Ueberach	Niederbronn	Wissembourg	778
Uhlwiller	Haguenau	Strasbourg	535
Uhrwiller	Niederbronn	Wissembourg	1196
Urbeis	Villé	Sélestat	652
Urmatt	Molsheim	Strasbourg	440
Uttenheim	Erstein	Sélestat	608
Uttenhoffen	Niederbronn	Wissembourg	186
Uttwiller	Bouxwiller	Saverne	314
Valff	Obernai	Sélestat	1262
Vancelles	dép. de Châtenois		
Vendenheim	Brumath	Strasbourg	1239
Verrer. de Hochberg	dép. de Wingen		
Villé	Villé	Sélestat	1097

(183)

COMMUNES.	CANTONS.	ARRONDISSE-MENS.	Population.
Vœllerdingen	Saar-Union	Saverne	576
Vollachermühl	dép. d'Ingwiller		
Volcksberg	Drulingen	Saverne	610
Wagenbach	dép. de Meissengott		
Wahlenheim	Haguenau	Strasbourg	240
Walbourg	Wœrth	Wissembourg	589
Walck	d. de Bitschhoffen		
Waldolvisheim	Saverne	Saverne	736
Waltenheim	Hochfelden	Saverne	603
Wangen	Wasselonne	Strasbourg	756
Wangenbourg	Wasselonne	Strasbourg	237
Wantzenau (la)	Brumath	Strasbourg	2282
Wasenberg	dép. de Niederbronn		
Wasselonne	Wasselonne	Strasbourg	4242
Weinbourg	Bouxwiller	Saverne	843
Weislingen	Drulingen	Saverne	823
Weitbruch	Haguenau	Strasbourg	1113
Weiterswiller	La Petite-Pierre	Saverne	852
Westhausen	Marmoutier	Saverne	415
Westhausen	Erstein	Sélestat	1022
Westhoffen	Wasselonne	Strasbourg	2238
Weyer	Drulingen	Saverne	838
Weyersheim	Brumath	Strasbourg	1952
Wibolsheim	dépend. d'Eschau		
Wickersheim	Hochfelden	Saverne	338
Willer	Saar-Union	Saverne	161
Willgottheim	Truchtersheim	Strasbourg	936
Wilshausen	Hochfelden	Saverne	152
Wilwisheim	Hochfelden	Saverne	561
Wimmenau	La Petite-Pierre	Saverne	445
Windmühl	dép. d'Oberhoffen		
Windsbourg	dép. d'Engenthal		
Windstein	Niederbronn	Wissembourg	335
Wineckerthal	dép. de Dambach		
Wingen	Wissembourg	Wissembourg	808
Wingen	La Petite-Pierre	Saverne	646

(184)

COMMUNES.	CANTONS.	ARRONDISSE-MENS.	Population.
Wingenerhütte	dépend. de Wingen		
Wingersheim	Hochfelden	Saverne	1330
Wintershausen	Haguenau	Strasbourg	381
Wintzenbach	Seltz	Wissembourg	669
Winzenheim	Truchtersheim	Strasbourg	504
Wissembourg	Wissembourg	Wissembourg	5696
Witternheim	Benfeld	Sélestat	315
Wittersheim	Haguenau	Strasbourg	666
Wittisheim	Marckolsheim	Sélestat	898
Wiwersheim	Truchtersheim	Strasbourg	241
Wœllenheim	Truchtersheim	Strasbourg	106
Wœrth	dép. de Matzenheim		
Wœrth	Wœrth	Wissembourg	179
Wolfisheim	Oberhausbergen	Strasbourg	707
Wolfsthal	d. de Wangenbourg		
Wolfskirchen	Drulingen	Saverne	662
Wolschheim	Saverne	Saverne	317
Wolxheim	Molsheim	Strasbourg	1093
Zehnacker	Marmoutier	Saverne	234
Zeinheim	Marmoutier	Saverne	198
Zell	dép. de Nothhalten		
Zellwiller	Obernai	Sélestat	1057
Zilsheim	d. de Friesenheim		
Zinswiller	Niederbronn	Wissembourg	878
Zittersheim	La Petite-Pierre	Saverne	365
Zœbersdorf	Hochfelden	Saverne	182
Zollingen	Drulingen	Saverne	285
Zulzendorf	Bouxwiller	Saverne	838

Récapitulation de la population.

ARRONDISSEMENT DE SAVERNE.

Canton de Bouxwiller........	16000	
Drulingen........	14195	
Hochfelden........	16417	
Marmoutier......	12266	100,822
Petite-Pierre (la)...	13081	
Saar-Union.......	14229	
Saverne.........	14634	

ARRONDISSEMENT DE SÉLESTAT.

Canton de Barr...........	16966	
Benfeld........	13665	
Erstein.........	12332	
Marckolsheim.....	15920	
Obernai.........	14906	119,443
Rosheim........	14665	
Sélestat........	15967	
Villé..........	15022	

ARRONDISSEMENT DE STRASBOURG.

Canton de Bischwiller........	23337	
Brumath........	20622	
Geispolsheim.....	14408	
Haguenau.......	19419	
Molsheim.......	19946	193,435
Les quatre cantons de Strasbourg..	49680	
Canton de Truchtersheim.....	13266	
Oberhausbergen....	14434	
Wasselonne......	18323	

A reporter ... 413,700

Report . . . 413,700

ARRONDISSEMENT DE WISSEMBOURG.

Canton de Lauterbourg	9485	
Niederbronn	18652	
Seltz	16053	88,938
Soultz-sous-forêts . . .	18462	
Wissembourg	14341	
Wœrth-sur-Sauer . . .	11945	

TOTAL de la population du département 502,638.

Classification des routes du département.

Routes royales.

DE 1.re CLASSE.

N.° 5. De Paris à Strasbourg et en Allemagne, par Saverne, Marmoutier et Wasselonne.

DE 3.e CLASSE.

N.° 68. De Liége à Strasbourg, par Trèves, Keskastel, Saar-Union, Drulingen et Phalsbourg.

N.° 78. De Nancy à Sélestat, par Sainte-Marie-aux-Mines et Châtenois.

N.° 80. De Deux-ponts à Strasbourg, par Bitche, Niederbronn, Reichshoffen et Haguenau.

N.° 81. De Strasbourg à Alzey, par Brumath, Haguenau, Soultz-sous-forêts et Wissembourg.

N.° 86. De Bâle à Nimègue, par Marckolsheim, Krafft, Strasbourg, Seltz et Lauterbourg.

N.° 101. De Lyon à Strasbourg, par Colmar, Sélestat, Benfeld, etc.

Routes départementales.

N.° 1. De Saverne à Strasbourg, par Willgottheim.

N.° 2. De Fénétrange à Sélestat, par Ranwiller, Phalsbourg, Wasselonne, Molsheim, Obernai et Epfig.

N.° 3. De Schirmeck à Strasbourg, par Lützelhausen, Mutzig, Entzheim et Lingolsheim.

N.° 4. De Barr à Strasbourg, par Niedernai et Entzheim.

N.° 5. De Sélestat à Marckolsheim, par Schnellenbühl.

N.° 6. De Strasbourg à Souffelnheim, par Reichstett, Weyersheim et Bischwiller.

N.° 7. De Saverne au Fort-Louis, par Dettwiller, Hochfelden, Schwindratzheim, Mommenheim, Haguenau, Souffelnheim et Reschwoog.

N.° 8. De Bitche à Lauterbourg et au Rhin, par Lembach, Wissembourg et la forêt.

N.° 10. De Steige à Strasbourg, par Villé, Scherwiller et Ebersheim.

N.° 11. De Barr à Rhinau, par Saint-Pierre, Stotzheim, Benfeld et Diebolsheim.

N.° 12. De Bitche à Wasselonne, par Lichtenberg, Ingwiller, Bouxwiller, Steinbourg et Waldolwisheim.

N.° 13. De la Petite-Pierre à Brumath, par Weiterswiller, Bouxwiller, Schwindratzheim et Mommenheim.

N.° 14. De Fénétrange à Bitche, par Wolfskirchen, Saar-Union et Lorentzen.

N.° 15. De la Petite-Pierre à Lorentzen, par Petersbach.

N.° 16. D'Ingwiller au Fort-Louis, par Oberbronn, Niederbronn, Soultz-sous-forêts, Hatten et Roppenheim.

N.° 17. De Wissembourg au Fort-Louis, par Triembach et Forstfeld.

N.° 18. De Flexbourg à Strasbourg, par Wolxheim et Eckbolsheim.

N.° 19. De Châtenois à Scherwiller.

N.° 20. De Schnellenbühl à Artolsheim.

N.° 22. De Guémar à Marckolsheim, par Illhæusern.

N.° 23. De Klingenthal à Strasbourg, par Obernai et Feldkirch.

N.° 24. De Bitche à Haguenau, par Wimmenau, Ingwiller et Pfaffenhoffen.

N.° 24 bis. De Bouxwiller à Obermodern.

N.° 29. De Saar-Union à Saarguemines, par Keskastel, Herbitzheim et Sülzheim.

N.° 30. De Drulingen à Petersbach, par Ottwiller.

N.° 31. De Weiterswiller à Saverne, par Neuwiller.

N.° 32. De Brumath à Drusenheim, par Geudertheim, Weyersheim, Bischwiller et le moulin dit Brehmühl, commune de Rohrwiller.

Montagnes.

Les Vosges (*Vogesus mons*) bordent le département du Bas-Rhin à l'ouest-nord-ouest. Ces montagnes, moins hautes que les Alpes et les Pyrénées, offrent une belle végétation jusque sur leurs sommités les plus élevées, qui ne dépassent pas (ou du moins de bien peu) 1365 mètres (700 toises). Communément la hauteur des Vosges n'est que d'environ 600 à 800 mètres (300 à 400 toises), et à mesure qu'on se rapproche de la plaine, elle diminue jusqu'à 100 mètres.

Quoique les Vosges, ainsi que les montagnes de la Forêt-noire qui leur sont parallèles, aient été considérées comme des branches prolongées de l'extrémité septentrionale des Alpes de la Suisse, plusieurs caractères principaux doivent les faire regarder comme une classe de montagnes distinctes de celles qui forment leur souche apparente.

Les plus hautes montagnes du département sont :

Sainte-Odile (Mont-Hohenbourg), près de la ville d'Obernai. Cette montagne domine sur une plaine magnifique, et présente les sites les plus pittoresques; l'œil enchanté découvre de son sommet un nombre considérable de villes et de villages, de belles prairies, des bois immenses, des vignes et des terres parfaitement cultivées; en un mot, un pays romantique, arrosé par plusieurs cours d'eau qui y répandent la richesse et la vie.

Cette montagne est encore renommée par les restes d'antiquités romaines et du moyen âge que l'on y rencontre. Elle offre aussi un grand intérêt au naturaliste et au géologue. Sa hauteur, prise sur la plate-forme du rocher appelé *Mœnnelstein*, qui est le point le plus élevé, est d'environ 822 mètres au-dessus du niveau de la mer.

La *Bloss*, montagne attenante à Sainte-Odile, mais située un peu plus vers l'ouest.

L'*Ungersberg*, entre la vallée de Haselthal, derrière Andlau, et le val de Villé. Son sommet, formant un cône très-escarpé, est composé de pierre de sable; l'ardoise forme la partie inférieure jusqu'au sommet. Son élévation est d'environ 856 mètres au-dessus du niveau de la mer.

Le *Champ du feu*, appelé en allemand *Hochfeld*, c'est-à-dire, champ élevé, parce qu'il y a effectivement à son sommet une assez grande plaine. Le Champ du feu s'élève à l'opposite du Donon, autrement appelé Mont de fer ou Framont, situé dans la ci-devant principauté de *Salm*, qui fait maintenant partie du département des Vosges. La hauteur du Donon et celle du Champ du feu paraissent être absolument la même; on l'évalue à environ 698 toises (1360 mètres) au-dessus du niveau de la mer; c'est l'évaluation du Ballon de Guebwiller, département du Haut-Rhin. D'autres observations réduisent la hauteur du Champ du feu à 1087 mètres.

Le *Climont*, au pied duquel la Bruche prend sa source, se distingue facilement de toutes les autres montagnes qui l'entourent, par sa forme, qui présente un trapèze.

Le *Schnéeberg* ou Mont de neige, derrière Wasselonne, est ainsi nommé parce qu'il est couvert de neige pendant une grande partie de l'année. Il s'élève à environ 900 mètres au-dessus de la mer.

Le *Pigeonnier*. Cette montagne est située sur la route de Bitche à Wissembourg, non loin de cette dernière ville; elle s'appelait anciennement *Scherhol*. Une tour en ruine qui existait sur son sommet, et que les

Français ont appelée Pigeonnier, a donné son nom à la montagne. Cette tour a été démolie lors des guerres de la révolution, et elle a été remplacée par une redoute, qui terminait les lignes de Wissembourg à l'ouest. La hauteur du Pigeonnier est d'environ 504 mètres au-dessus du niveau de la mer.

Le *Wasenberg*, auprès de Niederbronn, est remarquable par des ruines sur lesquelles il existe une inscription latine qui indique que les Romains y avaient un temple. La hauteur de cette montagne est de 412 mètres.

Le fort *Lichtemberg* a donné son nom à la montagne sur laquelle il est construit. Cette montagne est un cône couronné par un immense rocher taillé presque à pic, sur la plate-forme duquel est construit le fort. Sa hauteur est de 379 mètres au-dessus du niveau de la mer.

L'*Altenbourg* appartient au groupe de montagnes enclavé entre les rivières de Zorn et de Moder. Le fort de la Petite-Pierre couronne cette montagne, qui est élevée de 376 mètres au-dessus du niveau de la mer.

Le *Bastberg* ou mont Saint-Bastien, près de Bouxwiller, s'élève d'une manière remarquable sur les montagnes voisines; il est en forme de cône, et de son sommet on jouit de la vue la plus étendue et la plus variée.

On estime la hauteur du Bastberg à 250 toises au-dessus du niveau de la mer. Il est formé d'une sorte de pierre calcaire, qui renferme des pétrifications très-curieuses. On y a découvert de la houille. Cette montagne ne fait pas partie des Vosges; elle se trouve en avant de ces dernières.

Vallées.

Les Vosges forment une quantité considérable de vallées. Les principales, celles qui, partant du centre de la chaîne, ont leur ouverture immédiate dans la plaine, suivent quelquefois leur direction ou la traversent obliquement; d'autres fois elles prennent leur cours perpendiculairement à cette direction, sans en affecter aucune.

On distingue dans le département du Bas-Rhin :

Le *val de Villé*, très-agréable et très-fertile. Schœpflin (*Alsatia illustrata*, tome 1.er, pag. 13) rapporte que l'on tirait du val de Villé de l'argent natif superficiel en feuilles, de la mine de cobalt, et une sorte d'opales; mais il n'y a actuellement d'autres mines en exploitation dans cette vallée, que celle de charbon de Lalaye.

Le *Klingenthal*, vallon étroit et fort agréable, situé à cinq kilomètres d'Obernai et à trente (six lieues) de Strasbourg. Il est traversé par l'*Ehn*, ruisseau dont la pente est très-rapide. Le nom de Klingenthal (vallée des lames) a été donné à ce vallon depuis l'établissement qui y a été fait, en 1730, d'une manufacture d'armes blanches.

La *vallée de Schirmeck* ou *Breuschthal* est très-pittoresque ; elle est arrosée par le torrent de la Bruche. Cette vallée aboutit au ban de la Roche et débouche à Mutzig dans la plaine. On donne ordinairement à la partie inférieure de cette vallée le nom de val de la Bruche.

Le *vallon de Haslach* est un embranchement de la vallée de Schirmeck. M. de Dietrich (Description des gîtes de minerai et des bouches à feu de France) dit que M. Hermann, savant distingué et professeur en médecine de l'université de Strasbourg, ayant fait, pendant l'été de 1787, une excursion pour herboriser dans le vallon de Haslach, y a trouvé des montagnes composées de mauvais porphyre et de trapp brun. M. Hermann a aussi ramassé, à l'entrée du vallon, un galet de quartz, mêlé d'aiguilles de schœrl. C'est dans cette vallée qu'existe la belle cataracte de Niedeck.

La *vallée du Grand Soldat*, *Soldatenthal*, dans l'ancien comté de Dabo, au couchant de la vallée de Schirmeck. Il existe dans cette vallée une verrerie, dont l'établissement date du commencement du dernier siècle.

Le *Kronenthal* (vallée de la Couronne), près Wasselonne. Ce vallon renferme de très-belles carrières de pierre de taille; ces carrières ont fourni les pierres pour la construction de la cathédrale de Strasbourg, dans les 10.ᵉ, 11.ᵉ et 12.ᵉ siècles, et de la citadelle, sous le règne de Louis XIV. Plusieurs rois mérovingiens, et notamment Dagobert II, avaient établi leur résidence dans cette vallée. C'est ce qui lui a valu le nom de vallée de la Couronne.

Le *Katzenthal*, près de Lembach. On y trouve des mines de fer et de plomb.

La *vallée d'Andlau* prend son nom de la rivière qui l'arrose; elle portait anciennement le nom d'Éléon : elle aboutit à la plaine entre Sélestat et Obernai. C'est à l'entrée de cette vallée que Richarde, femme de l'empereur Charles le Gros, a fondé, vers la fin du 9.ᵉ siècle, un monastère, désigné, dans les anciens titres, sous le nom d'Éléon.

La *vallée de Barr* est très-fertile et très-agréable; on y rencontre une masse de rochers qui, sur une longueur d'environ trente pas, présente une suite de couches de quinze à seize pieds de hauteur, et posées verticalement à l'horizon, lesquelles s'inclinent vers le haut, et forment, au-dessus du chemin qu'elles bordent, une espèce de voussure de cinq pieds de large : on lui a donné le nom de *Hangenstein.*

Le *Jægerthal* (vallée du Chasseur), près de Niederbronn. Les fers fabriqués dans les forges du Jægerthal ont la réputation d'être doux. Cette vallée est renommée par les beaux sites qui l'environnent.

La *vallée de Niederbronn.* Elle est connue par ses bains minéraux et par l'agrément de ses promenades naturelles. La vallée de Niederbronn débouche dans le Bærenthal (vallée aux Ours), qui est situé dans le département de la Moselle.

Fleuve.

Le Rhin borde ce département dans une étendue de 11 myriamètres (environ 25 lieues). Ce fleuve, l'un des plus grands de l'Europe, a ses sources au mont Saint-Gothard, dans le pays des Grisons : l'une se nomme *Rhin inférieur*, l'autre *Rhin supérieur* et la troisième *Rhin du milieu* ; elles se réunissent un peu au-dessus de Coire. Le Rhin dirige d'abord son cours du couchant au levant; ensuite du levant au couchant, depuis le lac de Constance jusqu'à Bâle ; enfin, il coule du midi au nord, depuis Bâle jusqu'à la Hollande. En y entrant, il se divise en deux branches, dont l'une prend le nom de *Waal* et se dirige sur Nimègue ; l'autre, qui passe à Arnheim, se partage de nouveau, au-dessous de Rhenen, en deux parties ; la plus faible, qui conserve le nom de *Rhin*, passe à Utrecht et à Leyde, et n'est plus qu'un faible canal quand elle se jette dans la mer à Katwik ; la plus considérable prend le nom de *Leck*.

Le Waal confond ses eaux avec celles de la Meuse à Gorcum, et entre Dordrecht et Rotterdam, le Leck y joint aussi les siennes ; cette masse réunie se jette dans la mer sous le nom de *Meuse*.

Rivières.

Rivière qui traverse le département.

La *Sarre* traverse une partie du département. Elle est formée par plusieurs sources, dont la principale sort des montagnes de Saint-Quirin, au pied de l'ancien château de Salm. Elle passe à Sarrebourg, Fénétrange, Saar-Union, Keskastel, Saar-albe, Herbitzheim, Sarguemines, Saarbruck, Saar-Louis, et se jette dans la Moselle auprès du pont de Koutz, à une lieue de Trèves, dans l'ancien département de la Sarre. Cette rivière se dirige du sud au nord ; elle entre dans le département du Bas-Rhin à Diedendorf, arrose Pistorf, Zollingen, Alt-Saarwerden, Saar-Union, Harskirch ; traverse une enclave du département de la Moselle et rentre dans celui du Bas-Rhin à Herbitzheim ; et après avoir alimenté le moulin de cette commune, elle retourne dans le département de la Moselle.

Rivières qui se perdent dans le département.

La *Zinsel* sort des montagnes au sud-est du département de la Moselle, prend sa direction du nord-ouest au sud-est ; après avoir arrosé Zinswiller, Gumbrechtshoffen et Mertzwiller dans le département du Bas-Rhin, elle se perd dans la Moder, un peu au-dessus de Haguenau.

Le *Falckenstein* descend des environs de Bitche, se dirige du nord-ouest au sud-est, passe à Niederbronn, à Reichshoffen et se jette dans la Zinsel.

La *Sauerbach* prend sa source dans la Bavière rhénane, coule du nord-ouest au sud, arrose, dans le département du Bas-Rhin, Lembach et Wœrth, et se jette ensuite dans le Rhin près de Beinheim.

La *Zorn* vient du département de la Meurthe, dirige son cours du sud au nord-est, entre dans le département du Bas-Rhin, arrose Saverne, Dettwiller, Hochfelden, Brumath, Herlisheim, et se jette dans le Rhin à Drusenheim.

La *Bruche* prend son origine dans le département des Vosges, au Climont, non loin de Saales; se dirige du sud au nord-est, traverse la vallée de Schirmeck dans toute sa longueur; sépare le département du Bas-Rhin de celui des Vosges, passe à Fouday, Rothau, Bærenbach, Mutzig. Elle se divise au-dessous de cette ville en plusieurs bras, dont le premier, à droite, appelé bras d'Altorf, et qui paraît avoir été anciennement le principal, arrose les environs de Dorlisheim, Altorf, Düttlenheim et Düppigheim; le second, qui est aujourd'hui le principal, se divise en deux autres entre Molsheim et Avolsheim; celui de la droite, qui est le moins considérable, rejoint le précédent au-dessous de Hangenbieten, et ces deux bras, ainsi rassemblés, forment le véritable lit de la Bruche, qui se réunit à l'Ill au-dessus de Strasbourg, à quatorze ou quinze lieues de sa source. Le bras de la gauche, qui est artificiel, porte ses eaux dans la Mossig, à une petite lieue au-dessous de Molsheim, près du village de Soultz, où est établie la prise d'eau du canal de la Bruche.

L'*Ill*. Cette rivière a sa source à Winckel, dans une montagne secondaire, au sud de Ferrette (département du Haut-Rhin); elle est navigable seulement depuis l'endroit nommé *Ladhof*, à un kilomètre de Colmar, et de là jusqu'à son embouchure dans le Rhin, à neuf kilomètres (deux lieues) au-dessous de Strasbourg.

Les bateaux qui naviguent sur l'Ill chargent ordinairement de cent à trois cents quintaux métriques.

La *Lauter* prend sa source dans les montagnes près de Weschlauter, dans la Bavière rhénane ; elle se dirige d'abord du nord au sud, passe à Dahn, Bruchwiller, Bobenthal, Wissembourg, d'où elle coule du nord-ouest au sud-est, devant le front des lignes de Wissembourg, arrose Altenstadt, Lauterbourg, et se jette dans le Rhin à Neubourg. Les lignes militaires qui bordent cette rivière sont célèbres dans les guerres de la révolution.

L'*Ichert* descend d'Artzenheim, dans le Haut-Rhin, passe à Marckolsheim et se jette dans le Rhin près de Rhinau.

Rivières qui ont leur cours dans le département.

La **Seltzbach** prend sa source à un quart de lieue au nord-ouest de Mitschdorf, dirige son cours du nord-ouest au sud-est, passe à Preuschdorf, Kutzenhausen, auprès de Soultz-sous-forêts, traverse les bans de Kühlendorf, d'Oberrœdern, et se perd dans le Rhin au-dessous de Seltz, qu'elle traverse.

On nomme cette rivière Soultzbæchel, depuis sa naissance jusqu'auprès de Soultz; ensuite on la nomme Seltzbach.

L'*Eberbach* commence aux confins du département, coule du nord au sud, arrose Dambach, Eberbach, d'où, à quelque distance au-dessous, elle se dirige de l'ouest à l'est, passe à Walbourg, traverse la forêt de Haguenau, arrose Souffelnheim, et se jette dans la Sauerbach à peu de distance au-dessus de Beinheim.

La *Brumbach* a sa source dans la forêt de Haguenau, qu'elle traverse en partie de l'ouest à l'est, et se perd dans l'Eberbach à Souffelnheim.

La *Moder* sort des montagnes au nord de la Petite-Pierre; elle prend sa direction de l'ouest à l'est, passe à Wingen, Wimmenau, Ingwiller, Pfaffenhoffen, Neubourg, Haguenau, Bischwiller, Rohrwiller, et elle se jette dans le Rhin auprès de Drusenheim.

La *Meisenbach* commence au nord-est de la Petite-Pierre, coule du sud-ouest à l'est, et se perd dans la Moder à Ingwiller.

La *Rohrbach* prend sa source dans les montagnes à l'est de Marmoutier, coule du sud au nord, passe à Rohr, Schaffhausen, et se jette dans la Zorn à Hochfelden.

La *Souffel* commence dans les montagnes à l'est de Wasselonne, prend sa direction de l'ouest à l'est, arrose Dingsheim, Lampertheim, Souffelweyersheim, et se jette dans l'Ill entre le moulin de la Wantzenau et le Jardin d'Angleterre.

La *Mühlbach* a sa source près de Dahlenheim, se dirige de l'est à l'ouest, passe à Osthoffen, Bruschwickersheim, et se perd dans le canal de la Bruche à Achenheim.

La *Mossig* descend de la montagne du Schnéeberg, coule de l'ouest à l'est, en se portant un peu au nord; arrose Wasselonne, Kirchheim, Soultz, et se jette dans le canal de la Bruche un peu au-dessous de cette dernière commune.

La *Magel* prend sa source dans la forêt d'Obernai, dirige son cours de l'ouest à l'est, passe à Grendelbruch, se divise en deux branches, dont l'une prend le nom de *Mer de Rosheim*, dans la forêt de cette ville, au-dessous du ruisseau appelé Purperthal-Bæchel. La Magel a son embouchure dans la Bruche.

L'*Ergers* sort aussi de la forêt au sud-ouest d'Obernai, prend sa direction de l'ouest à l'est, arrose Klingenthal, Obernai, Niedernai, Krautergersheim, et se perd dans l'Ill au-dessous de Geispolsheim. L'Ergers ne prend ce nom qu'au-dessous de Niedernai; au-dessus de ce point, cette rivière s'appelle *Ehn*.

L'*Andlau* prend sa source auprès de la montagne de Hochfeld, dans les Vosges, à l'orient du ban de la Roche, coule de l'ouest à l'est, passe à Andlau, Zellwiller, et se perd dans l'Ill à Fegersheim, après un cours de neuf à dix lieues.

La *Scheer* prend son origine dans le val de Villé, se dirige du sud-ouest au nord-est, arrose Villé, Saint-Maurice, Scherwiller, Kertzfeld, Bolsenheim, Limersheim, et se jette dans l'Ill au canton de Geispolsheim.

La Scheer est nommée Giesen depuis sa source jusqu'à son passage à Scherwiller.

L'*Eichel* est formé par deux ruisseaux sortant, l'un de l'étang de Haslacher-Weyher, dans les forêts de la Petite-Pierre; l'autre de l'étang de Frohmühl. Ces deux ruisseaux se joignent à Dieffenbach, et s'y réunissent à un autre qui vient de Petersbach. Ce cours d'eau prend alors le nom d'Eichel; il traverse les bans d'Adamswiller, de Rexingen, de Mackwiller, de Hambach, de Diemeringen, de Lorentzen, de Vœllerdingen, d'Œrmingen, de Dehlingen, et se jette dans la Sarre au bas de Herbitzheim. L'Eichel est flottable depuis Hambach jusqu'à son embouchure.

L'*Ischbach* sort de l'étang d'Ottwiller dans le canton de Drulingen, et se jette dans la Sarre au bas de Wolfskirch, auprès du moulin appelé Saarmühl, dans le ban de Diedendorf. L'Ischbach, dans sa partie supérieure et jusqu'à Bærendorf, n'est qu'un faible ruisseau ; mais son volume étant augmenté par le confluent de deux cours d'eau, venant l'un de Sicwiller et l'autre de Lixheim, il présente alors une assez forte rivière, de quatre à cinq mètres de largeur et deux mètres de profondeur. L'Ischbach est un torrent par la propriété qu'il a de déborder, d'inonder ses rives et de rentrer dans son lit, le tout en quarante-huit heures.

Outre ces rivières, on compte un nombre considérable de forts ruisseaux qui arrosent et fertilisent les différentes parties du département. Presque tous sont flottables à leur embouchure. Ces ruisseaux descendent en grande partie des montagnes qui bordent le département à l'ouest, et ils se dirigent presque tous à l'est, comme les rivières dans lesquelles ils se jettent. On évalue le nombre total des rivières et ruisseaux à trois cent quarante.

Canaux.

Les communications par eau sont augmentées par plusieurs canaux; savoir :

1.° Le canal de la *Bruche*. Il a été creusé en 1681, sous la direction de Vauban, pour faciliter le transport des matériaux qui ont servi à bâtir la citadelle de Strasbourg:

il a vingt-deux kilomètres et demi (quatre lieues et demie) de longueur, et est alimenté par la Bruche et la Mossig.

Ce canal est de la plus grande utilité pour le transport des matériaux et denrées de différentes espèces : on évalue à 300 mètres cubes de moellons, à 150 de pierres à chaux, à 100 de pierres à plâtre, à 1000 toises courantes de pierres de taille et à 14000 cordes de bois de chauffage, la quantité des objets dont cette communication par eau facilite le transport, et qui font, année commune, la charge d'environ 950 bateaux.

Louis XIV céda, en 1755, le canal de la Bruche à la ville de Strasbourg, en lui imposant l'obligation de le maintenir en bon état. En 1793, les magistrats firent des représentations au Gouvernement, sur ce que la suppression de l'octroi devait affranchir la ville de l'entretien du canal, et l'État y pourvut; mais l'octroi ayant été rétabli en l'an XI, on rendit à la ville la charge qui lui avait été imposée en 1755.[1]

2.° Le canal dit du *Rhin* vient de ce fleuve par le bras *Mabile*, et se jette dans l'Ill à Strasbourg, près du pont Saint-Guillaume.

3.° Le *Canal français*, autrement appelé *Petit canal*. Il a été creusé dans l'origine

---

[1] Voyez, pour la police et la navigation du canal de la Bruche, l'Annuaire de 1809, pag. 80 et suiv.

pour l'écoulement des eaux, lors de la construction des fortifications de la citadelle ; il parcourt un espace d'environ huit kilomètres (un peu moins de deux lieues), et va se jeter dans l'Ill à l'extrémité de la Robertsau, vis-à-vis le Jardin d'Angleterre.

4.° Le canal dit *Giesen* conduit dans la ville de Sélestat une partie des eaux de la Lièvre et de la Scheer. Ce canal commence près de Scherwiller.

5.° Le canal de la *Mossig*, à Wasselonne.

Il a été destiné au flottage, jusqu'au canal de Soultz, des bois provenant du ci-devant pays de Dabo. Son creusage a été autorisé par arrêt du Conseil du 30 Juillet 1748. Il n'a été exécuté que jusqu'à la papeterie de Wasselonne : il eût fallu, pour l'achever, nettoyer la Mossig depuis Wangenbourg, faire des coupures et établir des réservoirs.

Canal en exécution.

Le *Canal de jonction du Rhône au Rhin*, ou *Canal Monsieur*. On est occupé depuis plusieurs années à la confection de ce canal immense, qui ouvrira une communication facile de près de 400 lieues, entre Marseille et Amsterdam, par Arles, Beaucaire, Valence, Vienne (en Dauphiné), Lyon, Mâcon, Châlons-sur-Saône, Dôle, Besançon, Montbéliard, Colmar, Strasbourg, Mayence, Cologne, Düsseldorf, Wesel, Clèves, etc.

Après avoir traversé le département du Haut-Rhin, ce canal entrera dans celui du Bas-Rhin à Marckolsheim; il passera à Krafft et à Plobsheim, et se jettera dans la rivière d'Ill à l'embouchure du Rhin tortu.

Il existait jadis deux autres canaux dans le département.

Le *Schiffgraben*. Ce canal est entièrement abandonné; il s'étendait de Zellwiller à Fegersheim, dans l'arrondissement de Sélestat: il avait environ 50 kilomètres (10 lieues) de longueur.

L'ancien canal de *Seltz*, creusé par Vauban, en 1703, et abandonné depuis long-temps. Un grand nombre de mémoires ont été faits pour provoquer le rétablissement de ce canal, également utile au commerce et à l'État en temps de guerre.

Le rétablissement du canal de Seltz procurerait encore le desséchement d'une grande partie de terrains marécageux, qui sont très-malsains et ne produisent presque rien.

Canal projeté.

Le *Canal du Rhin à la Seine*, depuis Offendorf, dans le département du Bas-Rhin, jusqu'à Paris.

Il paraît que l'on pense sérieusement à exécuter un projet utile, formé depuis vingt ans, et dont M. Marcel Prault Saint-Germain est l'inventeur.

M. Marcel Prault Saint-Germain a publié son plan par la voie de l'impression, en 1804, sous le titre de *Projet de la seule navigation naturelle et commerciale qui existerait en Europe et joindrait le Rhin à la Seine jusqu'à Paris*.

Cette navigation, dit l'auteur, consistant en 144 lieues et un quart de longueur, sur 70 à 72 pieds de largeur dans les endroits les plus resserrés, et 10 à 12 pieds de profondeur tout le long de son cours, dans les temps de sécheresse, traverserait les départemens du Bas-Rhin, de la Meurthe, de la Meuse, de la Marne, de l'Aisne, de Seine-et-Marne, partie de celui de Seine-et-Oise et de celui de la Seine, et serait praticable en tout temps, non-seulement pour des paquebots, coches, galiotes, barques, grands bateaux de transport et tous autres, mais encore pour des navires marchands à mâts brisés, depuis 150 jusqu'à 300 tonneaux, et parcourrait 125 lieues et demie de rivières naturellement navigables une partie de l'année; savoir : 61 lieues et demie par la Marne, depuis Paris jusqu'à l'embouchure de l'Ornain, entre Couvrot et Vitry-le-Français; 20 lieues et demie par l'Ornain, depuis Couvrot jusqu'à Naix; 2 lieues par la Meuse, depuis Void jusqu'à Pagney; 6 lieues et demie par la Moselle, depuis Toul jusqu'à Clevaud; une lieue et un quart par la Meurthe, depuis Clevaud jusqu'à Pixerécourt en Champigneuse; 10 lieues et demie par la Seille, depuis Petoncourt, par Vic, Marsal, Dieuze et l'étang de l'Indre jusqu'à Guermange; 1 lieue par l'étang de Stock; 2 lieues par la Sarre, depuis Gosselming jusqu'à Hoff; 3 lieues et trois quarts par la Bièvre, depuis Hoff jusqu'à Biewerkirch; 16 lieues et un quart par la Zorn, depuis Neumühl jusqu'à son embouchure dans le Rhin à Offendorf.

Plus seize lieues et demie de rivières et ruisseaux à rendre navigables; savoir : celle de Reffroy, qui prend sa source à Bové et se décharge entre Saint-Amand et Naix; celle de Broussey, qui se rend dans la Méholle à Sauroy, et celle-ci depuis Sauroy jusqu'à la Meuse, où elle se décharge; celle qui, prenant sa source dans les bois de Saint-Germain, va se rendre dans la Meuse à Pagney; l'Ingreshin, qui a sa source dans les bois de Fong, à son embouchure dans la Moselle, à Toul; la Mesulle, qui prend sa source à Erbewillers et se décharge dans la Meurthe au-dessus de Pixerécourt; celle de Mazerulle, qui se jette dans la Seille au-dessus de Brin; celle qui prend sa source au-dessus de Fribourg, passe à Guermange, où elle se rend dans l'étang de l'Indre; celle qui, sortant de l'étang Stock, passe à Laugatte et se rend dans la Sarre; et enfin celle de Homert, qui prend sa source non loin de la Bièvre, et dont l'embouchure est dans la Zorn, au-dessus de Neumühl.

Il ne reste plus alors que deux lieues et un quart, en cinq petits intervalles sans eau, de canaux artificiels à ouvrir pour opérer les jonctions des différentes rivières, ruisseaux et étangs; savoir; 500 toises entre Biewerkirch et Homert, situés entre les rivières de Zorn et de Bièvre; 1000 toises entre Rode et Fribourg, situés entre les étangs de Stock et de l'Indre; 1000 toises entre Mazerulle et Champenoux, situés entre les rivières de Seille et Meurthe; 500 toises entre Savonière et Laye, situés entre les rivières de Moselle et de Meuse; et enfin 1500 toises entre Broussey et Reffroy, situés entre les rivières de Meuse et d'Ornain; ce qui fait en totalité 4500 toises ou deux lieues et un quart pour les cinq petites jonctions de toutes les rivières, ruisseaux et étangs formant le cours de cette grande navigation, qui a 130 toises de pente, depuis le fleuve du Rhin à Offendorf jusqu'à la Seine à Paris, laquelle communiquerait à Strasbourg par un canal artificiel de quatre lieues, depuis Weyersheim sur la Zorn jusqu'à Strasbourg sur le Rhin, où il y aurait un port, ainsi que trente-quatre autres ports d'embarquement et de débarquement des marchandises, dans tout le cours de cette navigation naturelle; savoir : à Offendorf, sur le fleuve du Rhin, à Brumath, à Hochfelden et à Saverne, sur la rivière de Zorn; à Homert, sur un ruisseau, à Haut-clocher, sur le Stock ; à Guermange, sur l'étang de l'Indre ; à Dieuze, à Vic et à Petoncourt, sur la rivière de Seille; à Clevaud, sur la Meurthe; à Toul, sur la Moselle; à Troussey, sur la Meuse; à Broussey, sur un ruisseau ; à Ligny, à Bar-le-duc, à Revigny et à Estrepy, sur l'Ornain; à Couvrot, à Poigny, à Châlons, à Atelnoy, à Épernay, à Reuil, à Dormans, à Château-Thierry, à Citry, à la Ferté-sous-Jouarre, à Meaux, à Lagny et à Neuilly, sur la Marne; à Charenton, et enfin à Paris, sur la Seine, dans les emplacemens de la Bastille, de la Visitation, de l'arsenal, des Célestins et dans les chantiers et marais de la rue de Contrescarpe.

M. Prault Saint-Germain donne ainsi l'itinéraire de cette navigation dans le département du Bas-Rhin : *Sur le fleuve du Rhin*, à Offendorf (un port); *sur la rivière de Zorn*, à Weyersheim, à Geudertheim, à Brumath (port), à Krautwiller, à Wahlenheim, à Schwindratzheim, à Hochfelden (port), à Wilwisheim, à Dettwiller, à Steinbourg, à Monswiller, à Saverne (port).

Ce canal traverserait la France de l'est à l'ouest, et ferait communiquer directement le Rhin à l'Océan.

Ponts.

Les nombreux cours d'eau qui traversent le département du Bas-Rhin nécessitent une grande quantité de ponts pour établir la communication entre les différentes rives.

Ces ponts, tant en maçonnerie qu'en charpente, sont au nombre de 950; savoir: 628 en maçonnerie, 50 en charpente avec culées en maçonnerie, et 272 en charpente simple. Le Gouvernement en entretient 386; les communes sont chargées des 564 autres.

Bacs.

Les bacs établis sur le Rhin pour le passage des voitures, cavaliers, piétons, etc., sont au nombre de treize et doivent être classés ainsi qu'il suit :

Pour le passage des voitures, etc.

Bacs appartenant à la rive française et desservis sans contestation de la part de la rive allemande : *Schœnau, Rhinau, Münchhausen, Lauterbourg.*

Bacs appartenant à la rive allemande et desservis sans contestation de la part de la rive française : *Marckolsheim, Beinheim.*

Bac formant une propriété indivise entre les deux rives : *Neuhœusel.*

Ce bac est une propriété indivise avec *Sollingen*, commune de la rive allemande. Il a été réglé anciennement que les bateliers des deux rives ne pourraient pas se rendre sur la rive opposée pour y prendre des voyageurs et leur faire passer le Rhin. Cette règle est maintenue, en sorte que chaque rive dessert les voyageurs qui se présentent.

Pour le passage des piétons seulement.

Gambsheim, Drusenheim, Dalhunden, Wœrth, Seltz, Motheren.

Eaux minérales.

Les eaux minérales qui existent dans le département sont divisées en quatre classes; savoir ; *salino-ferrugineuses, salines, hydro-sulfureuses* et *bitumineuses.*

Eaux salino-ferrugineuses.

SOURCE DE NIEDERBRONN.

Le bourg de Niederbronn est situé au pied des Vosges, à quatre myriamètres quatre kilomètres (10 lieues) de Strasbourg.

Tout porte à croire que les Romains avaient déjà reconnu les propriétés médicinales des eaux de Niederbronn, et si l'on n'y a pas trouvé, comme à Baden et à Aix-la-Chapelle, des inscriptions qui en offrent la certitude, on peut du moins tirer de fortes inductions en faveur de ce système des médailles et pièces de monnaies romaines, tant en or qu'en argent et en cuivre, que le comte de Hanau trouva en 1592, lorsqu'il fit nettoyer la source minérale de Niederbronn.

Ces pièces de monnaies, dont les auteurs contemporains portent le nombre à plus de 300, présentaient les noms d'*Antoine*, de *Néron*, de *Vespasien*, de *Julie* (fille de l'empereur Titus), de *Domitien*, de *Nerva*, de *Trajan*, d'*Adrien*, d'*Antonin*, de *Commode*, de *Constantin*, de *Valentinien*, de *Théodose*, d'*Arcadius*, etc.

Comme rien n'a prouvé que ces monnaies aient été scellées dans quelque pierre lors de la construction du bassin qui entoure la source, on a présumé, avec raison peut-être, qu'elles y avaient été jetées successivement, soit en reconnaissance des bons effets des eaux, soit pour éterniser la mémoire de ceux dont les noms figuraient sur ces médailles.

Les ruines d'un château fort qui se trouvent sur le mont *Wasenberg*, auprès de Niederbronn, offrent une nouvelle preuve de la présence des Romains dans ces lieux. On voit encore sur un rocher qui sert de base à la forteresse, une inscription latine en l'honneur de Mercure. Des fouilles faites en 1760, en 1772, en 1775 et depuis, ont fait découvrir des vases de terre ou ciselés dans la pierre, les restes d'une colonne élevée à Jupiter, un bas-relief consacré à Pallas, le monument d'un cavalier gaulois, la pierre votive d'un officier de la 8.ᵉ légion, où se trouve le nom de *Geta*, plusieurs autels quadrilatères, etc.

Mais ce qui prouve encore plus que tout cela que les Romains ont fait usage des eaux minérales de Niederbronn, c'est la découverte que l'on a faite en 1786, à la cense de Reisacker, distante d'une demi-lieue de ce bourg, d'un *hypocaustum* (bain chaud), assez bien conservé, dans lequel on trouva un reste de tuyau de plomb, pesant 23 livres, qui servait à la conduite des eaux.

Il paraît que, lors des diverses invasions des Huns, des Francs et des peuples de la Germanie dans les Gaules, Niederbronn et ses bains ont été entièrement détruits, ainsi que presque tous les bourgs et villages des bords du Rhin. On ne pourrait guère donner que des conjectures sur l'usage de ces eaux sous les premiers rois Francs, et même sous les ducs d'Alsace. En effet, l'histoire ne nous présente de faits positifs sur cet objet que vers la fin du seizième siècle, époque à laquelle, ainsi qu'on l'a déjà dit, le comte Philippe de Hanau fit nettoyer la source minérale.

Il fit construire alors une pyramide creuse, tronquée et élevée de dix mètres (30 pieds), qu'il fit placer immédiatement sur la source, afin d'éviter le mélange des eaux ordinaires.

Cette pyramide, qui existe encore, verse son trop-plein dans un bassin hexagone de trois mètres et demi (10 à 11 pieds) de largeur, dont les fondemens ont été reconnus dans le temps devoir appartenir à la plus haute antiquité. Les eaux de ce bassin se répandent ensuite dans un autre de même forme, mais moins spacieux, qui existe à quelques pas du premier, et de là elles vont se perdre dans le *Falckenstein*, fort ruisseau qui descend des environs de Bitche et traverse Niederbronn.

L'eau minérale de Niederbronn est froide comme toutes celles du département du Bas-Rhin. L'analyse chimique de cette eau a présenté les résultats suivans :

Muriate de soude, 1,70 grammes (32 grains).
Muriate de chaux, 0,42 *idem* (8 grains).
Muriate de magnésie, 0,0625 *idem* (1 ¼ gr.).
Carbonate calcaire, 0,05 *idem* (1 grain).
Carbonate de magnésie, 0,27 *idem* (5 grains).
Carbonate de fer, 0,00625 *idem* (⅛ grain).

Source de Brumath.

Il a été découvert, dans le mois d'Août 1824, à Brumath une source d'eau minérale.

Voici l'analyse qui en a été faite par M. Nestler, pharmacien à Strasbourg.

Une quantité de dix livres contient un litre de gaz acide carbonique ou un cinquième de son volume, et fournit, par l'évaporation jusqu'à siccité, 52 grains de résidu; lequel se compose de : hydrochlorate de soude, 29,78; sulfate de soude, 10,31; carbonate de chaux, 27,47; magnésie, 1,16; sulfate de chaux, 5,77; matière organisée, 20,72; traces de fer...; perte, 4,79. Total 100,00.

Si l'on compare ce résultat avec l'analyse d'autres eaux minérales qui jouissent d'une certaine réputation, on est frappé de l'analogie de l'eau de Brumath avec celle de Plombières, analysée par le célèbre Vauquelin.

En lui comparant celle de Niederbronn, analysée par les professeurs Gerboin et Hecht, on remarque qu'elle contient beaucoup moins de substances en dissolution que les eaux de Niederbronn; mais qu'elle en diffère surtout par la présence de la matière organisée.

Source de Soultzbad.

Situation de la fontaine.

Cette fontaine est située près du village de Soultz, à 1 myriamètre et demi (ou environ 3 lieues) de Strasbourg, et à un demi-myriamètre (1 lieue) de Molsheim. Le terrain d'où elle jaillit est un des nombreux vallons qui coupent la chaîne des Vosges.

Les côteaux qui ferment ce vallon présentent un aspect agréable et pittoresque. La substance qui les compose est un grès rougeâtre, assez dur et, dans quelques endroits, micacé, qui a fourni des pierres pour la citadelle de Strasbourg.

Le bassin de la fontaine de Soultz est d'une construction assez moderne : il est en pierres et a la forme d'un carré long ; la partie supérieure de ses parois, supportée par des poutres, couvre une cavité plus ample, dont la profondeur est d'environ trois mètres (9 pieds) et dont le sol paraît excavé vers son milieu. La source se dégorge par un filet qui va se rendre dans une rivière voisine, et dont le volume est d'environ 40 centimètres (2 pouces) cubes.

L'eau de Soultzbad a été analysée en 1806 par M. Gerboin, professeur à la Faculté de médecine de Strasbourg. D'après cette analyse, elle possède les qualités suivantes.

Propriété physique de l'eau.

Elle est froide ; elle a une saveur qui devient bientôt fade et nauséabonde ; elle est inodore, ou du moins elle n'a qu'une odeur faible et fugace; sa pesanteur est très-peu au-dessus de celle de l'eau distillée; elle laisse échapper un fluide élastique, qui vient crever à sa surface en bouillonnant.

Principes constituans.

Lorsqu'on traite cette eau par les réactifs chimiques, on reconnaît qu'un demi-litre (environ une livre) contient :

Sulfate de magnésie, environ 15 décigrammes (28 grains).

Muriate de soude, environ 26 centigrammes (3 grains).

Muriate de magnésie, environ 8 centigrammes ($1\frac{1}{2}$ grain).

Sulfate de chaux, 1 décigramme (2 grains).

Carbonate de chaux, 10 milligrammes ($\frac{1}{4}$ de grain).

Carbonate de magnésie, 9 milligrammes (environ $\frac{1}{5}$ de grain).

Carbonate de fer, environ 8 milligrammes ($\frac{1}{6}$ de grain).

Ces sels sont considérés dans l'état de cristallisation.

Acide carbonique libre, $2\frac{1}{2}$ centigrammes ($1\frac{1}{2}$ grain).

Silice tenue en suspension, 5 milligrammes ($\frac{1}{8}$ de grain environ).

Une circonstance qui distingue l'eau de Soultzbad de la plupart des autres sources minérales, c'est la nature du gaz qu'elle laisse dégager de son sein. Examiné par les moyens convenables, ce gaz a paru composé de gaz azote ou hydrogène, mêlé d'une très-petite quantité de gaz oxigène et de gaz acide carbonique. La présence de ce fluide élastique dans une source minérale est un fait qui mérite sans doute l'attention des chimistes, et son origine ou sa formation est un problème de géologie qui, dans l'état actuel de la science, semble très-difficile à résoudre.

L'eau de Soultzbad ne s'emploie qu'extérieurement ; elle est incisive, diurétique, dépurative, laxative, tonique. On la conseille pour les maladies de la peau : il est évident qu'elle serait utile dans un grand nombre d'autres affections.

Source de Neuweyer.

Situation de la fontaine.

Dans le terrain voisin de la cense de Neuweyer, et dans une plaine très-agréable, à quatre kilomètres (une lieue) de Harskirchen et à six myriamètres six kilomètres (quinze lieues environ) de Strasbourg, sont plusieurs sources, dont la plus considérable a reçu le nom de Bellefontaine. Son bassin, lequel est en pierres et d'une belle construction, a 3 mètres 248 millimètres (dix pieds) de profondeur et 1 mètre 949 millimètres (six pieds) d'ouverture. Elle s'ouvre dans un roc que recouvre une terre grasse.

Cette eau n'est connue que depuis le commencement du dernier siècle. La seule analyse qu'on en ait faite date de l'an 1761.

Propriétés physiques de l'eau.

L'eau de Neuweyer paraît froide en été et chaude en hiver.

Elle est claire et limpide : lorsqu'elle a été puisée dans un verre, on voit sur les parois de ce vase un grand nombre de petites bulles gazeuses.

Sa pesanteur spécifique surpasse de très-peu celle de l'eau distillée.

Elle a une odeur légère et fugace. Sa saveur est saline et un peu astringente.

Le canal par lequel elle s'écoule est couvert d'un enduit jaunâtre et ochracé.

Épreuves chimiques et nature des principes constituans.

L'infusion de tournesol ne change pas par l'addition de cette eau.

Le sirop de violette prend, par son mélange, une couleur verte.

L'ammoniaque liquide y fait naître un précipité blanc. La solution de potasse produit le même effet, mais d'une manière plus marquée.

L'infusion de noix de galles y développe la couleur noire.

La distillation de cette eau fournit une substance gazeuse, et son évaporation donne un résidu salin, assez abondant et cristallisable.

Soumise aux procédés ultérieurs de l'analyse, cette eau offre, dans sa composition, une quantité remarquable de sulfate de magnésie, du sulfate de chaux, du carbonate de magnésie, du carbonate de soude; une assez grande quantité de carbonate de fer; enfin, une substance aériforme qui paraît être du gaz acide carbonique, au moyen duquel les sels, insolubles par eux-mêmes, sont tenus en dissolution.

L'eau de Neuweyer, injustement négligée, paraît posséder de très-bonnes qualités; elle jouit de la vertu apéritive, diurétique, tonique, détersive, stomachique et légèrement purgative. On l'a employée avec un égal succès à l'intérieur et en bains.

Eaux salines.

SOURCE DE CHATENOIS.

Situation de la ville et de la fontaine.

Châtenois est situé à quatre myriamètres (9 lieues) au sud-ouest de Strasbourg, et à six kilomètres (une lieue et demie) à l'ouest de Sélestat; il est voisin d'une partie des Vosges où les mines sont abondantes.

La source jaillit dans un pré marécageux, au pied d'une montagne peu élevée et dans le voisinage de la ville; ses eaux sont conduites par des tuyaux dans le réservoir qui les reçoit. Le bâtiment des bains ressemble plus à une cabane qu'à une construction régulière.

Propriétés physiques de l'eau.

L'eau minérale de Châtenois ne monte pas au-dessus du 60.e degré du thermomètre de Fahrenheit.

Elle paraît trouble dans le bassin; tenue quelque temps dans un vase, elle s'éclaircit et devient limpide.

Elle a une odeur désagréable, mais qui disparaît en peu de temps.

Sa saveur est saline et a quelque chose de nauséeux.

La vapeur de la source forme sur les parois du bâtiment des cristaux efflorescens.

Caractères chimiques et principes constituans.

L'eau de Châtenois, mêlée à la teinture de tournesol, ne change point la couleur de ce réactif.

Le sirop de violette n'en éprouve aucune altération. L'infusion de noix de galles n'agit pas sensiblement sur elle.

Cette eau dissout parfaitement le savon.

Le nitrate de mercure est précipité par elle avec une couleur blanche.

Traitée par la distillation et par l'évaporation, cette eau a paru contenir du sulfate de soude, du muriate de soude, du muriate de chaux; enfin, de la silice tenue sans doute en suspension; mais on ne peut nier qu'elle n'ait besoin d'être soumise à une analyse nouvelle et plus exacte.

La composition de cette eau la rend apéritive, digestive, diurétique et légèrement détersive. On ne l'emploie qu'en bains.

Source d'Avenheim.

Situation du village et de la fontaine.

Le petit village d'Avenheim, distant de Strasbourg d'un myriamètre trois kilomètres (3 lieues), est bâti sur le penchant et au bas d'une colline fort élevée, qui s'étend en demi-cercle sur la chaîne des Vosges et qui regarde le sud-est.

La source, nommée le puits intarissable, s'ouvre dans le vallon et à l'entrée du village; son bassin, qui est en pierres, a un mètre 624 millimètres à 1 mètre 949 millimètres (5 à 6 pieds) de largeur et autant de profondeur. Elle est depuis long-temps l'objet de pélerinages religieux, entrepris par les habitans des communes voisines.

Propriétés physiques de l'eau.

L'eau d'Avenheim est limpide et ne se trouble jamais. Elle a une odeur extrêmement légère.

Elle est agréable à boire.

Sa température est froide en été ; elle ne gèle point en hiver.

Caractères chimiques et principes constituans.

L'eau d'Avenheim ne rougit point la teinture de tournesol.

Elle verdit le sirop de violette.

Elle n'éprouve aucune réaction de l'infusion de noix de galles.

Elle est troublée par la potasse liquide, mais non par l'ammoniaque.

Cette eau, qu'on n'a pas analysée avec assez de soin, paraît contenir du carbonate et du muriate de soude, du sulfate de soude, et une petite quantité de carbonate calcaire tenue en dissolution au moyen d'un peu d'acide carbonique. Elle est apéritive, diurétique et légèrement stomachique.

On l'emploie en bains et comme boisson ordinaire. On pense que son usage contribue à entretenir la santé robuste des habitans du lieu.

Source de Holtzbad.

Situation de la fontaine.

Cette source, qui tire son nom d'un bois voisin, est éloignée de deux myriamètres sept kilomètres (six lieues) de la ville de Strasbourg, et d'un myriamètre huit kilomètres (quatre lieues) de celle de Sélestat ; elle existe au milieu d'un paysage élevé et extrêmement agréable. Les habitans attribuent son origine à un miracle opéré, dans le 10.ᵉ siècle, par S. Udalric, en l'honneur de qui on a construit une chapelle, qu'on voit encore auprès de la fontaine. Le bassin est large et a environ 3,898 mètres (douze pieds) de profondeur : l'eau, élevée au moyen d'une pompe, est conduite par des canaux de bois dans le bâtiment, qui a une étendue convenable et qui est bien disposé.

Propriétés physiques de l'eau.

L'eau de Holtzbad ne s'élève point au-dessus du 57.ᵉ degré du thermomètre de Fahrenheit.

Sa pesanteur spécifique est de très-peu supérieure à celle de l'eau distillée.

Elle est limpide dans toutes les saisons.

Sa saveur n'est pas sensiblement saline; elle est entièrement exempte d'odeur.

Caractères chimiques et principes constituans.

L'eau de Holtzbad ne change point la couleur de la teinture de tournesol.

Elle n'altère point celle du sirop de violette.

Elle n'éprouve aucun effet de l'infusion des noix de galles.

Elle dissout parfaitement le savon.

Soumise à une évaporation ménagée, elle laisse un résidu salin, mais peu abondant, dont l'examen annonce la présence du sulfate et du muriate de soude, du muriate calcaire, du nitrate de potasse et d'une petite quantité de silice.

D'après cette analyse, l'eau de Holtzbad doit être regardée comme possédant des vertus médicamenteuses réelles, mais peu énergiques. Elle est émolliente, rafraîchissante et apéritive. On l'administre en bains. Les habitans du pays y trouvent une boisson dont ils s'accommodent fort bien pour l'usage ordinaire.

Eaux hydro-sulfureuses.

Les eaux hydro-sulfureuses du département du Bas-Rhin sont assez nombreuses ; mais jusqu'à présent la plupart d'entre elles n'ont pas été examinées chimiquement. Quelques-unes sont cependant en possession d'être employées avec fruit contre diverses maladies. Celles qui, d'après leurs qualités extérieures ou leurs effets constans, méritent le plus d'attirer l'attention des chimistes et des médecins, sont les suivantes.

Source de Küttolsheim.

Le village de ce nom, situé à un myriamètre quatre kilomètres (trois lieues et demie) de Strasbourg, voit cette fontaine jaillir dans sa partie la plus élevée : elle sort d'une espèce de puits placé dans une maison particulière, et se répand de là dans les rues du village. Cette fontaine laisse échapper des bulles, qu'on peut soupçonner être du gaz hydrogène sulfuré, et les pierres qui sont au fond du puits sont recouvertes d'une substance jaune et filante, qui est vraisemblablement un sulfure hydrogéné.

Cette eau est froide ; elle a une odeur hydro-sulfureuse prononcée, mais fugace ; sa saveur est âpre et désagréable. On vient la chercher en tonneaux de tous les lieux circonvoisins.

Il serait à désirer qu'on en fît une analyse exacte.

Source du Bienwald.

Cette fontaine, située dans la forêt qui porte ce nom et qui est voisine de Lauterbourg, est froide, comme la précédente, et exhale, comme elle, une odeur hydro-sulfureuse. Les habitans des lieux circonvoisins, qui l'emploient extérieurement, la croient utile contre les maladies de la peau et les douleurs des membres.

Elle n'a point été examinée sous le rapport de sa composition intime.

Eaux bitumineuses.

SOURCE DE LAMPERTSLOCH.

Situation de la fontaine.

Cette source, nommée le *Pechelbrunn*, s'ouvre dans une prairie humide, près d'une colline sous laquelle existent des couches de sable imprégné de bitume : ce canton est voisin du village de Lampertsloch. Le puits, qui a la forme d'un cône renversé et qui est garni de planches, offre une largeur de 0,527603 mètre (5 pieds carrés), et une profondeur d'environ 10 mètres (30 pieds). Il est rempli à fleur de terre d'une eau recouverte d'un bitume noir et tenace, dont l'odeur se fait sentir assez loin dans l'été. Il n'y a point de local approprié à l'usage de ces eaux.

Propriétés physiques de l'eau.

L'eau de Lampertsloch manque de limpidité ; elle est toujours trouble et sale.

Elle est d'une température basse.

Sa pesanteur spécifique est assez considérable : un œuf frais y surnage.

Elle a une saveur salée et austère.

Son odeur est constamment désagréable.

Nature chimique de l'eau.

Quoiqu'on n'ait pas fait une analyse exacte de cette source, on sait qu'elle contient du muriate de soude, du sulfate de fer et du soufre.

Les habitans du pays reconnaissent à cette eau la propriété de guérir les éruptions cutanées, et surtout la gale. Ils l'emploient en bains; ils la boivent aussi quelquefois pendant qu'ils travaillent dans les champs.

Forêts.

Le département possède environ 170,000 hectares[1] de forêts, tant royales que communales, d'établissemens publics et particulières.

Elles sont réparties ainsi entre les quatre arrondissemens; savoir :

---

[1] Ce nombre s'élevait à 202,173 hectares avant le traité de paix du 30 Mai 1814 et la convention du 20 Novembre 1815.

	hectares.
Arrondissement de Saverne	43,114
de Sélestat	35,931
de Strasbourg	45,662
de Wissembourg	45,293
TOTAL	170,000

Les arbres et arbrisseaux qui composent les forêts, sont :

1.° Les hêtres, dans une certaine élévation des montagnes ;

2.° Les chênes, deux espèces ; dans la plaine et dans la région inférieure des montagnes ;

3.° Les frênes, dans la plaine, le long du Rhin et de l'Ill, principalement dans l'arrondissement de Sélestat ;

4.° Les ormes : l'orme des champs (*ulmus campestris*), dans la plaine et au pied des montagnes ; l'orme étalé (*ulmus effusa*), dans la plaine et dans les montagnes, surtout dans le canton de Barr, etc. ; l'orme subéreux (*ulmus suberosa*), dans l'arrondissement de Strasbourg, etc. ;

5.° Le bouleau, dans les montagnes ;

6.° Les érables : l'érable des montagnes, faux-platane (*acer pseudoplatanus*), et l'érable-platanier (*acer platanoides*), sur les hautes montagnes ; l'érable commun (*acer campestre*), dans la plaine, etc.

7.° Le charme, dans la plaine et dans les montagnes;

8.° Le peuplier (*populus*), dans la plaine;

9.° Le tremble, dans la plaine et dans les montagnes;

10.° Le tilleul, dans la plaine et les montagnes;

11.° Les saules, dix à onze espèces, principalement dans la plaine;

12.° Le pin (*pinus silvestris*), dans les parties sablonneuses de la plaine et des montagnes;

13.° Le sapin (*pinus abies, abies excelsa,* Fl. fr.), l'espèce la plus commune et presque la seule de ce genre, dans les montagnes;

14.° Le pin ou le sapin rouge (*pinus picea, abies pectinata,* Fl. fr.), sur quelques montagnes reculées des Vosges, le Climont, le Haut-champ;

15.° Le mélèze (*pinus larix*) est rare;

16.° L'if (*tassus paccata*) se trouve dans le val de Haslach, à la cataracte de Niedeck;

17.° Le platane (*platanus occidentalis*) n'orne encore que les plantations d'agrément.

18.° L'acacia (*robinia pseudacacia*) commence à entrer dans les plantations forestières.

Le noisetier, l'épine blanche, l'épine noire, le cornouiller, le fusain, le troëne, le nerprun, la bourgène, la viorne, l'aubier, se trouvent presque partout dans les bois à feuilles. Le sureau à grappes, le houx, l'amelanchier, le framboisier, dans les montagnes; le sureau commun, près des habitations; les rosiers, les ronces, partout; l'épine-vinette, le long du Rhin; le genévrier, dans la plaine et les montagnes.

Dans la plupart des forêts on trouve des arbres fruitiers sauvages : le pommier, le poirier, le cerisier ou mérisier, le sorbier, l'alisier, l'alouchier. Les pommiers et les cerisiers sont surtout très-communs dans les forêts de la plaine et des côteaux; le poirier l'est moins.

On plante généralement, le long des ruisseaux, rivières, canaux et fossés, des saules et des peupliers, que l'on coupe ou étête pour le chauffage, ou pour les vanniers et la vigne. Pour cette dernière, on plante aussi en saules des prairies et d'autres places. Les routes et les chemins, plantés en arbres, le sont en arbres fruitiers, pour la plupart en noyers et cerisiers.

Outre le bois brut et ouvré que l'économie rurale tire des forêts, elle en tire encore quelques fruits. Le fruit du hêtre, ou la faîne, est récolté pour en faire de l'huile, ce qui fait pour les montagnes un objet assez important dans les années favorables à ces fruits.

Les glands servent pour l'engrais des porcs.

Les pommes sauvages donnent du vinaigre.

Les cerises sauvages servent à faire la kirschwasser.

Agriculture.

Quoique le département soit généralement fertile, on doit cependant rapporter l'abondance et la bonté de ses productions moins encore à la fertilité du sol qu'au travail assidu et à la bonne méthode qu'emploie le cultivateur.

On recueille dans le département toutes espèces de grains, telles que froment, orge, méteil, épeautre, seigle, maïs, avoine; des vins rouges et blancs de bonne qualité; des pommes de terre; des légumes verts et secs; du chanvre, du lin; des fruits à pepin et à noyaux; des fourrages; des pavots, du colza, de la navette et des noix, dont on fait des huiles; de la moutarde, du fenugrec; de l'anis, de la coriandre, des choux, des navets, des turneps, du safran, du tabac et de la garance.

Les cultivateurs de ce pays ne se servent pas de mules ni de mulets pour le labour, et il est très-rare de voir des bœufs à la charrue. Ils n'emploient guères que des chevaux de petite ou de moyenne race, qu'ils nourrissent ordinairement avec des féves, ce qui est cause que ces chevaux perdent les yeux de bonne heure.

Il serait très-avantageux pour le pays, que l'on y introduisît l'usage des bœufs pour la culture. Il en résulterait une moindre importation d'avoine, et les habitans de la campagne vendraient avec profit leurs vieux bœufs, en les engraissant, tandis qu'ils ne peuvent tirer aucun parti des chevaux usés.

On évalue à plus de 40,000 le nombre des chevaux employés à la culture dans le département.

Depuis une vingtaine d'années l'éducation des moutons et des bœufs y a fait de sensibles progrès.

Culture des plantes propres aux arts, fabriques et manufactures.

I. Le tabac formait autrefois un grand objet de culture dans le département; le monopole a presque entièrement tari cette source de prospérité.

L'espèce le plus généralement cultivée est celle dite du Palatinat; c'est une variété de celle de Virginie ou du tabac commun (*nicotiana tabacum*), à feuilles grandes, larges, ovales, lancéolées.

II. Le chanvre varie, par la hauteur et la qualité, dans les différens cantons du département, et selon la température de l'année.

Sa culture est également importante et pour le commerce et pour l'usage particulier des habitans.

Mais il demande un bon terrain, beaucoup d'engrais, de peines et de dépenses. La graine se tire du pays même ou de l'étranger. On le sème au mois d'Avril ou de Mai, et on l'arrache lorsqu'il commence à jaunir, ou tout de suite après la floraison. On le rouit ou dans l'eau ou sur la terre.

Le chenevis n'est cultivé que pour les semailles ; on n'en récolte pas assez pour en presser l'huile. On le sème ordinairement à l'entour des champs de maïs, pour en retirer la graine.

II. Le lin qu'on cultive dans le département est de l'espèce ordinaire, qu'on nomme tardive, dont les capsules ne s'ouvrent pas d'elles-mêmes. Hors des montagnes sa culture n'est pas bien considérable : on le cultive plutôt pour la graine ou pour l'huile que pour la filature, et on donne, sous ce dernier rapport, la préférence au chanvre, partout où il réussit.

Dans les montagnes où le chanvre ne réussit pas, on ne cultive que du lin ; mais c'est pour le ménage, et peu ou point comme objet de commerce. On le sème au mois de Juin, dans un bon terrain ; on le rouit sur terre, et on le traite, pour l'échinage, le séreinage et le peignage, comme le chanvre; mais avec des instrumens un peu différens.

Dans quelques communes du canton de la Petite-Pierre on cultive encore de préférence la variété de lin dont les capsules s'ouvrent à la chaleur du soleil. Il n'atteint pas la longueur de l'autre; mais il porte plus de graines et de meilleures.

IV. La garance est pour plusieurs cantons du département ce que le tabac était autrefois pour d'autres cantons.

On ne l'avait d'abord cultivée que dans les cantons d'un sol sablonneux et alors presque stérile; mais sa culture s'est étendue successivement sur les autres terrains, et même sur les meilleurs, surtout dans la partie du milieu et dans la partie inférieure du département. On plante donc aujourd'hui la garance dans toutes les espèces de terres.

V. Le pavot est cultivé en assez grande quantité dans plusieurs cantons d'un bon sol; sa culture augmente. Son rapport varie suivant le terrain et la saison plus ou moins favorable. Il est très-sujet à la nielle et aux pucerons. On le sème en Avril ou en Mai; on le sarcle à plusieurs reprises, et on le récolte en l'arrachant avec les tiges ou en coupant les têtes sur pied.

Le pavot blanc n'est encore cultivé que rarement.

VI. Le colza, et plus encore la navette, se cultivent presque par tout le département, jusque dans les vallées et sur les montagnes.

On les sème ordinairement en automne; quelques agriculteurs qui cultivent de la garance, commencent à les planter dans les champs après la récolte de cette plante. Le champ ainsi planté, rapporte le double de celui qu'on ensemence. Les hivers trop pluvieux ou trop froids, et très-souvent les altises ou puces de terre lui font beaucoup de tort.

VII. La moutarde sert à remplacer, dans quelques cantons, la navette, lorsque celle-ci vient à manquer. La culture de la moutarde blanche n'est pas très-usitée encore. Les cultivateurs donnent pour raison, que sa récolte est trop difficile.

La moutarde noire n'est fournie au commerce et aux fabricans de moutarde que par quelques propriétaires. Il serait à désirer que cette culture fût plus répandue.

VIII. La caméline (*myagrum sativum*) est rarement cultivée; on préfère l'huile de colza.

IX. Le houblon promet de devenir une branche de culture plus considérable qu'elle ne l'a été jusqu'à présent dans le département, qui lui convient cependant par sa position et par la nature de ses terres. Il y a peu d'années que l'on ne voyait dans le pays que du houblon sauvage, et que l'on tirait de l'Allemagne la quantité nécessaire pour la fabrication de la bière. Les cantons de Saar-Union et de Diemeringen en avaient bien quelques plantations, mais peu étendues. Cette culture commence à se généraliser.

X. La guède ou le pastel (*isatis tinctoria*) et la gaude (*reseda luteola*) restent encore abandonnés à leur état sauvage dans lequel le département les produit. On n'a fait jusqu'ici que très-peu d'essais pour en tirer profit et en faire un objet de culture.

XI. Le fenugrec, si précieux pour les maladies des bestiaux, n'exige pas des terres bien amendées; il suffit que le champ où on le sème ait été fumé l'année précédente, soit pour la culture du tabac, soit pour celle du chanvre. On laboure deux fois la terre avant d'y mettre le fenugrec, et on le sème au printemps.

Il faut un boisseau de graine pour un arpent du pays, et la récolte, année commune, est de quatre hectolitres. Dans les bonnes années elle est de sept à huit hectolitres.

Le terrain où il y a du fenugrec doit être tenu propre, et être sarclé à plusieurs reprises.

Après la récolte et lorsque le fenugrec est en grange, on bat la paille, et comme une grande partie de la graine ne peut se détacher la première fois, à raison de sa viscosité, on laisse reposer la paille, et quelque temps après on la remet sous le fléau. Sans cette précaution on perdrait au moins la moitié de la récolte.

L'hectolitre de fenugrec se vend de 24 à 30 francs.

On le cultive particulièrement et presque exclusivement à Bischheim-au-Saum, Hœnheim et Souffelweyersheim.

Culture des vignes. [1]

Les principales espèces de raisins cultivés dans le département, sont les suivantes : le *commun du Val* (*Thalburger*), le *gentil-vert*, le *chasselas*, le grand *Rœuschling*, le petit *Rœuschling*, le *gentil-blanc*, le *Riesling*, le *rouge du Val*, le *raisin de Souabe*, le *gentil-rouge*. On trouve encore : le *Payan*, le *Tokay*, le *raisin des dames*, le *grand d'Italie*, le *raisin de S. Jacques*, les muscats blanc, gris, rouge, noir, etc.

La plupart des vignes se trouvent sur les coteaux. Il y en a aussi dans la plaine, surtout dans les cantons méridionaux du département : leur culture s'étend assez loin

---

[1] Plusieurs vins du département ont de la réputation, et particulièrement les vins blancs et œil de perdrix de Wolxheim ; les vins blancs de Heiligenstein (appelés *Kleber*) et de Molsheim (appelés *Finckenwein*); les vins rouges de Neuwiller et de Blæsheim, etc.

dans les grands vallons, dans celui de Villé jusqu'à Bassemberg et Steige.

Leur sol est presque généralement calcaire ; il n'y a que les côteaux entre le val de Villé et le val d'Andlau où les roches primitives décomposées forment le sol des vignobles. Les terrains composés d'un sable pur ne sont pas propres à cette culture.

Il y a dans le département deux espèces de cultures de la vigne, très-différentes. La première, en échalas isolés (*Pfahlbau* dans la langue du pays), est en usage dans la partie méridionale du département, et finit avec la culture du froment.

La seconde, en treilles horizontales (*Kammetbau*), est usitée dans la partie septentrionale, et commence avec la culture de l'épeautre. Cette dernière est en usage dans une grande partie de l'arrondissement de Wissembourg.

La méthode la plus généralement suivie de planter et de cultiver la vigne, dans la partie méridionale du département, est la suivante : On creuse des fosses de deux pieds de profondeur sur deux à trois pieds de largeur ; on y enfonce de petits échalas en carré, et on y place de jeunes plants, qu'on taille à deux ou trois bourgeons. L'intervalle d'une fosse à l'autre forme un parterre ou une élévation d'environ six à neuf pieds de largeur, qu'on nomme dans le pays *Balken*, et où l'on plante ordinairement des légumes. On suit cette méthode tant pour les vignes à établir, que pour renouveler une vigne ruinée ou vieillie, dont on coupe d'abord les vieux pieds à fleur de terre, et dont on arrache les racines. En suivant cette méthode, le cep a besoin de six à sept années pour atteindre à sa perfection. Il y en a qui provignent leurs jeunes ceps dans le flanc de cette élévation ou *Balken*, et qui remplissent ainsi leur arpent. Mais il faut au moins dix ans pour qu'ils parviennent à leur grandeur parfaite. D'autres pratiquent de nouvelles ouvertures dans lesdites élévations, et les garnissent de plants, ce qui exige un espace de douze années pour leur entier accroissement, pendant lesquelles les vignes plantées de ces deux manières fournissent tout au plus l'équivalent de quatre vendanges complètes.

D'autres, enfin, renouvellent successivement leurs vignes à mesure que les pieds vieillissent, en creusant à la place des vieux, ou tout le long des vieux ceps, des fosses, dans lesquelles on couche ou des provins des pieds voisins, ou les pieds entiers, de manière à pouvoir être aisément provignés. Par ce dernier moyen le vignoble se trouve renouvelé en fort peu de temps, et les ceps parfaits à la troisième feuille.

On remplit chaque année une partie de la fosse, de sorte qu'elle soit remplie dans la quatrième année.

On fait aussi des plantations en boutures ou rosettes, mais rarement.

Les plants des vignes sont élevés dans les pépinières qu'on établit au printemps, et d'où on les tire ordinairement dans la seconde année, en automne ou au printemps suivant.

L'usage de la greffe n'est pas établi. Les échalas sont de chêne ou de châtaignier; ils sont ordinairement de la hauteur de cinq à six pieds, ou davantage. Le cent se paie aujourd'hui de 24 à 36 francs. On les plante au printemps.

On fume les vignes communément tous les six ou neuf ans : en fumant à des époques plus rapprochées, le rapport est plus considérable, mais le vin est inférieur en qualité.

Dans les vignes établies sur les côteaux à pente forte on est obligé de terrer ou de rapporter au haut la terre entraînée en bas.

On laboure deux fois par an avec la pioche à deux dents, au printemps et en été.

On taille au premier printemps; on attache lorsque la séve commence à circuler. On taille chaque pied à deux ou trois branches, qu'on courbe en bas en anneaux ou arcs; on ébourgeonne, on rogne et on ésurdente au second labourage et vers l'automne.

On commence à introduire les plantations en quinconce, et à placer ensemble deux plants qu'on couche en sens opposé : on leur laisse deux rejetons pour chacun, et on leur donne un seul échalas, ce qui ménage la place pour les racines et le bois pour les échalas.

La vigne fleurit ordinairement vers la Saint-Jean, quinze jours avant ou après.

Culture des jardins.

La culture des plantes potagères est considérable dans les grandes communes ; elle est surtout florissante aux environs de Strasbourg, et fournit presque toutes les espèces de légumes non-seulement aux marchés de cette ville, mais encore à d'autres villes du département, et même à l'étranger.

La facilité de se procurer des engrais de la ville et d'y vendre ses produits, engage le cultivateur des environs de Strasbourg à planter ses champs en légumes, ou à faire alterner cette culture avec celle des autres plantes. Dans le reste du département, chaque cultivateur a bien un potager plus ou moins grand; mais, hors des grandes communes, cette branche de culture est encore négligée, et de peu de rapport.

Ce n'est que la culture des choux, en plein champ, qui fait un objet considérable dans quelques cantons de la plaine; ceux de Barr, d'Obernai, de Sélestat, de Strasbourg, Truchtersheim; mais particulièrement dans les communes de Krautwiller, canton de Brumath, et Blæsheim, Krautergersheim et Geispolsheim, canton de Geispolsheim. Le cent de têtes se vend de 8 jusqu'à 24 francs, suivant les années.

Les plantes potagères qu'on cultive, sont, en racines; carottes, raves, raifort, scorzonères, salsifis, ail, échalotes, poireau, oignons, etc. La semence des oignons fait un objet de commerce assez considérable dans les environs de Strasbourg.

En herbages légumiers: choux, différentes espèces; choux-raves, cardons, laitues, chicorée, épinards, choux-fleurs, artichaux, asperges, etc.

En fruits légumiers: haricots, pois, concombres, potirons, melons, citrouilles, fraises.

En graines et plantes aromatiques, ou épices indigènes: cerfeuil, persil, anis, fenouil, carvi, coriandre, estragon, pimprenelle, thym, marjolaine, sarriette, etc.

En plantes médicinales: camomille romaine, absinthe, mélisse, menthe, hysope, aunée, etc.

Une grande quantité de plantes médicinales sauvages.

Les grands propriétaires riches, ou les jardiniers des grandes villes, cultivent aussi sur couches.

La culture des fleurs et des plantes étrangères d'agrément se borne aux jardins des amateurs et de quelques jardiniers-fleuristes de Strasbourg. On trouve cependant de ces plantes d'agrément dans tout le département.[1]

Commerce et fabrication.

La situation topographique du département, et particulièrement de la ville de Strasbourg, détermine le genre d'affaires que le pays fait le plus généralement et avec le plus d'avantages. Placé entre la France, l'Allemagne, la Suisse, le Nord et le Midi, sa position, secondée par la navigation du Rhin, lui assure une expédition considérable.

Le commerce du département du Bas-Rhin a pour objet,

1.° Le débit des denrées coloniales et des denrées que produit le pays, comme matières premières ;

---

[1] Voyez, dans l'Annuaire de 1807, un Catalogue des plantes végétales du département, classées d'après Linnée, au nombre de 1600 ; et dans ceux de 1812, pag. 184, et de 1813, pag. 257, d'intéressantes notes botaniques.

2.° La fabrication des mêmes matières, et le débit intérieur et extérieur ;

3.° La fabrication des matières premières tirées de l'étranger ;

4.° La factorerie et l'expédition des marchandises qui traversent le pays et sortent du royaume pour l'étranger, ou qui arrivent de l'étranger pour passer dans les provinces du royaume ;

5.° La banque.

Les principales productions du département du Bas-Rhin qui alimentent le commerce comme matières premières, sont : les vins, le blé, le tabac, la garance, le chanvre, le lin, la navette, le pavot, la graine de moutarde, la graine de trèfle, le houblon, les bois de construction, le sel, le plomb, le fer, la graisse d'asphalte, la houille, le marbre, l'ardoise, la pierre de taille, le poisson, le gibier, etc.

Les principaux objets de fabrication sont:

Le vin, la bière, les eaux-de-vie de vin, de cerises [1] et de prunes ; vinaigre, suifs, poudre à tirer et à poudrer, amidon, laines et cotons filés, draps fins et communs, futaines, pelleterie, bas et gants de laine, cuirs,

---

[1] La *Kirschwasser* du val de Villé a de la réputation ; elle est estimée à l'égal de celle de la Forêt-Noire.

buffleterie, plumes, papiers à écrire, à tenture et à reliure; parchemins, librairie, carrosserie, sellerie, chapellerie, chandelles, bougies, flambeaux, tannerie, colle forte, térébenthine, tartre, peignes, balais de crin, vergettes, pâtés de foie d'oie, *Sauerkraut*, charcuiteries, écailles; cartes à jouer, nanquins (façon des Indes), percales, calicots, mousselines, toiles, voilure, objets de petite et de grande corderie, coutil, résine, goudron, savon, amadou, cartouches de plomb pour le tabac, armes à feu et armes blanches; crics, coutellerie fine et commune; instrumens de chirurgie, de mathématiques et de physique; vitriol, alun, acides sulfuriques, verres, glaces, faïence, tuiles, pipes à tabac, fontes et poterie de fer, caractères d'imprimerie; instrumens de musique, cordes à violons, guitarres, etc.; meubles, horlogerie, orfévrerie, vermeil (très-renommé), passementerie, boutonnerie, modes, ouvrages de tour, tissus de fil de fer, etc.

(249)

TABLEAU GÉNÉRAL des foires du département du Bas-Rhin.

NOMS DES COMMUNES.	JOURS DES FOIRES.	JOURS de leur durée.	OBJETS exposés en vente.
	ARRONDISSEMENT DE SAVERNE.		
...iller	S. Mathias, 24 Février. S. Jean-Baptiste, 24 Juin. S. Michel, 29 Septembre. S. André, 30 Novembre. Si ces fêtes tombaient un Dimanche, la foire se tiendrait le lendemain.	1 1 1 1	Marchandises à l'usage des habitants de la campagne, telles que quincaillerie, mercerie, bonneterie, ferrailles et étoffes de coton.
...willer	1.er Mardi de Mars. Dernier Mardi avant la Fête-Dieu. Dernier Mardi avant la Nativité de Notre-Dame, 8 Septembre. 1.er Mardi après la S. Nicolas, 6 Décembre.	2 2 2 2	Draps, soieries, perses, mousselines, siamoises, coton; quincaillerie; ferrailles; bas de laine et de fil; souliers; chapeaux; culotterie, sabots, comestibles et combustibles; porcs; bonneterie, pelleterie, poter., meubl., out., grains.
...ingen	S. Jacques, 25 Juillet. Le premier Lundi suivant, si cette fête ne tombe pas un Lundi. S. Martin, 11 Novembre. Le 12 Novembre, si le 11 est un Dimanche.	1 1	Quincaillerie; faux, faucilles et autres instrumens aratoires; souliers et mercerie, draperie, mouchoirs et rubans.
...heringen	Le Lundi suivant la fête de S. Pierre et S. Paul, 29 Juin. S. Simon et S. Jude, 28 Octobre. S. Thomas, 21 Décembre. Si ces deux dernières fêtes tombaient un dimanche, la foire se tiendrait le lendemain.	1 1 1	Mercerie de toutes sortes; draperie.

NOMS DES COMMUNES.	JOURS DES FOIRES.	JOURS de leur durée.	OBJETS exposés en vente.
Gungwiller	2 Mai. Le 3 Mai, si le 2 est un Dimanche.	1	Mercerie, semences, quaillerie et draperie.
Hochfelden	1.er Lundi après la Pentecôte, 21 Septembre.	1	Marchandises de toute espèce pour les habitans de la campagne.
Saint-Jean-des-choux	Saint-Jean-Baptiste, 24 Juin.	1	Idem.
Marmoutier	Le lendemain du premier Dimanche de Septembre.	2	Chevaux, bêtes à cornes, porcs, grains, vivres, marchand. de toute espèce.
Monswiller	Annonciation de Notre-D., 25 Mars. 1.er Samedi après l'Ascension. Assomption de Notre-Dame. Nativité de Notre-Dame, le 8 Septembre.	1 1 1 1	Menue quincaillerie.
Pfaffenhoffen	2.e Mardi de Février. Idem de Mai. Idem de Juillet. 1.er Mardi de Novembre. Le 8 Novembre si la Toussaint tombe un Mardi.	2 2 2 2	Quincaillerie, draperie, étoffes, instrumens aratoires, outils de diverses professions et bestiaux.
Ratzwiller	1.er Mai. Saint-Louis, 25 Août.	1 1	Quincaillerie, étoffes, mercerie.
Saar-Union	Saint-George, 23 Avril. Dernier Lundi avant la S. Barthelémi, 24 Août. S.e Catherine, 25 Novemb.	1 1 1	Mercerie de toutes sortes.

NOMS DES COMMUNES.	JOURS DES FOIRES.	JOURS de leur durée.	OBJETS exposés en vente.
...verne	Les Mercredi et Jeudi avant la Pentecôte.	2	Marchandises de toute espèce.
	Les Lundi et Jeudi avant la Nativité de N. D.	4	
	Les Mercredi et Jeudi avant la Saint-André.	2	
...ewiller	Mardi de la Pentecôte.	1	Quincaillerie, mercerie, bonneterie, ferrailles et étoffes de coton.

ARRONDISSEMENT DE SÉLESTAT.

...arr	1.er Samedi de Février.	2	Étoffes de toutes espèces, quincaillerie, ferrailles, mercerie, grains, légumes, bestiaux.
	1.er Samedi de Mai.	2	
	1.er Samedi d'Août.	2	
	1.er Samedi après la Saint-Martin.	2	
Benfeld	4.e Lundi de Février.	1	Idem.
	3.e Lundi de Mai.	1	
	3.e Lundi d'Août.	1	
	4.e Lundi de Septembre.	1	
Ehly, dépend. de Benfeld.	3.e Lundi de Mai.	1	Étoffes de toutes espèces, toile de chanvre, quincaill., mercerie et porcs maigres.
	4.e Lundi de Septembre.	1	
Châtenois	Saint-George, 23 Avril. Le 24 Avril, si le 23 est un Dimanche.	2	Quincaillerie, mercerie et bestiaux.
Erstein	4.e Lundi de carême.	2	Étoffes de toutes espèces, toiles de chanvre, quincaillerie, mercerie, porcs et volailles.
	2.e Lundi après la Pentecôte.	2	
	3.e Lundi d'Octobre.	2	
	4.e Lundi de Décembre.	2	
Obernai	1.er Jeudi après l'Ascension.	2	Idem.
	Idem avant le 31 Octobre.	2	
Rhinau	2.e Lundi d'Octobre.	1	Étoffes, quincaillerie et mercerie.
	1.er Lundi de Décembre.	1	

NOMS DES COMMUNES.	JOURS DES FOIRES.	JOURS de leur durée.	OBJETS exposés en vente.
Rosheim...	1.er Mardi après la mi-carême.	1	Étoffes, quincaillerie, mercerie, ferrailles, grains et porcs.
	Mardi de la Pentecôte.	1	
Sélestat...	1.er Mardi de Mars.	2	Idem.
	Dernier Mardi avant la Pentecôte.	2	
	4.e Mardi d'Août.	2	
	Idem de Novembre.	2	
Villé.....	Dernier Mercredi avant l'Assomption de N. D.	2	Étoffes, quincaillerie, mercerie et bestiaux.
	Idem avant la Toussaint.	2	

ARRONDISSEMENT DE STRASBOURG.

Bischwiller..	1.er Lundi après l'Assomption.	3	Bestiaux, mercerie et quincaillerie.
	Idem après la Saint-Gal.	3	
Brumath...	S. Jean-Baptiste, 24 Juin.	1	Quincaillerie, outils en fer et mercerie.
	Le 25 Juin, si le 24 est un Dimanche		
	Dernier Lundi avant la S. Barthelemi, 24 Août.	2	
Drusenheim..	1.er Lundi après la Saint-Mathieu, 21 Septembre.	2	Idem.
Fort-Louis (le) provisoirem.t Reschwoog.	S. Joseph, 19 Mars.	2	Instrumens aratoires, outils de différens métiers et mercerie de toutes sortes.
	S. Michel, 29 Septembre.	2	
	S. André, 30 Novembre.	2	
	Si ces fêtes ne tombent pas soit sur un Lundi, un Mardi ou un Mercredi, la foire est transportée, savoir : pour le Dimanche, au Lundi suivant; pour le Jeudi et le Vendredi, au Mercredi de la même semaine; et pour le Samedi, au Lundi de la semaine suivante.		

NOMS DES COMMUNES.	JOURS DES FOIRES.	JOURS de leur durée.	OBJETS exposés en vente.
Hagueuau	1.er Mardi de Février. *Idem* de Mai. *Idem* après la S. Michel, 29 Septembre. *Idem* après la S. Martin, 11 Novembre.	3 3 3 3	Mercerie, bonneterie, soierie, draperie, quincaillerie, bétail de toute espèce, comestibles et fourrages.
Mutzig	1.er Mardi après la Saint-Maurice, 22 Septembre.	2	Porcs maigres, oignons, poterie de terre, ustensiles propres aux vendanges, tours à filer, dévidoirs, etc.
Strasbourg	Mercredi de la semaine de Pâques. 25 Juin, lendemain de la S. Jean-Baptiste. 18 Décembre. Le 19 Décembre, si le 18 est un Dimanche. 26 Décembre, lendemain de Noël.	3 15 6 15	Poterie. (*) Bimbeloterie. (*)

(*) Chevaux et bestiaux; draperie et étoffes de laine de France, crêpes de S. Gal, rubanerie d'Elberfeld et de Bâle, cotonnades et toiles peintes des départemens du Haut- et Bas-Rhin et de la Meurthe, dentelles dites de Lorraine et de Flandre; chapeaux de paille de la Forêt-Noire; porcelaine de Niederwiller; caillontage de Sarguemines, faïencerie et poterie fines des Vosges; faux, faucilles, pelles et lames de Sollingen, limes et petits instrumens d'acier pour l'horlogerie et l'orfévrerie, du Tyrol; orfèvrerie de Paris; articles de modes de Paris et de broderie de Nancy et de Lunéville; mercerie de Nuremberg; horloges et sculptures en bois du Tyrol; instrumens de musique, estampes et gravures allemandes, et quelques articles de papeterie et de librairie; articles de tourneur en bois de Bade.

Les objets suivans, qui alimentaient autrefois ces foires, étant aujourd'hui prohibés, ne sont indiqués que *pour mémoire*; savoir: draperie d'Allemagne; étoffes de laine de l'étranger, verroterie de Bohême, bonneterie de Franconie, cotonnades et toiles peintes de la Suisse.

Les jours de paiement sont le 10 Janvier et le 10 Juillet.

NOMS DES COMMUNES.	JOURS DES FOIRES.	JOURS de leur durée.	OBJETS exposés en vente.
Wasselonne	5.ᵉ Lundi de carême.	2	Denrées et légumes de toute espèce; chevaux, bêtes de somme, porcs; étoffes de coton, soierie, draperie, quincaillerie, instrum. aratoires, outils et ustensiles.
	1.ᵉʳ Lundi après la S. Louis, 25 Août.	3	
Westhoffen.	1.ᵉʳ Mardi après la Toussaint.	2	Mercerie et quincaillerie.

ARRONDISSEMENT DE WISSEMBOURG.

Beinheim.	1.ᵉʳ Lundi après la S. Luc, 18 Octobre.	1	Marchandises de différentes sortes.
Cléebourg	14 Février.	1	Idem
	23 Avril.	1	
	10 Août.	1	
	23 Octobre.	1	
	Lorsqu'une de ces dates se rencontre avec un jour férié, la foire se remet au premier Mardi qui suit.		
Hatten	1.ᵉʳ Mardi après la S. Marc, 25 Avril.	2	Mercerie de toute espèce.
	Idem après la S. Michel, 29 Septembre.	2	
Lembach	Dernier Lundi avant les Cendres.	1	Marchandises et bestiaux.
	Lundi de la Pentecôte.	1	
	Le jour de la Nativité de N. D., 8 Septembre.	1	
	Le jour de la S. Martin, 11 Novembre.	1	
Niederbronn	Le Mardi le plus proche de la S.ᵉ Magdeleine, 22 Juill.	2	Instrumens aratoires, quincaillerie, outils, soieries, draps et autres marchandises.
	Idem de la S.ᵉ Thérèse, 15 Octobre.	2	

NOMS DES COMMUNES.	JOURS DES FOIRES.	JOURS de leur durée.	OBJETS exposés en vente.
Berbronn	3.ᵉ Mardi de Mai.	2	Étoffes, quincaillerie, mercerie et comestibles.
	4.ᵉ Mardi de Novembre.	2	
Reichshoffen	1.ᵉʳ Mardi après le 6 Janvier.	2	Ustensiles et autres marchandises.
	Idem après la S. George, 23 Avril.	2	
	Idem après la S. Michel, 29 Septembre.	2	
Seltz	Mercredi et Jeudi après Pâques.	2	Étoffes, quincaillerie, mercerie de toutes sortes.
	1.ᵉʳˢ Mercredi et Jeudi après la S. Martin, 11 Novemb.	2	Chanvre, mercerie, draperie, quinc., instrum. arat.
Soultz-s. forêts	Pendant trois Mercredis de carême.	2	Instrumens aratoires, outils, quincaillerie, soierie, draps et autres marchand.ᵉˢ
	Le Mardi qui précède la Fête-Dieu.	2	
	Les Mercredis qui suivent la S. Louis et la S. André.	2	
Wissembourg	Les Samedis des Quatre-Temps.	1	Mercerie de toutes sortes.
Wœrth	Le Mardi précédant les Cendres.	2	Marchandises de toutes espèces.
	2.ᵉ Mardi avant la Pentecôte.	2	
	3.ᵉ Mardi après la Saint-Laurent, 10 Août.	2	
	4.ᵉ Mardi avant la Saint-Thomas.	2	

Curiosités naturelles.[1]

Le département du Bas-Rhin, si favorisé de la nature dans les choses qui tiennent à la fertilité du sol et à la richesse du territoire, ne l'est pas moins dans les objets qui sont propres seulement à exciter l'intérêt de la surprise ou les mouvemens de la curiosité. En parcourant cette heureuse terre, le voyageur ne peut se lasser de contempler la beauté de ses vallées, la majesté de ses montagnes, et l'abondance de ses eaux.

On divisera les curiosités naturelles du département en trois classes :

1.° Les curiosités naturelles que présente le sol ou la surface de la terre;

2.° Celles qui naissent du cours ou du mouvement des eaux;

3.° Celles qui sont ensevelies dans le sein de la terre.

On doit ranger, parmi les monumens naturels appartenant au département du Bas-Rhin, la chaîne même des Vosges : cet assemblage de montagnes, s'avançant du midi au nord, dans l'espace d'environ soixante lieues, tantôt chargé de forêts épaisses, tantôt coupé de vallons rians et fertiles; partout

---

[1] Extrait de l'Annuaire du Bas-Rhin de 1808, pag. 76 et suiv.

recélant dans son sein des veines inépuisables de métaux, ou des couches encore plus précieuses de pierres ou de substances combustibles.

1.re CLASSE.

Parmi les sommités des Vosges on remarque particulièrement la montagne Sainte-Odile. Cette montagne n'a pas une élévation imposante ; mais elle excite à un très-haut degré l'intérêt qui naît d'une forme élégante et d'un site pittoresque. Placée à l'entrée même des Vosges, à une lieue, ou environ, de la ville de Barr, elle domine du côté de la plaine, sur un vaste horizon, qu'occupent un grand nombre de villes et de villages, et qui, lorsque le temps est serein, laisse découvrir à la fois le Jura, les Alpes de la Suisse, les montagnes de la Souabe, de la Forêt-Noire ; enfin, le cours varié et majestueux du Rhin. La pureté de l'air qu'on y respire est extrême. Une fontaine, qui s'ouvre dans son sommet le plus élevé, attire, par la fraîcheur de ses eaux, et excite la curiosité par les idées qui se rattachent à son origine. Enfin, comme si ce mont avait dû réunir tous les avantages, il offre, dans une grande partie de son étendue, un terroir très-fertile, et on y cultive avec succès des graines, des légumes, des fleurs et des fruits de toute espèce.

La possession du mont Sainte-Odile a paru dans tous les temps extrêmement importante sous le rapport politique. Les Romains, après la conquête des Gaules, y construisirent un camp fortifié, dont on aperçoit encore quelques vestiges. Sous les rois français de la première race, Athic, duc d'Alsace et père de S.ᵉ Odile, y construisit aussi un camp. De nos jours cette montagne ne voit plus sur sa cîme que quelques amis de la nature, qui vont admirer ses beautés, ou des fidèles qui, à des temps marqués, y viennent solliciter la protection de la sainte qui l'habita, et à laquelle elle doit une partie de son illustration.

La pierre qui compose la montagne Sainte-Odile n'a rien de remarquable ; mais sur le penchant de ce mont, ombragé d'arbres toujours verts, et surtout à sa partie supérieure, on rencontre fréquemment d'énormes blocs de poudingues, dont quelques-uns sont implantés dans la substance même du rocher. La situation et le nombre de ces masses prouvent que la montagne Sainte-Odile a été, comme plusieurs autres, le théâtre de ces grandes opérations naturelles que nous nommons des bouleversemens ; et leur forme indique, plus clairement qu'aucun autre fait, que la nature a manié plus d'une fois les corps qui appartiennent au règne minéral, avant de les amener à l'état où ils se présentent aujourd'hui à nos regards.

2.° Le Bastbérg ou montagne de S. Sébastien, autre sommité des Vosges, offre des beautés d'un genre différent, et qui se rapportent plus directement à l'histoire naturelle.

Ses fondemens portent sur la roche qui sert de base à la chaîne des Vosges; sa masse appuie sur un terrain calcaire et stratifié. Il s'élève d'abord en pente douce; parvenu aux deux tiers, ou environ, de sa hauteur, on le voit se diviser en deux sommets: l'un, situé à l'est, montre une forme conique; l'autre, tourné à l'occident, se termine par une crête longue mais étroite. Cette seconde partie du Bastberg, plus élevée que la première, est plus variée dans sa conformation: l'une et l'autre offrent des particularités très-intéressantes pour le géologue.

En montant la partie occidentale, on rencontre d'abord des couches d'un calcaire particulier et très-dur; elles sont profondes et suivent une direction horizontale. De ce point, jusqu'à celui où la montagne se divise, l'espace est occupé par une sorte de marbre compact et fin, dont les masses extérieures laissent voir un nombre considérable de petits trous ou de conduits qui les pénètrent. Au-dessus de cette région on n'aperçoit plus que du calcaire ordinaire en couches formées de plaques peu épaisses et inclinées de dix à quinze degrés.

La partie orientale est composée d'une matière plus uniforme; mais son sommet est formé d'une brèche d'alluvion, mêlée d'une assez grande proportion de fer oxidé : elle soutient sur son côté qui regarde le nord, des collines, peu élevées, de marne, dont les les lits sont de différentes couleurs.

Cette structure suffirait sans doute pour exciter la curiosité du naturaliste; mais elle offre plus d'intérêt par le rapport qui la lie à un autre phénomène, c'est-à-dire, par les dépôts d'animaux terrestres et fluviatiles que l'on a découverts dans l'intérieur du Bastberg. Ces amas, loin d'être entassés confusément et comme au hasard, sont distribués d'une manière très-remarquable. Voici l'ordre dans lequel on les a observés.

La première région, ou la région inférieure de la partie occidentale, a présenté des bancs considérables de coquilles fluviatiles, et de grands amas d'os, appartenant à des animaux dont les types n'existent plus, mais qui certainement étaient des quadrupèdes. Ces dépouilles sont incrustées dans la masse même de la matière calcaire, et il est évident que ces deux sortes de corps ont été abandonnées en même temps dans ce lieu.

La seconde région n'a paru contenir aucun vestige de corps vivans. La troisième a offert des coquilles, mais d'un genre différent des premières, et qui, toutes, avaient appartenu à des mollusques marins. Ces mêmes coquilles se trouvent dans les montagnes voisines du Bastberg. Quant à la partie orientale du mont, on n'a rencontré dans sa masse presque aucune dépouille d'animaux; mais ses collines marneuses se sont trouvées recéler des os bien reconnaissables d'éléphans.

3.° Le Schnéeberg ou montagne de neige, situé à quatre lieues de Wasselonne, a été ainsi nommé de ce que son sommet est couvert de neiges, sinon éternelles, du moins permanentes, et qui ne disparaissent que lorsque des chaleurs vives ont commencé à se faire sentir. On pourrait s'étendre sur ce phénomène, dont le seul résultat n'est pas d'offrir, à ceux qui le contemplent de loin, le spectacle de l'hiver au milieu des ardeurs de l'été, mais auquel la nature paraît avoir donné un but aussi utile que sa vue est imposante et majestueuse. En effet, qu'on se garde de croire que ces sommets, souvent inaccessibles, des monts, sur lesquels on ne rencontre aucun être animé, où la végétation elle-même est éteinte, soient perdus entièrement pour l'économie de l'univers. Les pointes aiguës de ces roches arrêtent les nuages et les forcent de se résoudre en vapeurs : leurs croupes arrondies reçoivent ces vapeurs, que le froid de l'air a convertis en flocons légers : des montagnes de neige s'élèvent à leur tour, et leurs zones s'étendent quelquefois jusque dans le voisinage des vallées. Alors ces demeures sont envahies par un météore dont on ne prévoit pas la durée. Cet état de froid et d'engourdissement subsiste jusqu'à ce que les rayons du soleil, et surtout les vents chauds du Midi, viennent fondre ces amas, qui, changés en torrens, vont féconder les champs et porter de nouveaux tributs aux rivières épuisées.

Le Schnéeberg a cela de particulier, que sa hauteur est moins considérable que celle de plusieurs montagnes qui ne sont pas habituellement couvertes de neige. Ce fait prouve que la température d'un lieu ne doit pas être rapportée uniquement ou à la proximité des rayons solaires, ou à la distance du point central de la terre. Il n'est pas douteux que le voisinage de corps habituellement refroidis, ne contribue à tenir un autre corps dans une température abaissée, et une montagne peut acquérir un grand degré de froid par cela seul qu'elle est entourée d'autres montagnes. Or, tel est l'état du Schnéeberg : placé dans un canton entièrement montagneux, il emprunte des monts qui l'avoisinent la température qui semble lui être propre, et ce phénomène représente, dans un ordre inverse, celui de la chaleur accumulée dans un corps par ceux qui sont en communication avec lui.

2.ᵉ Classe.

Il y a plusieurs cataractes dans le pays que nous habitons. Pour donner une idée de leur forme et de leur beauté, on se bornera à décrire celle de Niedeck.

Après avoir traversé la vallée de Schirmeck, arrosée par les eaux bruyantes de la Bruche, on pénètre dans celle de Haslach, qui peut être regardée comme une branche de la première. De là on arrive au village d'Oberhaslach, puis, ayant jeté un coup d'œil sur le château de Niedeck, tombé en ruines, on s'enfonce dans un bois sombre, au fond duquel, et après avoir long-temps marché sur des mousses humides et sur des rocs glissans, on découvre un monticule d'où se précipite le ruisseau qui donne naissance à la cataracte. Ce rocher a environ cent pieds de hauteur; son exposition est au sud : il est de porphyre, et sa surface est anguleuse et inégale. Pour jouir de toute la beauté du spectacle, il faut choisir le moment où les pluies ont grossi le torrent qui fournit ses eaux, et l'heure à laquelle le soleil lance directement ses rayons, c'est-à-dire, celle de midi. Alors on voit le torrent descendre avec fracas dans une direction perpendiculaire, se briser et répandre autour de lui un nuage de vapeurs humides, qui forme et qui réfléchit les plus belles couleurs de l'iris. On observe pendant quelque temps ce superbe effet d'optique; mais bientôt le soleil s'éloigne, ses rayons ne sont plus réfractés, et l'on admire encore le ruisseau, formant dans sa chute une nappe écumeuse, se divisant sur des rocs amoncelés au bas de la montagne, et se répandant dans le bois pour remplir, après avoir réuni ses eaux, l'emploi que réclament de lui les besoins de l'agriculture et de l'industrie.

Les autres cataractes que l'on observe dans le département du Bas-Rhin, se rapprochent beaucoup de la première par leur forme et par leur origine. Celle de Sultzbach, par exemple, située à une demi-lieue ou environ de Niedeck, est formée, comme elle, par un ruisseau qui, après avoir serpenté dans un vallon charmant, se précipite le long d'un rocher, et va se perdre dans la plaine. Sa hauteur est peu considérable.

Après avoir vu les eaux s'élancer sous une forme qui attire les regards du curieux, nous allons les voir produire un effet qui appelle l'attention du naturaliste. Cet effet est désigné sous le nom d'incrustation, et les sources qui y donnent naissance, sont nommées sources incrustantes ou lapidifiantes.

La chimie nous a appris dans ces derniers temps la véritable cause de cet effet. Les eaux incrustantes roulent avec elles du carbonate de chaux, espèce de sel pierreux, qu'elles tiennent en dissolution au moyen d'un excès d'acide carbonique. Par le mouvement des eaux et le contact de l'air, cet acide gazeux s'échappe, et le carbonate, naturellement indissoluble dans l'eau, se précipite sur les corps qu'il rencontre, et s'attache à leur surface. Lorsque cette matière salino-pierreuse est pure, elle est blanche comme le marbre le plus éclatant, auquel elle ressemble en effet par la nature de ses principes, et dont elle ne diffère que par les circonstances particulières de sa formation.

Ce phénomène singulier d'une eau transparente, recélant dans son sein une substance pierreuse, n'est point étranger au pays que nous habitons, et le département du Bas-Rhin possède plusieurs sources lapidifiantes. On peut citer la fontaine salino-sulfureuse de Küttolsheim, et un ruisseau qui existe à Schnersheim. Ces deux sources contiennent, outre diverses substances étrangères, de la chaux carbonatée, qu'elles déposent sur les corps qui y sont plongés et qui y séjournent.

Ce n'est pas seulement des substances salines ou pierreuses que les eaux déposent dans leur cours ; elles charient encore et déposent le plus précieux des métaux, l'or. On sait depuis long-temps que, parmi les rivières qu'on a nommées aurifères, le Rhin jouit incontestablement de cet avantage.

L'or du Rhin est toujours en paillettes, c'est-à-dire, en folioles, d'une forme irrégulière et très-minces. Sa pureté est remarquable ; suivant Réaumur, il est à $21\frac{1}{2}$ karats. En général il est plus abondant dans les lieux où le cours du fleuve est plus lent, que dans ceux où il est extrêmement rapide. On le trouve ordinairement dans certains creux, que l'on nomme pour cette raison fonds d'or, en allemand, *Goldgründe*. Les endroits qui en offrent le plus dans le département, sont entre Fort-Vauban et Seltz.

La quantité qu'on en récolte est en elle-même fort peu de chose, quoiqu'elle soit supérieure à celle que fournissent les autres rivières connues.

Les hommes qui s'occupent de la recherche de l'or dans le Rhin, sont nommés *orpailleurs*. Les paillettes sont communément de la grosseur d'un grain de millet.

3.ᵉ CLASSE

Pétrifications souterraines.

Les pseudomorphoses les plus remarquables de l'Alsace inférieure peuvent se rapporter à trois ordres : les pseudomorphoses métalliques, les pseudomorphoses quartzeuses ou siliceuses, et les pseudomorphoses calcaires.

Parmi les pseudomorphoses métalliques on doit compter :

Différentes sortes de bois, pénétré, au moins en partie, d'oxide de fer : ces morceaux, qui offrent un tissu quelquefois très-reconnaissable, existent particulièrement dans les carrières de Soultz et de Wasselonne.

Des fragmens du même bois, incrusté d'une substance bleue, que l'on a prise pour du prussiate de fer natif, mais qui, d'après les observations récentes du docteur Reisseisen, devrait être regardée comme un cuivre carbonaté : on les trouve dans les mêmes lieux :

Des ammonites ou cornes d'ammon, coquilles marines de l'ordre des univalves, composées presque entièrement de fer oxidé : on les rencontre spécialement aux environs de Gundershoffen, de Gersdorff, etc.

Les mêmes coquilles, transformées en substances pyriteuses, c'est-à-dire, portées à l'état de sulfure, soit ferrugineux, soit cuivreux.

On doit comprendre parmi les pseudomorphoses siliceuses :

Plusieurs sortes de végétaux convertis en grès, trouvés dans les carrières de Wasselonne. Ces plantes sont quelquefois étrangères à nos climats ; quelques-unes d'elles, détachées à une grande profondeur, ont été reconnues pour des roseaux ou des cannes d'Inde (*canna indica*, L.).

On doit ranger enfin parmi les pseudomorphoses calcaires :

Plusieurs variétés d'encrinites, d'entroques, d'astéries ; on les rencontre à Wissembourg, à Hunnawihr (Haut-Rhin), dans les vignobles de Barr. Ces fossiles ont exercé long-temps la sagacité des naturalistes : on sait aujourd'hui qu'ils sont les articulations d'un lithophite connu sous le nom de palmier marin, et qui habite les mers orientales.

Des ammonites, qui sont quelquefois d'un volume considérable : on en a trouvé une auprès de Bouxwiller, qui avait un pied quatre pouces de diamètre, et qui pesait environ 26 livres.

Des madréporites, des milleporites, des astroïtes, etc., espèces de polypiers, transportés du fond des mers sur les montagnes, où ils ont éprouvé une altération plus ou moins complète : on en rencontre particulièrement au Mont chauve, près de Barr.

On a déjà parlé plus haut des pseudomorphoses animales que le Bastberg renferme dans son sein. Ce sont les plus curieuses du département.

A la suite de ces corps se placent naturellement les substances que l'on connaît sous le nom de stalactites et de stalagmites, et qui se rapprochent des premiers par la nature des principes dont elles sont en général composées, tandis qu'elles en diffèrent essentiellement par les circonstances de leur formation. Dans la production d'un fossile, un corps déjà existant, mais qui ne peut défendre sa composition contre l'action destructive d'un liquide, reçoit peu à peu dans son sein les molécules hétérogènes que celui-ci lui apporte, et disparaît enfin devant un nouvel être qui le remplace. La stalactite doit également sa naissance à un suc qui tient en dissolution les molécules qui doivent la composer; mais elle n'a pas besoin d'un moule préexistant, et sa forme dépend uniquement de l'état du liquide qui charie et dépose ses principes.

On appelle stalagmites, les parties du même liquide qui tombent sur le sol de la cavité, et qui y forment des incrustations de la même nature que la stalactite, qui, étant plus légère, reste suspendue à la voûte de la cavité.

Les stalagmites sont d'une forme aplatie et en général mamelonnées, tandis que la forme des stalactites est tuberculeuse ou conique. La cavité dans laquelle s'opèrent ces élaborations, lorsqu'elle est d'une certaine dimension, est décorée du nom de grotte. Quelques-unes de ces grottes offrent un spectacle extrêmement curieux et même imposant par les formes que prennent les stalactites, qui s'étendent quelquefois de la voûte de la cavité jusqu'à son sol, et qui s'entrelacent de mille manières différentes. Le naturaliste, ainsi que l'homme du monde, s'arrêtent avec complaisance dans ces lieux où la nature opère en quelque sorte sous leurs regards.

Le département du Bas-Rhin ne possède point de grottes proprement dites, mais un grand nombre de cavités dans lesquelles on découvre fréquemment des stalactites et des stalagmites. On doit les aller chercher dans les carrières de grés du Kronthal près de Wasselonne, à Soultz près de Molsheim, dans les carrières de marbre de Schirmeck, et dans beaucoup d'autres lieux. Elles sont pour la plupart d'un petit volume; mais quelques-unes d'elles présentent tous les accidens qui sont propres à cette sorte de production. Une remarque qui doit trouver ici sa place, c'est que les stalactites, et en général les substances de cette nature, sont nécessairement plus rares dans les pays formés d'un terrain primitif que dans ceux qui sont sortis nouvellement du sein des eaux. Le département du Bas-Rhin n'est donc pas un pays essentiellement calcaire, et si les objets que nous venons de décrire, s'y trouvent répandus, c'est qu'aucun genre de beauté ne manque au plan qui, dans l'origine des temps, fut tracé à cette heureuse contrée.

Mines.

Mines d'or. D'anciens restes de travaux au vallon de *Reiss*, canton de *Villé*, appartiennent (d'après la tradition) à l'exploitation d'une mine d'or considérable, dite *de la porte de fer*. Elle doit être abandonnée depuis plusieurs siècles.

Mines d'argent. Le bois de *Bœrsch*, près de Klingenthal; la vallée d'*Urbeis*, au canton de *Villé*; le vallon dit *Saint-Nicolas*, et les bans de *Lalaye, Fouchi* et *Triembach*, présentent quelques filons d'argent.

Les Chroniques d'Alsace rapportent que, dans les 16.e et 17.e siècles on a trouvé dans le pays des masses d'argent natif du poids de plusieurs quintaux.

Mines de fer. Plus de soixante mines de fer existent dans le département ; mais il n'y en a que vingt-huit en exploitation, savoir ;

1.° Mine de fer en grains, par bancs et nappes, dites *Mittelhardt*, à Bischwiller.

2.° Mine de fer plat de *Dehlingen*, près de Diemeringen.

3.° Mine de *Wickersheim*, arrondissement de Strasbourg : fer en grains par nappes.

4.° Mine de *Haguenau*, dans la forêt royale : fer en roussier, par nids.

5.° Mine de *Hochstett*, arrondissement de Strasbourg : fer en grains.

6.° Mine de *Neubourg*, dite côté gauche : fer en grains.

7.° Mine de *Nieder-Altorf* : fer en grains.

8.° Mine de *Hochfelden*, dite de *Schwindratzheim*.

9.° Mine de *Mühlhausen*, à Ingwiller : fer plat par nappes.

10.° Mine dite de *Narion*, à Molsheim : fer en filon, rouge et bleuâtre.

11.° Mine dite de *Niederbronn*, au ban de Bischofsheim : fer en grains.

12.° Mine de *Kindweiler* : fer en grains par bancs.

13.° Mine d'*Uhrweiler* : fer plat en nappes.

14.° Mine de *Mietesheim*, dite Tiefegrub.

15.° Mine des *Saxons* : fer en grassets.

16.° Mine de *Zinsweiler* : fer plat en bancs.

17.° Mine dite des *Jardins*, arrondissement de Wissembourg.

18.° Mine de *Gumbrechtshoffen* : fer plat en grains.

19.° Mine de *Gundershoffen* : fer en grains, rouge-brun.

20.° Mine de *Schwabwiller* : fer en grains.

21.° Mine de *Kutzenhausen* : fer en grains.

22.° Mine de *Lampertsloch* : fer en grains.

23.° Mine de *Hilsloch* : fer en grains par nappes.

24.° Mine de *Rosheim* : fer en roche.

25.° Mine de *Sourbourg* : fer en grains, par nappes.

26.° Mine de *Griesbach* : fer en grains.

27.° Mine de *Hochrein*, au ban de Mietesheim.

28.° Mine de *Keffendorff*, ban de Wittersheim, arrondissement de Strasbourg : fer en grains.

Mines de cuivre. Il y en a deux dans le département ; l'une à la *Petite-Pierre*, et l'autre à *Villé* : elles ne sont pas en exploitation.

Mines d'antimoine. Il existe dans le canton de Villé deux mines d'antimoine, dont les travaux sont abandonnés depuis long-temps : l'une, au ban de *Charbes*, paraît entièrement comblée ; l'autre, à Triembach, pourrait peut-être être remise avec succès en exploitation.

Mines d'ocre. Le ban de *Gersdorff*, canton de Niederbronn, offre une grande quantité de cette substance : on l'exploite continuellement.

Mines d'asphalte. La principale existe au ban de Lampertsloch, canton de Soultz ; elle est exploitée par MM. Lebel.

MM. Lebel distinguent quatre espèces de graisse d'asphalte; savoir : 1.° graisse vierge, 2.° graisse claire, 3.° graisse épaisse, 4.° huile de pétrole.

La première espèce n'est le produit d'aucune fabrication ; elle est retirée de dessus les eaux de la fontaine de Pechelbronn. Sa couleur est d'un brun noir ; sa fluidité est à peu près celle de la poix fondue et à moitié refroidie ; son odeur empyreumatique est très-pénétrante : elle a très-peu de cours dans le commerce, et est seulement employée en pharmacie.

La seconde, de même couleur, mais un peu plus épaisse, a beaucoup moins d'odeur; elle sert au graissage des voitures des habitans de la campagne, et à diminuer le frottement des machines hydrauliques, etc. : c'est celle qui est le plus en vogue.

La troisième, encore moins fluide, est un peu moins noire, a à peu près la consistance d'une graisse fondue prête à se figer : elle a moins d'odeur que la précédente, et est plus propre au graissage des voitures de rouliers, parce qu'étant moins liquide, elle se perd moins facilement.

La quatrième se fabrique rarement, et seulement d'après les commandes qu'on en fait, parce qu'elle est peu employée dans le commerce, et que le prix en est élevé.

Mine de sulfate de fer (*vitriol martial*). Le ban de Gersdorff, près de Niederbronn, possède une mine de sulfate de fer : elle est en état d'exploitation.

Mines de charbon (*houillères*). Celles de *Marmoutiers*, de *Lalaye* et de *Triembach*, sont exploitées.

La principale de ces houillères est celle de Lalaye. Son produit annuel est d'environ 7000 quintaux, qui sont employés presque entièrement par la manufacture d'armes de Klingenthal. La houille de Lalaye est sèche, point bitumineuse, un peu pyriteuse, et quelquefois sulfureuse.

Houillère de Lobsann. La houille de Lobsann est bitumineuse et sulfureuse. On s'en sert à la saline de Soultz. Il existe sous la houille des couches très-riches de poix minérale. On en a composé un brai très-avantageux pour le calfatage des vaisseaux.

M. Dournay, propriétaire actuel de cette houillère, est parvenu à en composer un *bitume-mastic*, dont il se fait une grande consommation à Paris et en Hollande pour la confection des terrasses - toitures et, en général, pour les constructions qui craignent l'infiltration des eaux.

M. Dournay a obtenu une médaille d'argent de la Société d'encouragement et une médaille de bronze à la dernière exposition des produits de l'industrie française.

Houillère de Bouxwiller. Cette houille est très-sulfureuse : on ne s'en sert que pour la confection des aluns et autres produits chimiques, dont la matière première est tirée de la mine même qui contient la houille.

Usines à traiter le fer.

Ces usines appartiennent toutes à la famille de feu M. le baron de Dietrich, ancien Stettmeistre de la ville de Strasbourg.

Les forges du Bas-Rhin sont éloignées les unes des autres ; mais le centre commun de leur administration est établi à Niederbronn.

L'ensemble des établissemens est de 4 hauts-fourneaux, 10 feux d'affinerie, 4 martinets, 1 fonderie et laminoir et 1 tréfilerie avec clouterie, chaînerie et épinglerie.

La forge de Niederbronn a été construite, en l'année 1767, par M. de Dietrich ; elle est située au nord de Niederbronn, et au pied du mont Wasenberg, renommé par les antiquités romaines que l'on y a trouvées, et par la vue magnifique dont on jouit sur son sommet. Un vaste étang sert aux besoins de l'usine, qui consiste en 1 haut-fourneau, 2 feux d'affinerie et 2 martinets.

Les forges du Jægerthal (vallée du chasseur) existent depuis 1602; elles sont à une lieue de Niederbronn, au nord-est. L'étang de cette usine occupe toute la vallée, depuis le pied de la montagne, où l'on voit l'ancien château de Windstein, jusqu'aux forges. Cet établissement est composé d'une belle maison de maître, 1 haut-fourneau, 3 feux d'affinerie et 2 martinets.

En descendant la vallée de Windstein, et en se dirigeant sur Reichshoffen, on rencontre l'usine de Rauschendwasser (eaux bruyantes), construite en 1767, et composée de 2 feux d'affinerie et d'une fonderie avec laminoirs.

M. de Dietrich a fondé cet établissement après avoir fait l'acquisition des forges du Graffenweyer, que l'abbaye de Stürzelbronn possédait, et qu'elle n'avait établies que pour tirer un parti avantageux de ses bois.

La seule intention de M. de Dietrich, en faisant cette acquisition, avait été de préserver ses établissemens du Jægerthal des dommages que celui du Graffenweyer pouvait leur causer, attendu que la position de cette dernière forge la rendait maîtresse de retenir les eaux ou de les lâcher en trop grande quantité, ce qui aurait également occasioné des chomages fréquens à ses usines: aussi fit-il démolir les forges du Graffenweyer, après qu'il eut obtenu du Gouvernement l'autorisation de les rétablir à Rauschendwasser et à Richshoffen, qui se trouvaient situés dans les terres dont il était alors seigneur.

La tréfilerie et le haut-fourneau de Richshoffen sont situés près de la petite ville de ce nom, sur la route de Strasbourg à Niederbronn, et dans une vallée agréable. Les eaux du Falkenstein servent au roulement de cette usine, après avoir fait tourner plusieurs moulins à papier et à tan.

Le haut-fourneau a été construit en 1767, par M. de Dietrich.

La tréfilerie a été établie en 1806. C'est le seul établissement de ce genre qui existe dans la province.

Il est composé de 14 tenailles, 5 tourniquets, 1 martinet, 1 clouterie, 1 chaînerie et 1 atelier pour la fabrication des pointes de Paris.

L'usine la plus considérable de la Compagnie Dietrich est celle de Zinsweiler, située dans la commune de ce nom, près d'Oberbronn, et à environ une lieue et demie de Niederbronn.

Cette usine contient 1 haut-fourneau, 3 feux d'affinerie, 1 martinet et 1 atelier considérable pour la fabrication de la poterie de fer et d'autres ouvrages de fonte, tant pour le commerce et la mécanique que pour l'artillerie, soit en moulage au sable, soit à terre glaise.

La fabrication de la poterie de fer de Zinsweiler est renommée par sa légèreté et par l'élégance de ses formes. Le Jury pour l'exposition des produits de l'industrie française, en 1806, a fait une mention honorable des échantillons envoyés par la Comp.ᵉ Dietrich.

Manufacture de grosse quincaillerie à Molsheim.

MM. Couleaux et Comp.ᵉ ont établi depuis quelques années une manufacture de quincaillerie, dans laquelle on fabrique principalement des instrumens d'agriculture, des outils de menuisier et de tourneur, des scies, des limes, des faux, des faucilles, etc.

MM. Couleaux, qui exploitent en même temps les manufactures d'armes de Moutzig et du Klingenthal, ont obtenu aux expositions de 1819 et 1823 des médailles d'or.

Salines.

Il existe dans le département plusieurs sources salées. Celle de Soultz (arrond. de Wissembourg) est la seule qui soit exploitée.

Le sel de Soultz est d'une qualité supérieure à celle des sels de la Meurthe ; aussi les fermiers des salines de l'est ont-ils fait insérer, dans le bail de la saline de Soultz, la condition que la fabrication annuelle n'excèdera pas 600 quintaux métriques de sel.

TABLE ALPHABÉTIQUE
DES MATIÈRES.

	Pages.
Académie	52
Agrandissemens successifs de la ville de Strasbourg	5
Agriculture	234
Ammeistre	97
Amphithéâtre anatom.	78
Ancien hôtel de ville	67
Annexes (v. Communes).	
Arquebusiers de Strasbourg (ancienne société des)	59
Arrondissemens du département	149
Arrondissemens (population des)	185
Atelier de travail	82
Aumônerie de S. Marc.	75
Bacs	212
Balance à foin	81
Baldner (voyez Jardins).	
Bibliothèque publique.	66
Bitume-mastic	276
Blessig, monument consacré à sa mémoire	65
Boucherie (grande)	68
Boucherie (petite)	60
Boulet tiré par les Français sur la cathédrale de Strasbourg	134
Bourse de commerce	68
Broglie (promenade du)	48
Calvin accueilli à Strasbourg	117
Canal du Rhin	80
Canaux de navigation	204
Cantons de la ville de Strasbourg	20
Cantons de justices de paix	149
Cantons (population des)	185
Capitulation de Strasbourg	136 et 141
Caserne des Canonniers	79
— de la Finckmatt	53
— de la Gendarmerie	44
— des Ouvriers d'artill.	82
— des Pêcheurs	82
— des Pontonniers	85
— de Saint-Nicolas	82
Cataractes	263
Charles le Téméraire (guerre avec)	110
Château royal	39
Christian (voy. Jardins).	
Christkindelsmarkt	41
Citadelle de Strasbourg	16
Collége royal	42
Commerce	246
Communes du département (liste alphabétique des)	166
Confédération avec les Suisses	123
Conseils de guerre	61
Constitution (ancienne) de la rép. de Strasb.	96
Constitution physique	

	Pages.
des habitans du département.	155
Contades (promen. du)	88
Curiosités naturelles	256
Danse des morts (anc. peinture découverte au Temple neuf)	64
Désaix (monument consacré au général)	86
Directoire protestant.	69
Division électorale du département	150
Division politique et territoriale du département	148
Douane du commerce.	68
Eaux lapidifiantes.	265
Eaux minérales	213
Église S.ᵉ Aurélie	56
Église cathédrale de Strasbourg (description de l')	33
Église S. Étienne	43
Église S. Guillaume	83
Église S. Jean	53
Église S. Louis	76
Église S. Nicolas	77
Église Saint-Pierre-le-jeune	52
Église S. Pierre-le-vieux	58
Église réformée.	20
Église S. Thomas.	69
Églises.	20
Emmerich, monument élevé à sa mémoire.	72
Enfans trouvés (hospice des)	82
Environs de la ville.	85
État-major de la place	61
Étendue du départem.	148
Exécutions criminelles	61
Fabrication (voy. Commerce).	
Facultés de médecine et des sciences	82

	Pages.
Faubourg Blanc.	55
Faubourg de Pierres	53
Foires du département (tableau général des)	249
Fonderie de canons	49
Forêts du département	230
Fort du pont de Kehl (le) pris d'assaut par le maréchal Créqui	133
Fortifications (Précis historique des)	11
Gimpelmarkt	58
Grenier (vieux) de la ville	45
Gymnase protestant	62
Halle au poisson et au gibier	41
Hangars de l'artillerie	81
Haras royal	75
Hôpital civil	77
Hôpital militaire	80
Hôtel de ville	47
Houillères.	275
Hippodrome.	85
Imprimerie (invention de l')	108
Instruction publique.	155
Jardin *Baldner*	85
Jardin botanique.	83
Jardin *Christian*	85
Jardin *Zis*.	89
Jardins (culture des).	244
Juifs (persécutions contre les)	103
Kléber (monument consacré au général)	86
Koch, monument élevé à sa mémoire.	72
Krautenau (ancienne paroisse de la)	83
Loterie royale (Hôtel de la).	45
Louis XIV (le Roi) fait son entrée triomphale à Strasbourg	137

	Pages.
Luxhof	47
Magdeleine (ancien couvent de la)	79
Maison de force	54 et 57
Malandrins (dévastat. commises par les)	105
Manufactures d'armes	152
Manuf. royale des tabacs	84
Marais vert	62
Marché Gayot	42
Marché aux grains	61
Marché aux guenilles	58
Marché aux poissons	42
Mausolée du maréchal de Saxe	70
Médecine (v. Facultés).	
Mines	271
Momies conservées au temple de S. Thomas	72
Monnaie (hôtel de la)	73
Montagne-verte	85
Montagnes du départ.	189
Müllenheim (la fam. de)	92
Musée des tabl. et sculpt.	47
Nobles (les), maîtres du gouv. de Strasbourg	91
— Divisions entre eux	92
— expulsés du gouvern.	93
Notices topographiques et statist. sur le dép.	147
Oberlin, monum. élevé à sa mémoire	72
Observatoire	78
Ohnmacht (sculpteur)	72
Or du Rhin	266
Orangerie	87
Organisation civile	151
— militaire	152
— religieuse	152
— judiciaire	153
— financière	154
Origine de Strasbourg	2
Orphelins (hospice des)	80
Palais de justice	52
Pays qui comp. le dép.	147

	Pages.
Peste (la) exerce des ravages à Strasbourg	103
Pétrifications souterr.	267
Pillage des archives de la ville	48
Place d'armes	61
Places publiques de la ville de Strasbourg	22
Plantes propres aux arts, fabriques et manufactures (culture des)	235
Polygone	85
Pont du Rhin (1.er établissement du)	130
— brûlé par ordre du prince de Condé	132
Pont susp. en fil de fer	89
Ponts-couverts	73
Ponts de Strasbourg	17
— du département	212
Population de la ville de Strasbourg	19
— des comm. du dép.	166
Portes de la v. de Strasb.	19
Position géogr. de Strasb.	1
Précis historique	91
Préfecture (Hôtel de la)	44
Préteurs royaux	99 et 140
Prison militaire	74
Prisons civiles	52
Promenades naturelles	89
Pseudomorphoses (voy. Pétrifications).	
Quai Kléber	84
Quais (liste alphab. des)	22
Quartier général de la 5.e division militaire	47
Quincaillerie (fabr. de)	279
Quinze (collége des)	98
Raspelhaus	54
Récollets (anc. couv. des)	44
Religion catholique rétablie à Strasbourg	137
— protestante (établissement de la)	112

	Pages.
Réunion des arts (salle de la)	68
Rhin (le fleuve du)	196
Rivières	197
Robertsau (prom. de la)	86
Rodolphe, comte de Habsbourg, commande les troupes de Strasbourg	103
Rossmarkt	49
Routes du département (classification des)	186
Rues de Strasbourg	22
Salines	280
Salle des ventes à l'encan	68
Schœpflin, monument élevé à sa mémoire	72
Schwœrbrief	96
Sciences (voy. Facultés).	
Sculptures (voy. Musée).	
Séminaire épiscopal	42
— protestant	69
Sénat de Strasb. (composition du)	96 et 99
Situation du départem.	147
Source min. d'Avenheim	224
— du Bienwald	228
— de Brumath	217
— de Châtenois	222
— de Holtzbad	226
— de Küttolsheim	228
— de Lampertsloch	229
— de Neuweyer	220
— de Niederbronn	213
— de Soultzbad	217
Spectacle (salle de)	50
Stalactites	269
Stalagmites	269
Stettmeistres	96
Strasbourg (la ville de) prise d'assaut	101

	Pages.
Sturm de Sturmeck (le stettmeistre)	121
Superficie du départem.	148
— (rapport de la population à la)	148
Synagogue de Strasb.	20
Tableaux (voy. Musée).	
Temple neuf	62
Temples de la ville de Strasbourg	20
Tour de la cathédrale	33
Tour-aux-Pfennings	61
Tour-verte	85
Tournois (carrière des)	49
Treize (collége des)	98
Tribunal de commerce	68
Tribunaux	52
Troubadours allemands	67
Truchsess-Waldbourg (le comte de), doyen de la cathédrale de Strasbourg, adhère à la confession d'Augsb.	122
Turenne (le maréchal) occupe le village de la Robertsau	132
Twinger (Burckhardt), fondateur du gouvernement démocratique à Strasbourg	93
Union évangélique	126
Usines à traiter le fer	276
Vallées du département	193
Vignes (culture des)	240
Vingt-un (collége des)	98
— (conseil des)	99
Waldbourg (voy. Truchsess-).	
Westphalie (traité de paix de)	131
Zis (voyez Jardins).	
Zorn (la famille de)	92

Arc de triomphe érigé pour l'arrivée à Strasbourg
de SA MAJESTE CHARLES X.

Friederich Stat.re   Villot arch.te   G.l Guerin peintre

AVANT-PROPOS.

La ville libre de Strasbourg, relevant de l'Empire germanique, auquel elle avait été annexée en l'année 870, se soumit volontairement à la France, huit siècles après.

Le 30 Septembre 1681, la capitulation[1] fut signée, et le 23 Octobre suivant, Louis-le-Grand fit son entrée triomphale dans nos murs.

Soixante-trois ans après, c'est-à-dire le 5 Octobre 1744, le Roi Louis XV honora la ville de Strasbourg de son auguste présence, et S. M. y résida pendant six jours, qui furent consacrés à des fêtes somptueuses, dont la relation, publiée avec un grand nombre de belles gravures, donne la plus haute idée de la richesse de nos aïeux et de leur dévouement à l'auguste famille qui avait asssuré leur bonheur et leur tranquillité.

---

[1] Voyez pour les articles, la page 141 et suivantes de la Description.

Après avoir traversé les temps orageux de la révolution, aux excès de laquelle sa population native fut étrangère, qui lui fit perdre les priviléges dont elle jouissait en vertu de sa capitulation, et qui substitua pendant plusieurs années les saturnales de la licence aux habitudes d'une sage liberté qui étaient dans les mœurs de ses habitans; après avoir vu, par suite de l'abus des conquêtes, son territoire envahi, et son union à la France remise en question, la ville de Strasbourg, qui aurait tant désiré de saluer de ses acclamations respectueuses le Roi-législateur qui a dissipé les tempêtes politiques par son courage et par sa modération, et qui a tari la source des dissentions civiles par sa haute sagesse, en accordant à ses peuples une Charte constitutionnelle qui fonde à jamais leur liberté et leur existence civique; la ville de Strasbourg va posséder son Roi, le frère, le digne successeur de l'immortel auteur de notre pacte social, le monarque qui, à son avénement au trône, a juré devant Dieu qu'il ne régnerait que par la Charte, et qui, fidèle à son royal serment, impassible à tous les mouvemens des partis, courbe sa volonté et celle de tous ses sujets sans distinction, sous le joug salutaire des lois!

L'Alsace entière va se lever spontanément pour saluer son Roi, pour saluer le digne fils de France qui l'accompagne, le prince illustré par les palmes de la victoire, et plus encore par la noblesse et par l'élévation de ses sentimens.

Nos cœurs s'élanceront au-devant d'eux, et si les fêtes qui se préparent pour leur réception n'ont pas la magnificence de celles offertes au Roi Louis XV, il y a quatre-vingt-quatre ans, ils ne l'attribueront qu'aux longs malheurs que nous avons éprouvés, aux fautes commises par les gouvernemens transitoires qui ont pesé sur nous, et qui auraient entièrement anéanti notre prospérité publique et particulière, si la fertilité de notre sol n'y avait mis un obstacle invincible : ils daigneront accueillir avec bonté nos faibles efforts, nos hommages respectueux et empressés ; ils s'informeront des besoins de notre agriculture, de notre industrie, de notre commerce, et ils reconnaîtront, nous osons l'espérer, que le temps est venu où il convient, dans l'intérêt général du royaume, de nous affranchir d'un monopole qui a survécu au temps désastreux qui l'a vu naître, et d'un système fatal qui a transporté chez nos voisins presque tous les avantages, et les bénéfices que le transit et la navigation du Rhin procuraient jadis à notre belle contrée.

C'est avec empressement que nous signalons cette nouvelle ère d'espoir et de bonheur ; que nous saisissons la circonstance de l'heureuse arrivée du Roi en Alsace pour faire connaître dans un supplément à notre *Description de Strasbourg*, les constructions, les changemens et les embellissemens qui ont été exécutés dans notre ville depuis l'année 1825, et que nous devons à l'administration sage et éclairée de M. le Conseiller d'État Esmangart, Préfet du département du Bas-Rhin, et de M. le chevalier de Kentzinger, Maire de Strasbourg.

Quant à nous, obscur et modeste citoyen, nous bornons notre ambition à seconder de notre faible voix les vues généreuses de l'Administration, à faire connaître le résultat de ses méditations et de ses travaux, ainsi que ses plans d'amélioration pour l'avenir : heureux si nous pouvons jamais lui indiquer un projet utile à nos concitoyens.

SUPPLÉMENT

A LA

DESCRIPTION DE STRASBOURG.

Église Saint-Louis. [1]

Nous annoncions en 1825 que l'église Saint-Louis devait être rendue incessamment à sa destination primitive. Ce louable projet s'est effectivement réalisé en 1827.

L'église Saint-Louis est d'une noble simplicité. Elle est ornée d'un beau buffet d'orgues, d'un baptistère enrichi d'un bas-relief [2] représentant le baptème de Clovis, exécuté en marbre blanc, avec un talent remarquable, par M. Friederich [3], statuaire alsacien,

---

[1] Description, page 76.

[2] Voyez la lithographie représentant ce bas-relief, à la fin du Supplément.

[3] M. Friederich exécute en ce moment les sculptures du magnifique obélisque en granite que la France élève à la mémoire de Turenne, à Saasbach (grand-duché de Baden), au lieu même où le héros a été tué par un boulet de canon, en 1675, au moment où il allait remporter une victoire certaine sur les troupes autrichiennes et sur celles des cercles,

élève du célèbre Thorwaldsen, d'un groupe du même artiste, représentant S. Florent, l'un des évêques de Strasbourg, ramenant dans le chemin de la vertu Rathilde, fille du roi Dagobert (les figures, les poses et les draperies sont superbes); enfin, d'un beau tableau de M. Gabriel Guérin, directeur du Musée de peinture de la ville, et représentant S. Louis en prières et agenouillé devant un autel. Cette brillante composition fait le plus grand honneur à M. Guérin.[1]

Si l'église Saint-Louis continue à s'enrichir ainsi de monumens des arts, elle deviendra, sous ce rapport, l'une des plus remarquables de Strasbourg.

---

commandées par Montécuculi. La figure de Turenne, modelée par M. Friederich, est du plus grand et du plus bel effet.

Cet habile statuaire a interrompu momentanément ses travaux de Saasbach pour venir improviser (en moins de trois semaines) les douze statues, ainsi que les beaux trophées d'armes et les autres ornemens de sculpture qui décorent si élégamment l'arc de triomphe que la ville de Strasbourg a fait exécuter (d'après les dessins de M. l'architecte Villot), non loin de Kœnigshoffen, à l'occasion de l'arrivée du Roi.

[1] Cet artiste distingué a également consacré son pinceau à l'embellissement de l'arc de triomphe élevé pour l'arrivée du Roi.

Académie.

L'Académie a été transférée de l'hôtel du ci-devant Grand-Prévôt, où elle avait été établie provisoirement (Description, p. 52), dans le vaste local de l'École de travail, vis-à-vis la Manutention des vivres.

Cet immense enclos suffit aux besoins de toutes les Facultés, qui s'y trouvent réunies, ainsi que leurs bibliothèques et Musées.

Le rez-de-chaussée des trois bâtimens, qui règnent sur la cour d'honneur décorée d'une belle grille, contient : 1.° la salle des actes de l'Académie ; 2.° la salle des cours de la Faculté de droit ; la salle d'examen et la salle de conseil de cette Faculté ; 3.° les salles des cours et examens de la Faculté de médecine ; la salle des cours de chimie et le laboratoire ; 4.° la salle des cours de chimie de la Faculté des sciences ; le laboratoire de cette Faculté ; la salle des cours de physique ; 5.° la salle des cours de la Faculté des lettres, et sa salle d'examen.

Le premier étage contient : 1.° la bibliothèque de la Faculté de droit, avec une salle de lecture, servant en même temps aux archives ; 2.° la grande salle du Muséum anatomique de la Faculté de médecine, la salle du conseil de cette Faculté, son secrétariat, l'arsenal de chirurgie; le cabinet d'histoire naturelle médicale; la bibliothèque de la Faculté de médecine [1], avec la salle de lecture; 3.° le cabinet de physique de la Faculté des sciences; 4.° la salle des cours de la Faculté de théologie et des réunions de la Société des sciences, agriculture et arts du Bas-Rhin, et les archives, ainsi que la bibliothèque, de cette Société.

Le second étage contient la salle des cours d'histoire naturelle et des cours de mathématiques de la Faculté des sciences.

Tout le reste de cet étage est occupé par le magnifique Musée d'histoire naturelle appartenant à la ville.

Le troisième étage, en mansardes, contient : les chambres d'optique des Facultés des sciences et de médecine, et l'Observatoire.

La disposition du local a permis de disposer dans des bâtimens adjacens et compris dans l'enceinte de l'établissement, des appartemens pour le logement du Recteur, du Secrétaire général et pour le secrétariat de l'Académie, ainsi que pour les conservateurs et employés.

---

[1] Cette bibliothèque, composée de 12,000 volumes, est ouverte tous les jours, excepté les dimanche et ieudi, de onze à deux heures.

De vastes et beaux jardins sont à la disposition du Recteur; la portion du terrain qui est en face du Jardin botanique (Description, p. 83), a été réservée par la ville, pour servir d'annexe à ce jardin.

On paraît avoir le projet de démolir les anciens fours militaires qui se trouvent en face de l'Académie et défigurent le quartier. D'après ce que l'on dit, on agrandirait considérablement la place Saint-Nicolas et on en consacrerait une partie à une belle plantation, qui formerait une promenade agréable. Il est aussi question d'ouvrir une rue qui longerait l'annexe du jardin botanique, et établirait la communication directe et très-importante entre la rue de l'Académie et celles des Poules, des Planches et des Bestiaux.

Muséum anatomique. [1]

Lorsque nous avons publié la Description de Strasbourg, le Muséum anatomique était placé dans les bâtimens du Séminaire épiscopal, dont une partie était affectée à l'Académie et à ses différentes Facultés (pag. 42 et 43).

Le Muséum de la Faculté de médecine de

---

[1] Il est ouvert au public le jeudi de midi à deux heures.

Strasbourg est un des plus riches et des plus complets qui existent en Europe.

La collection des pièces anatomiques y est divisée en deux grandes sections, dont l'une se rapporte à l'état de santé, et l'autre à l'état de maladie des hommes et des animaux.

Dans la première, les organes sont rangés sous un point de vue physiologique, par systèmes et d'après les différentes fonctions.

Dans la seconde section, les organes en état de maladie sont distribués d'après un ordre emprunté de l'anatomie pathologique.

Dans un rapport fait en 1820 à la Faculté de médecine, par M. Jean-Fréderic Lobstein, professeur d'anatomie pathologique, et imprimé par ordre de la Faculté, ce savant directeur du Muséum s'exprime ainsi :

« Avant 1804 il n'existait que 212 prépa-
« rations, qui constituaient la collection de
« l'ancienne Université, et qui forment le
« noyau du cabinet actuel : aujourd'hui
« (1820) le Muséum compte 3286 pièces,
« dont 1977 sont relatives à l'anatomie phy-
« siologique de l'homme et des animaux, et
« 1309 à l'anatomie pathologique....

« Ainsi, seize ans ont suffi à former notre
« Cabinet et à le porter à l'état où je viens
« de vous le faire connaître. Un des Musées
« anatomiques réputé le plus complet, celui
« de Berlin, a coûté à son auteur, le pro-

« fesseur *Auguste-Théophile Walter*, cin-
« quante-quatre ans de travail; encore ne
« renferme-t-il que 2268 préparations, c'est-
« à-dire 1018 de moins que le nôtre!... »

Un nouveau compte rendu par M. Lobstein des travaux anatomiques exécutés en 1821, 1822 et 1823, présente un ensemble, pour ces trois années, de 305 pièces anatomiques et de 36 préparations en cire.

Enfin, un troisième compte, rendu en 1827 par M. Charles-Henri Ehrmann, professeur d'anatomie, présente une augmentation, pendant 1825 et 1826, de 235 pièces, ce qui, à l'époque de ce compte rendu, en porte le nombre à 3826.

Il se compose maintenant de plus de 4000 pièces, et il est distribué et classé avec un ordre admirable.

Musée d'histoire naturelle.[1]

Le Musée d'histoire naturelle, l'un des plus considérables de France, doit son origine aux soins infatigables et aux vastes connaissances du célèbre Hermann, professeur d'histoire naturelle à l'ancienne Université de Strasbourg.

---

[1] On est admis au Musée tous les jours de neuf heures à midi et de deux à quatre heures, avec des cartes délivrées par le Comité d'administration.

Né en 1738, M. Hermann se livra très-jeune à l'étude des sciences naturelles. A l'âge de 26 ans il commença à professer et il le fit avec le plus grand succès jusqu'à l'âge de 72 ans, c'est-à-dire jusqu'en 1800, époque de sa mort. Cette longue et honorable carrière, ainsi que ses relations avec les premiers naturalistes de l'Europe, le mirent à même de former une magnifique collection, qui absorba toute sa fortune.

Après son décès, cette collection servit aux cours d'histoire naturelle de l'École centrale, et, en 1805, la ville de Strasbourg l'acheta de M. Hammer, gendre et successeur de M. Hermann. Après être resté plusieurs années dans un local trop resserré et peu convenable, ce Musée, sur les sollicitations de M. Levrault, alors Recteur de l'Académie, fut remis, en 1818, par l'Administration à la disposition de l'Académie.

En 1820 on sentit la nécessité de créer un Comité d'administration, dont chacun des membres se chargerait de l'une des parties qui composent cette riche collection.

La ville alloua alors au Musée une somme annuelle de 3000 fr. Mais cette allocation est bien faible, puisqu'elle doit servir à payer un garde (et l'étendue du Musée exigerait qu'il y en eût deux), à faire tous les achats et à subvenir à tous les frais d'entretien : le

Comité a demandé une augmentation de crédit de 1500 fr., et l'on doit espérer que le Conseil municipal ne refusera pas cette utile allocation.

Un grand nombre de personnes ont donné des objets au Musée[1], et M. Voltz, inspecteur des mines, enrichit journellement la partie minéralogique, et surtout la géognosie et les pétrifications, dont, grâce à ses soins, nous possédons déjà une riche collection.

L'Administration du Jardin des plantes à Paris a aussi fait plusieurs envois d'objets précieux à notre Musée, et nous en promet d'autres encore.

Lorsque Son Altesse Royale Monseigneur le Dauphin est venu pour la première fois à Strasbourg (en 1818), Elle daigna visiter le Musée d'histoire naturelle et faire remettre au Comité d'administration une somme de 400 francs, pour être employée à augmenter la collection.

M. Hammer, ancien professeur d'histoire naturelle, et conservateur du Musée, possède

---

[1] Parmi les bienfaiteurs du Musée d'histoire naturelle, on doit citer particulièrement le célèbre médecin Reisseissen, que la mort vient de ravir trop tôt à la science et à l'humanité; il a consacré les six dernières années de sa vie au classement de la zoologie, et a légué au Musée une partie précieuse de sa bibliothèque.

et a placé, dans une des salles du Musée, la superbe bibliothèque d'histoire naturelle de feu M. Hermann, qui comprend beaucoup d'ouvrages rares et précieux; il a l'intention de la vendre, et il serait vivement à désirer que la ville pût en faire l'acquisition : de semblables occasions sont rares, et il faut en profiter lorsqu'elles se présentent.

Le Musée d'histoire naturelle occupe presque tout le second étage des nouveaux bâtimens de l'Académie. Il y a 7 vastes salles ; la 1.re, à gauche en montant par le grand escalier, contient l'*Ornithologie* et l'*Ichthyologie*, la 2.e la *Botanique*; la 3.e la *Minéralogie*; la 4.e les *Pétrifications*; la 5.e la *Géognosie*; la 6.e l'*Anatomie comparée*; la 7.e les *Quadrupèdes*. On trouve aussi dans la salle n.° 1 les *Madrépores* et les *Reptiles*; dans celle n.° 2 la collection des semences, la première qui ait été faite en Europe et qui a servi de base au célèbre ouvrage de Gærtner; et dans celle n.° 7 les *Insectes*.

La majeure partie des quadrupèdes de notre Musée a servi de modèle pour les planches de Schreber. Parmi les plus belles pièces on distingue : un *ours blanc* d'une taille énorme (il a 9 pieds depuis la bouche jusqu'à l'extrémité de la queue); un *tamanoir*, également remarquable par sa grandeur (9 pieds); un *desman*, quadrupède fort rare, donné par Pallas; une belle suite de *perroquets*, de *colibris*, etc.; l'*autruche* achetée avec les fonds donnés par S. A. R. Monseigneur le Dauphin; un *beau tigre royal*, deux *lions mâles*, une *femelle* et trois *lionceaux* nés à Strasbourg, dans une ménagerie appartenant à M. Van Acken.

On remarque, dans la salle du milieu, le portrait de M. Esmangart, Préfet du Bas-Rhin; le buste de M. Hermann, moulé sur sa figure à l'instant de sa mort, et celui de M. le Recteur Levrault, exécuté en marbre, d'après une souscription publique spontanément ouverte en l'honneur de ce vertueux citoyen, de cet administrateur éclairé.

Bibliothèque publique. [1]

Cette bibliothèque, placée dans la vaste enceinte du Temple-Neuf, est, après celle de Paris, l'une des plus belles du royaume. Elle se compose de trois grandes sections, qui, comme propriétés différentes, ne peuvent pas être confondues.

La première est celle de l'ancienne Université protestante, appartenant aujourd'hui

---

[1] Le public est admis à la bibliothèque les mardi, jeudi et samedi de chaque semaine, depuis deux heures jusqu'à quatre heures. — Voyez la Description, page 66.

au Séminaire protestant. Elle a été fondée par Jacques Sturm, et contient d'anciennes éditions et des manuscrits les plus rares. Cette bibliothèque est continuée aux frais du Séminaire.

La seconde section appartient à la ville : elle est formée par la bibliothèque que Schœpflin, historiographe du Roi, a léguée à la ville ; elle contient, sur les antiquités et sur l'histoire de l'Alsace, et de Strasbourg en particulier, les documens les plus intéressans ; plusieurs autels romains, et un calice en verre d'une beauté remarquable (on n'en connaît qu'un semblable, qui fait le principal ornement de l'une des galeries de Florence). Cette magnifique collection a été enrichie depuis peu d'années de deux autels quadrilatères, trouvés à Hüttenheim, près Benfeld, sur la voie romaine qui conduisait de Bâle à Strasbourg.

La troisième section est formée par la réunion des bibliothèques des couvens et d'autres établissemens. Indépendamment de ce qui a été rendu au Séminaire épiscopal, par suite d'un arrangement, cette troisième section de la Bibliothèque publique contient plus de 70,000 volumes, au nombre desquels il s'en trouve plus de 2,000 imprimés au 15.ᵉ siècle, et beaucoup de manuscrits très-précieux.

Les trois sections de la Bibliothèque publique contiennent ensemble plus de 160,000 volumes.

Enclos du Temple-Neuf.[1]

Le vaste enclos qui tient au Temple-Neuf est occupé en partie par la Bibliothèque publique, par le Gymnase et par le Collége de Saint-Guillaume. Les anciennes constructions viennent de subir de grands changemens par des échanges que ces différentes Administrations ont faits de commun accord et avec l'approbation des Autorités. La partie orientale des bâtimens, sur la rue du Dôme, cédée à la fabrique du Temple, sera reconstruite avec une belle façade et comprendra différentes salles pour l'école de cette grande paroisse; le reste formera les logemens d'un pasteur et d'un maître d'école. Le Gymnase occupe les deux côtés du grand carré : au milieu, un rez-de-chaussée, construit avec autant de goût que de solidité, renferme les quatre classes qui se trouvaient dans les parties cédées aux autres établissemens. Du côté opposé, sur le marché du Temple-Neuf, ces bâtimens tenaient à une maison située au-delà du passage, par une mauvaise construction sur des voûtes, qui, couvrant la rue, défiguraient

---

[1] Voyez la Description, page 62.

par leur état délabré tout ce quartier. Par la reconstruction de cette partie, uniquement destinée à loger des étudians en théologie, les deux maisons contiguës ont été séparées, et deux belles façades vont aligner une rue assez large pour la communication du marché. Les deux dernières constructions du Gymnase et du Collége de Saint-Guillaume se font en partie avec le secours du legs du sieur Hoppé: digne monument d'un homme de bien!

Il serait à désirer que par la suite on étendît encore le plan d'embellissement de l'enclos du Temple-Neuf. On pourrait le faire d'une manière avantageuse pour les fondations en perçant une rue qui ferait suite à celle de l'outre, et qui aboutirait au Broglie, au moyen d'une voûte que l'on établirait sur le canal. Il en résulterait une communication importante avec le Place d'Armes, et bientôt ce quartier, qui laisse encore tant à désirer, deviendrait l'un des principaux ornemens de la ville.

Salle de spectacle.[1]

On s'occupe avec activité des dégagemens qui étaient entrés dans le plan primitif de la salle de spectacle et qui étaient vivement réclamés par le public.

---

[1] Voyez la Description, pages 52 et suivantes.

Halle aux Blés.

On est en train de voûter le canal qui longe la partie droite de la salle, ce qui formera une belle place et permettra de réaliser par la suite la percée d'une rue, qui procurera une communication utile avec la rue Brûlée.

Halle aux blés.

Dans notre Avant-propos de la Description de Strasbourg (note à la page vij), nous avions indiqué plusieurs projets, dont l'exécution était réclamée depuis long-temps par les amis du bien public, et entre autres, la construction d'une halle aux grains.

En parlant (page 61 de la Description), de la Place d'armes, qui sert encore en ce moment à la tenue du marché aux grains, nous indiquions le Marais-vert comme l'emplacement le plus favorable pour l'établissement d'une halle aux blés.

L'Administration a entendu les vœux des habitans de Strasbourg, et elle les a noblement remplis. Un vaste et beau monument s'est élevé en moins de deux ans, et cette année encore il sera livré au commerce des céréales. Il a été exécuté d'après les dessins et sous la direction de M. Villot, architecte de la ville, par M. Fréderic Arnold, entrepreneur de bâtimens.

Cette halle a la forme d'un parallélogramme,

de 64 mètres 60 centimètres (200 pieds) de longueur sur 39 mètres (120 pieds) de largeur : elle contient à rez-de-chaussée une vaste halle, destinée au marché public, probablement pour le blé spécialement, et les deux galeries latérales pour les autres céréales.

6 à 8000 hectolitres pourront être exposés en vente au rez de chaussée, nonobstant les chemins et passages nécessaires à la circulation dans le marché. Aux deux entrées principales de la halle se trouvent deux galeries ou portiques qui la précèdent, et contenant chacune, à leur extrémité, un escalier, un bureau ou logement de portier.

Les galeries latérales et celles servant d'entrées principales, sont surmontées de deux étages de greniers, faisant le tour de la halle : ces deux étages sont distribués en huit greniers, pouvant contenir ensemble plus de 10,000 hectolitres de blé. Cet édifice, vaste, aéré et solidement bâti, est remarquable par sa grande simplicité et sa belle exécution. Une place, en avant de la principale entrée, du côté du faux-rempart, doit être nivelée et déblayée : déjà la ville a fait l'acquisition d'une maison sur le fossé, à l'entrée de cette place, qui sera démolie pour faciliter sur cet étroit point les abords de la halle.

Les écuries militaires qui avoisinent la halle, doivent aussi être démolies pour procurer des dégagemens et un isolement convenables à cet édifice.

Mont-de-Piété.

Cette institution était réclamée depuis long-temps pour arrêter l'usure effrénée qui pesait sur la classe indigente : usure qui élevait souvent le taux de l'intérêt à plus de 100 pour cent, et que les Tribunaux ne pouvaient atteindre, en raison de ce que, d'une part les malheureuses victimes de cette horrible cupidité n'osaient pas vaincre la fausse honte que l'on éprouve toujours à divulguer sa détresse, et que, d'une autre part, elles l'auraient fait sans succès, puisque les usuriers ne leur donnaient pas même un reçu des objets qu'elles déposaient entre leurs mains avides.

Enfin, après une trop longue attente, cet état de choses a cessé, grâce à la sollicitude de l'Administration.

Le Mont-de-piété de Strasbourg a été institué par ordonnance royale du 6 Décembre 1826. Il a été établi en 1827, dans le beau local de la commanderie de Saint-Jean.

Il prête au taux *d'un centime par franc*, et par mois, sans retenue préalable, et payable seulement au moment où le gage est retiré.

Ce centime par franc et par mois, qui représente 12 pour cent par an, est destiné à couvrir les intérêts de l'argent prêté, les frais d'administration, l'expertise et toutes les autres dépenses qu'occasionnent les opérations de l'établissement.

Lorsque les bénéfices résultant des opérations auront mis à même de rembourser les capitaux empruntés par le Mont-de-piété, le taux de 12 pour cent sera réduit.

Des réglemens sages et une surveillance active donnent toutes les garanties désirables.

Prisons.

La notice sur les prisons que nous avons donnée (page 54 de la Description), était très-incomplète.

Depuis lors, d'ailleurs, des améliorations sensibles ont été opérées par les soins de la respectable Commission des prisons, et grâce à la philanthropie éclairée et au zèle extraordinaire du digne M. Royer, directeur de ces établissemens.

On peut dire sans exagération, que les prisons de Strasbourg peuvent servir de modèle, sous le rapport de la salubrité comme sous le rapport des soins que l'on donne aux détenus. Les détails ci-après le prouveront.

Maison de correction.

Elle est établie, rue Saint-Jean, n.° 12, dans le vaste local appelé *Raspelhaus*.

Elle renferme :

1.° Les détenus pour dettes;

2.° Les condamnés aux fers, en attendant le départ de la chaîne, et ceux à la réclusion, jusquà leur translation à la maison centrale;

3.° Les condamnés correctionnels à moins d'un an de prison, et ceux pour délits forestiers et contrebande.

4.° Les femmes condamnées correctionnellement, ou qui attendent leur translation.

Les détenus pour dettes sont logés dans le quartier de la conciergerie, où neuf chambres leur sont destinées. Ils sont totalement séparés des condamnés, à l'exception de ceux à quelques jours de prison pour voies de fait ou pour amendes, qui veulent se nourrir à leurs frais.

Les condamnés aux fers et ceux à la réclusion, occupent pendant le jour deux vastes salles au premier, dans le fond et au milieu du batiment, derrière la chapelle. Ils couchent dans des cachots en madriers de chêne, bien aérés, sur des lits de camp garnis de paille, renouvelée par quinzaine, d'un sac de nuit et d'une couverture par homme.

Les hommes condamnés correctionnellement occupent l'aile gauche, donnant sur la rivière; les femmes, l'aile droite, donnant sur la rue basse du rempart.

Les jeunes condamnés sont renfermés dans un quartier donnant sur le faux-rempart, derrière et à côté du logement du concierge.

Par ce moyen toutes les catégories de détenus sont séparées et sans communication entre elles depuis 1820, que la commission des prisons et un directeur en ont pris la surveillance. Il y a dans chaque quartier un vaste préau ombragé de platanes, une pompe d'eau salubre, et le local a permis à la commission d'y faire coucher, seuls et dans des lits, tous les prisonniers, à l'exception des condamnés aux fers et à la réclusion, qui le sont comme il est dit plus haut.

De vastes salles d'infirmerie sont établies pour chaque sexe, et des infirmiers y servent les malades, qu'on y traite sur le même pied qu'à l'hospice civil.

Les magasins de cet établissement permettent de délivrer une chemise et une paire de bas à chaque détenu, tous les dimanches, et de changer les draps tous les mois. Les prisonniers mal vêtus à leur arrivée, reçoivent également des habits de la maison, et on les fait baigner à leur entrée.

De vastes ateliers, en activité dans l'établissement, donnent aux détenus les moyens d'ajouter quelques alimens à ceux qu'ils reçoivent, et permettent de leur conserver une portion du prix de leur travail, pour leur être remis lors de leur sortie.

Toutes les salles, tous les réfectoires et ateliers, sont chauffés pendant six mois d'hiver, et les détenus mangent à table et en silence une copieuse et bonne soupe aux légumes, qui leur est servie deux fois par jour.

Il y a pour les jeunes condamnés un maître d'école libre, qui loge avec eux. Cette amélioration est due à la sollicitude de M. le Préfet Esmangart, qui en a donné l'ordre dès sa première visite. Enfin, il existe dans l'établissement une belle chapelle, desservie par un aumônier de chaque culte, où le service divin est célébré deux fois la semaine. Chacun des autres jours, les détenus y reçoivent des instructions morales et religieuses.

Maison d'arrêt et de justice.

Cette nouvelle prison a été terminée le 1.er Octobre 1823, c'est à cette époque que l'on y a placé les prisonniers qui étaient dans les vieilles tours des Ponts-couverts.

Elle est située derrière le Palais de justice, auquel elle communique par un souterrain, ce qui évite l'inconvénient de faire passer par la rue les prévenus et les accusés lorsqu'on les conduit aux audiences ou au cabinet du juge d'instruction.

Cette prison renferme les prévenus et les accusés des deux sexes; des dépôts de sûreté et de police municipale : toutes les catégories et les sexes y sont séparés, et ont un préau avec une pompe de bonne eau.

Les détenus y sont assujettis au même ordre et au même régime qu'à la Maison de correction : ils y sont couchés, vêtus et nourris de même, et toutes les salles autres que les dortoirs sont également chauffées pendant six mois d'hiver. Il y a aussi dans cette prison une belle chapelle pour le culte catholique, et un oratoire pour le culte protestant.

Fortifications. [1]

Des travaux immenses ont été faits depuis trois ans aux fortifications de Strasbourg, et ils se continuent encore en ce moment avec une grande activité.

Les fortifications du Fort blanc, de la porte Blanche, du Fort de pierre, de l'ouvrage à cornes de la Finckmatt, de la porte des Juifs, de la porte des Pêcheurs et des portes Dauphine et de l'Hôpital, ont été reconstruites ou entièrement réparées. Dans beaucoup d'endroits les remparts ont été exhaussés et élargis,

---

[1] Voyez la Description, p. 11 et suivantes.

et les murs de revêtement ont été faits à neuf.

De belles portes ont été construites, ainsi que de nouveaux corps-de-garde. Plusieurs ponts ont été reconstruits dans l'intérieur des fortifications, et ceux qui aboutissent aux portes ont été faits d'après un nouveau système. Ils sont maintenant pavés, quoique leur plancher soit en madriers de chêne.

Les nouveaux travaux sont remarquables par leur élégance et leur solidité.

Les constructions et les changemens que nous venons d'indiquer ont procuré une amélioration sensible à notre ville.

Les propriétaires ont suivi en partie le mouvement donné par l'Administration, et des réparations ou des embellissemens notables ont eu lieu dans les différens quartiers. Cependant il reste encore beaucoup à faire. Nous signalons ici quelques projets dont on s'occupe dans le public, que l'on dit être en partie arrêtés par l'Administration, et dont l'exécution doit être plus ou moins prochaine.

Il paraît certain que la grande boucherie (Description, p. 68), qui sert en même temps d'abattoir, sera incessamment démolie et convertie en place publique plantée d'arbres.

La boucherie serait placée dans une partie

de l'enclos de l'ancien couvent de la Magdeleine, et la rue Neuve serait prolongée. Il faut espérer que l'on reconnaîtra la nécessité de transporter l'abattoir hors de la ville, et d'affranchir les quais du spectacle hideux que présentent les eaux de la rivière, souillées par le sang et les ordures qui proviennent de la tuerie.

Nous avons déjà signalé et nous croyons devoir signaler encore, l'inconvénient généralement reconnu de laisser subsister les masures qui servent de petites boucheries (Description, pag. 60), et qui rendent presque inhabitable un des plus beaux quartiers de la ville. On s'occupera sans doute incessamment de cet objet.

L'immense île de maisons qui existe entre la Grand'rue, le quai des Tanneurs et la rue du Jeu des enfans, manque d'air et de moyens de communication. Il serait d'une importance majeure de lui en procurer, et l'on y parviendrait facilement en perçant une rue qui établirait une communication directe de la Place d'armes à la Grand'rue, près de l'église Saint-Pierre-le-vieux.

Cette grande amélioration consommée aurait pour résultat prochain d'en amener beaucoup d'autres, en préparant le percement de plusieurs rues qui aboutiraient sur la Grand'-rue et sur la rue du Jeu des enfans, et qui assainiraient un des quartiers les plus populeux de Strasbourg.

Après avoir indiqué ces différens projets, qui ont pour objet la salubrité publique, nous allons parler d'un plan remarquable d'embellissement pour l'église cathédrale.

Nous avons dit (Description, page 33), que le chœur de la cathédrale n'était pas en harmonie avec le reste de cet auguste monument. Le fait est qu'il résulte de cet état de choses une disparate choquante.

Depuis long-temps on a conçu le projet d'y remédier. M. Friederich, statuaire, dont nous avons déjà parlé, à soumis dernièrement au jugement des Autorités et des connaisseurs, un plan de son invention pour l'embellissement du chœur de la cathédrale, et pour rendre sa conception plus facile à apprécier, il l'a réalisée dans un modèle haut de cinq pieds, représentant la moitié septentrionale de toutes les portions de l'édifice comprises aujourd'hui dans le chœur.

D'après le plan de M. Friederich, on abattrait la partie supérieure de l'arrière-chœur, pour la rehausser en octogone et dans le style gothique. L'octogone serait continué à l'intérieur jusqu'à terre. Cet arrangement remédierait, autant que possible, à la perspective peu agréable que présente aujourd'hui le fond de l'édifice, et permettrait de donner, sans inconvénient, aux décorations que l'on y placerait, tout le développement désirable ; car il ouvrirait, dans cette partie, des fenêtres placées à la hauteur de la nef, et qu'on y ferait correspondre d'autant plus complétement, qu'on les accompagnerait d'une galerie analogue à celle qui règne dans la nef.

M. Friederich décore le massif du mur d'arcades en pierre, consistant en petits piliers gothiques, surmontés de frontons triangulaires, pareilles à celles dont Ervin de Steinbach (voyez la Description, page 34) a environné, à l'intérieur, le bas de la tour. A la place de la grande fenêtre actuelle qui se trouve au fond de l'arrière-chœur, et qui est du plus mauvais effet, on placerait un groupe de sculpture, et les angles seraient ornés de statues religieuses. Les petites arcades se prolongeraient des deux côtés de la croisée : en ce lieu, libres et doubles, elles supporteraient des tribunes pour la musique. Elles comprendraient en même temps, dans les allées qu'elles formeraient, les deux magnifiques colonnes qui soutiennent les retombées des arcs latéraux de la coupole de l'avant-chœur, et sans masquer ces colonnes, elles leur procureraient un ornement nouveau.

De chaque côté, on monterait aux tribunes par des escaliers tournans, à jour, placés du côté des ailes, et semblables à celui que l'on voit auprès de l'horloge.

Les escaliers modernes et les tribunes actuelles seraient démolies, et l'on rendrait à la nef la portion qu'on lui a ôtée au commencement du dernier siècle.

Enfin, le mur nu qui ferme le haut du fond de la nef, serait décoré d'ornemens convenables, et le dôme de la croisée serait embelli par un tableau peint à fresque.

De cette manière tout serait d'accord, autant que le permet l'état des choses, et un architecte de l'époque de la transition du style antérieur à celui qu'on est convenu d'appeler gothique, aurait pu concevoir un tel plan pour une église bâtie d'un seul jet.[1]

Monseigneur l'évêque de Strasbourg, ainsi que M. le Conseiller d'État Esmangart, Préfet du département, et M. de Kentzinger, maire de la ville, de même que le grand nombre d'amateurs qui ont vu le plan de M. Friederich dans ses ateliers, lui ont accordé unanimement leur approbation.

Il serait honorable pour notre respectable évêque d'associer son nom à ceux des évêques *Wernher* et *Conrad de Lichtenberg,* fondateurs, le premier de l'église, et le second de la tour de la Cathédrale.

Si ce beau projet se réalisait, on pourrait

---

[1] Nous avons pris ces détails dans le *Courrier du Bas-Rhin,* du 17 Avril 1828.

profiter de cette circonstance pour pratiquer extérieurement un passage qui communiquerait de la place du Château royal à la rue des Frères, et dont chaque jour démontre de plus en plus la nécessité.

Baptistère de l'église S.t Louis.

NOUVEAU SUPPLÉMENT
A LA
DESCRIPTION DE STRASBOURG.

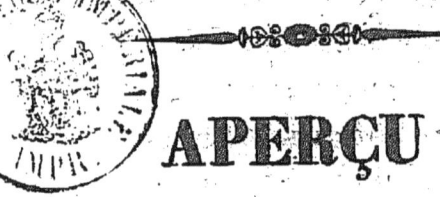

APERÇU
Des changements, améliorations et embéllissements qui ont eu lieu de 1828 à 1840.

Canal des faux-remparts.

Ce canal était autrefois divisé dans toute sa longueur, depuis les Ponts couverts jusqu'à son embouchure dans la rivière d'Ill, près de Saint-Étienne, en deux fossés, connus sous le nom de fossé large et de fossé étroit, par une digue, formant une deuxième enceinte de fortifications. Depuis bien des années cette digue, encaissée entre deux murs de revêtement, se trouvait dans un état de vétusté et de dégradation tel, que le conseil municipal vota en 1830 sa suppression et la construction d'un quai sur la rive droite.

Le projet fut mis au concours, et les plans présentés par M. Fries, déjà connu comme l'un des architectes du magnifique quartier neuf de Mulhouse, furent adoptés. Les travaux furent immédiatement commencés et exécutés pendant les années 1833 et 1834; on utilisa les terres et les matériaux de la digue pour la construction du nouveau quai, dans lequel on disposa plusieurs grands abreuvoirs et des escaliers. En tête du quai, près de la maison de force, on construisit un pont-barrage.

Le garde-corps de ce quai se compose de bornes creuses en fonte, dans lesquelles les lisses du garde-corps sont fixées de manière à pouvoir librement jouer, par suite de la dilatation du fer pendant les fortes chaleurs.

En 1836 le canal des faux-remparts a été rendu navigable par l'établissement d'un sas éclusé à son embouchure dans l'Ill. A cette occasion l'Administration des ponts et chaussées y a fait construire les nouveaux ponts du faubourg National, du faubourg de Saverne et du faubourg de Pierre, auxquels on a adapté un nouveau système de ponts-levis, dont le tablier se monte horizontalement, au moyen d'un mécanisme, à la hauteur nécessaire pour le passage des bateaux. Des passerelles fixes sont établies à la même hauteur sur la largeur des trottoirs, afin d'offrir un passage aux piétons pendant qu'on lève le pont-levis pour les bateaux.

Un travail très-important est à la veille d'être

exécuté par la ville sur la rive gauche du même canal; il consiste en un quai qui aura une largeur de 18 mètres, avec une double rangée d'arbres, depuis la maison de force jusqu'à la caserne de Finckmatt. De là jusqu'à la porte des Juifs l'emplacement du quai est assez large pour être disposé en plantations, et former par son exposition au midi et au pied des remparts, une belle promenade d'hiver.

Rue du Noyer.

A l'occasion de la construction du quai des faux-remparts, on a percé la nouvelle rue du Noyer, conduisant de la rue des Petites Boucheries sur le quai. Cette rue offre ainsi, au moyen du quai de l'Esprit, une communication directe avec la halle aux blés.

La nouvelle rue du Noyer se distingue par une belle construction particulière qui occupe presque toute la longueur d'un côté de la rue; elle se compose d'une suite d'arcades avec pilastres en pierre de taille. Aux deux extrémités se trouvent deux pavillons de la même ordonnance, mais plus élevés que le milieu. La porte cochère de ce bâtiment est remarquable par les belles pierres de taille qui forment son linteau et sa corniche de couronnement. Cette belle propriété appartient à M. Stotz, architecte.

Égout du fossé des Tanneurs.

Il y a quelques années encore un fossé infect traversait la ville depuis l'écluse des moulins jusqu'au canal des faux-remparts, à droite du théâtre. Ce fossé servait, suivant l'usage des anciennes villes, non-seulement à l'écoulement des égouts de la ville, mais encore à celui des immondices de toutes les maisons riveraines.

Pour faire cesser un état de choses aussi contraire à la salubrité publique, ce fossé fut converti en 1836 en un égout couvert, construit dans des dimensions telles qu'on peut très-commodément le curer. Il est encore destiné à recevoir les égouts secondaires, mais toutes les ouvertures de latrines ont été supprimées. Plusieurs escaliers et passages facilitent l'accès à cet égout. Dans la partie supérieure de la ville il communique avec la rivière, et au moyen d'une vanne, on y établit des chasses régulières. En tête de cet égout on a construit, sur l'emplacement de l'ancien fossé, un bassin à l'usage des tanneurs.

La partie de ce fossé située entre la Grand'-rue et la place de l'Homme de fer, a été convertie en une large et belle rue, bordée de trottoirs en bitume, et la ville est sur le point d'acquérir un îlot de maisons situé au milieu de cette rue, afin d'aérer le quartier; sur l'emplacement des maisons on construira un bâtiment pour des salles d'asile.

Nouveaux égouts.

Le système des égouts de Strasbourg se trouvait naturellement indiqué et en partie établi par l'existence des principales voies d'écoulements des eaux, qui sont : l'Ill, le canal des faux-remparts, le canal du Rhin, les fossés des fortifications et l'égout nouvellement construit en remplacement du fossé des Tanneurs; on a complété ce système par une sixième voie principale d'écoulement, allant de l'Ill à l'égout du fossé des Tanneurs, en passant sous la place d'Armes, la rue des grandes Arcades, le marché aux Herbes et le vieux marché aux Poissons : cette sixième voie principale d'écoulement est en partie exécutée.

Les égouts secondaires existant depuis plusieurs années, aussi bien que ceux nouvellement établis, se déversent dans une desdites voies principales, et servent à débarrasser la voie publique des eaux de pluie et ménagères qu'un trop long parcours laissait s'accumuler dans les bas-fonds : on en profite aussi pour supprimer les rigoles transversales, qui encombraient en hiver les communications par des amoncellements de glaces.

Parmi ces égouts secondaires nouvellement construits se trouvent celui de la rue d'Or, qui reçoit les eaux de l'hôpital et celles de plusieurs rues adjacentes et débouche dans l'Ill; l'égout qui part de la rue des Bœufs, traverse la place d'Austerlitz, la place des Orphelins et la rue de la Magdeleine, pour déboucher dans l'Ill : on a pu, au moyen de la construction de cet égout, combler une ancienne voûte du fossé des Orphelins qui traversait la place d'Austerlitz, et dans lequel venaient se perdre plusieurs latrines et des eaux des cours voisines qui infectaient les puits de ce quartier.; l'égout qui part de la rue des Faisans, et longe la rue des Frères, celle des Écrivains, et débouche dans l'Ill, près la place au Sable; l'égout de la rue du marché aux Chevaux, qui a été fait le long des trottoirs de cette rue, afin d'approprier l'entrée des rues qui débouchent vers la promenade du Broglie.

Tous ces égouts sont construits en maçonnerie de moellons et mortier hydraulique sur un radier général en béton, qui en même temps sert de fondations aux pieds-droits. La couverture consiste en une voûte en moellons ou en pierres de bas appareil dans les rues où la position basse du sol n'offrait pas une hauteur suffisante. Afin de ne pas gêner la circulation, comme cela avait lieu avec les anciennes grilles d'égout, l'écoulement des eaux des rues dans les nouveaux égouts a lieu par des ouvertures ou bouches pratiquées dans la hauteur des trottoirs ou par des grilles en fonte posées à fleur du pavé. Des trappes ou tampons en pierre de taille sont posées tous les 50 mètres à fleur du pavé, pour faciliter l'entrée des égouts et l'enlèvement des matières provenant du curage.

Petites Boucheries.

Depuis bien des années les petites Boucheries offraient un aspect hideux le long de l'une des rues les plus fréquentées et dans l'un des plus beaux quartiers de la ville, et les immondices et résidus du menu bétail après le dépècement, se jetaient dans le fossé des Tanneurs qui coulait derrière les bâtiments qui leur étaient affectés. La suppression de ce fossé amena nécessairement la reconstruction des boucheries. A cet effet la ville fit l'acquisition des anciens étaux, ainsi que des bâtiments et terrains situés entre la rue des Petites boucheries et le bâtiment de la Place d'armes, afin de pouvoir relier les nouvelles boucheries à un marché public, et les coordonner avec une disposition d'ensemble de tout l'îlot compris entre la Place d'armes, la rue des grandes Arcades, celle des petites Boucheries et la place de l'Homme de fer.

Le milieu de cette localité est occupé par la cour du marché; au fond et sur le côté droit duquel on a construit les nouveaux étaux, qui sont ainsi exposés au nord et à l'est. Le troisième côté, exposé à l'ouest, sera occupé par des boutiques de fruitiers, d'épiceries et autres articles qui sont recherchés près d'un marché. Sur le quatrième côté, vers la rue des petites Boucheries, on construit un marché couvert, à travers les arcades duquel on verra tout cet ensemble de marchés et d'étaux de bouchers, etc.

Derrière les nouveaux étaux se trouvent des cours de service pour le dépècement des viandes; et au milieu de la cour du marché on construit en ce moment une grande vasque en pierre de taille, qui servira d'écoulement à deux pompes en forme de bornes; au milieu de la vasque se trouvera un candélabre à gaz. L'écoulement des eaux du bassin aura lieu de manière à laver les égouts dans lesquels se déversent les eaux de lavage des étaux, celles des cours de service et les eaux de pluie.

Enfin, aux deux angles de cet îlot, du côté de la rue des petites Boucheries, on a réservé deux emplacements destinés à être surbâtis par des constructions particulières, pour lesquelles on a adopté un dessin de façades en harmonie avec les autres constructions. Ces deux bâtiments auront plusieurs étages d'habitations et feront suite, pour leur effet de masse, au bâtiment de la place d'Armes et aux maisons particulières situées à droite vers la place de l'Homme de fer, de manière que l'îlot se trouvera entouré de bâtiments élevés sur la face de derrière et les deux faces latérales, et la quatrième sera ouverte au moyen du marché couvert et de deux passages découverts.

Le marché a deux autres passages ou issues découverts, l'un par la rue des grandes Arcades, et l'autre par la place de l'Homme de fer. Deux autres passages seront encore pratiqués plus tard à travers le bâtiment de la place d'Armes, et déboucheront sur le marché par les deux arcades déjà construites sur la ligne des étaux du fond. Ces deux derniers passages donneront accès aux cours de service, et à droite et à gauche desdits passages se trouvent des étaux de tripiers.

L'intérieur du marché sera pavé en bitume, afin de faciliter l'écoulement des eaux de pluie, et d'y rendre le stationnement aussi sec et salubre que possible.

Trottoirs.

Le conseil municipal, ne voulant négliger aucuns des moyens qui contribuent à la salubrité de la ville de Strasbourg et à l'agrément de ses habitants, institua, il y a deux années, une prime au profit des propriétaires qui voudraient faire construire des trottoirs devant leurs maisons, suivant un plan général d'alignement et en se conformant à un mode uniforme de construction, savoir en bitume de Lobsann sur un carrelage en briques et avec des bordures en pierre de taille. Cette mesure a eu un heureux résultat, et déjà les principales rues sont bordées de trottoirs, qui facilitent la circulation des piétons. Ces trottoirs suivent la pente des rigoles; celles-ci ont été reportées immédiatement contre les bordures des trottoirs; les extrémités de ces trottoirs se raccordent avec le pavé des rues par une pente douce, et au droit des portes cochères les trottoirs sont légèrement abaissés, afin de faciliter l'entrée des voitures dans les cours sans interrompre la forme des chaussées et le parcours des rigoles. Dans les rues où il y a des égouts, des ouvertures ou bouches sont pratiquées dans la hauteur des bordures pour l'écoulement des eaux.

Travaux de pavage.

L'amélioration du mode de pavage de nos rues a aussi été depuis quelques années l'objet de la sollicitude de l'Administration et du Conseil municipal. Des essais ont été faits dans la rue du Dôme avec plusieurs espèces de cailloux propres à cet usage, et dont on a fait la recherche dans un rayon assez étendu.

Les diverses espèces de cailloux, en commençant depuis la ruelle de la Hache et allant vers le Broglie, sont ceux du Kaiserstuhl, puis ceux de Westhofen, de Barr, de Niederbronn, de Hochfelden; enfin, on a mis à la suite un pavage en pavés de bitume de Lobsann mêlé de cailloux concassés et agglomérés dans le bitume. Dans le reste de la rue on a appliqué le mode de cailloux du Rhin étêtés : ce dernier pavage a obtenu jusqu'ici la préférence, comme offrant des surfaces assez unies avec le moins de dépense, et parce qu'il permet d'utiliser les cailloux existants. Aussi a-t-on déjà repavé, d'après ce mode, plusieurs des rues les plus fréquentées.

Quant aux petites rues, surtout celles qui sont plus particulièrement réservées aux piétons, le conseil municipal a arrêté le principe de les repaver en bitume ou en dalles; ce qui procurera l'avantage de transformer des passages infects en communications agréables.

Un premier essai de ce genre a été fait dans la ruelle Sainte-Marguerite, qui conduit des grandes Arcades au marché à côté du Temple neuf. Cette ruelle a été dallée avec de grandes pierres qui servent en même temps de couvercle à un égout sous lequel débouchent les eaux des maisons. Des regards assez multipliés absorbent promptement les eaux de pluie de la ruelle, et des tampons mobiles, placés de distance en distance, facilitent le curage de l'égout.

Éclairage au gaz.

Un des plus beaux établissements de création nouvelle à Strasbourg est celui de l'éclairage au gaz. Un marché a été fait avec une compagnie pour l'éclairage des rues et places de la ville. L'usine est établie au Marais vert. Le gaz y est fabriqué suivant le procédé dit Selligue.

Le bâtiment principal se fait remarquer par un beau comble, avec fermes en fer forgé, afin d'obvier au danger du feu. Une belle cheminée en briques s'élève à une grande hauteur, au milieu de ce bâtiment. Le gazomètre est en tables de cuivre montées sur une armature en fer forgé. Il est suspendu sur quatre fortes colonnes en fonte, et se meut au moyen de contre-poids dans une citerne en maçonnerie.

La conduite principale du gaz traverse le canal des faux-remparts le long du pont de l'Esprit; les tuyaux sont portés sur des longerons en fonte percés à jour, et posés sur les arrière-becs des piles du pont. Sur l'arche marinière, les tuyaux et la fonte qui la soutient, forment un arc de cercle.

La ville est divisée en trois sections, dont la première est éclairée depuis le 1.er septembre 1839, la deuxième, depuis le 1.er juin 1840. La 3.e le sera partiellement et successivement à compter de 1843. Les lanternes sont supportées par des bras ou consoles en fonte, d'un dessin très-élégant; le long de la promenade du Broglie et de la place de la Comédie on a établi deux longues files de candélabres.

La place du marché aux Herbes est également éclairée par des candélabres placés aux quatre angles du marché.

Divers appareils souterrains, tels que les vannes et autres, servent à intercepter le gaz dans les parties où il y aura des réparations à faire, et à des distances voulues on a pratiqué souterrainement des syphons et autres appareils de ce genre, pour l'enlèvement des eaux provenant de la condensation du gaz dans les tuyaux.

Quai des Bateliers et rue Neuve.

La reconstruction du quai des Bateliers est sur le point d'être terminée. On a utilisé les matériaux de l'ancien mur du quai, dont le revêtement était en pierre de taille. On peut remarquer le long de ce quai des escaliers, pris en partie dans l'épaisseur du mur, mais de façon à ne pas interrompre la ligne droite du garde-corps, et en partie sur la rivière, où néanmoins ils forment une très-légère saillie, de manière à ne gêner, ni la navigation, ni l'écoulement des hautes eaux, ni la circulation sur le quai. L'un de ces escaliers, placé près de la culée du pont de la Magdeleine communiquera aux lavoirs établis sous la première arche de ce pont, afin d'en débarrasser la rivière.

L'autre escalier est dans l'axe de la rue Neuve

des Bateliers. Cette rue a été percée il y a deux ans; sa grande largeur, sa direction rectiligne et surtout ses trottoirs en bitume, en font une des plus belles communications de la ville.

Hospice des Orphelins.

Par suite d'échanges faits entre la ville et le génie militaire, l'hospice des Orphelins a été transféré, en 1836, dans les bâtiments et enclos de l'ancien couvent de Sainte-Magdeleine, après qu'on y eut fait les appropriements nécessaires.

Le bâtiment principal contient au rez-de-chaussée de vastes réfectoires, salles de travail et d'études pour les garçons et pour les filles, la cuisine, l'office, la buanderie, les bains, etc. Au premier étage de vastes dortoirs, des ateliers de couturière, le vestiaire et la lingerie. Le service des garçons et celui des filles sont entièrement séparés à chaque étage. De larges corridors bien aérés desservent partout les salles et dortoirs; ils sont éclairés sur une cour ou préau, qui se trouve au milien de ce bâtiment.

Tous les bâtiments de service, ateliers et dépendances, sont établis de la manière la plus favorable et la plus commode. Les cours et préaux sont plantés d'arbres et entourés de murs. Cet établissement est vaste, bien aéré, et l'on remarque dans la santé des enfants une amélioration notable, qu'on doit attribuer en grande partie à la salubrité du local. C'est un des plus beaux établissements que Strasbourg possède.

L'ancien hospice des orphelins, acquis par l'Administration de la guerre, est destiné à devenir un vaste quartier pour l'artillerie; il sera construit dans le prolongement du quartier d'Austerlitz, dans toute la longueur de la rue.

Le magasin de l'habillement et du campement militaire, qui se trouvait dans le couvent de Sainte-Magdeleine, a été transféré à l'ancien couvent des Récollets, près de la Préfecture.

Pont Saint-Thomas. — Grue aux vins.

Ce pont est construit dans l'axe de la rue qui y conduit depuis la place Saint-Thomas. Sa construction en une seule arche ayant permis, à cause de la suppression des piles, de rétrécir le lit de l'Ill à cet endroit, la culée de droite a été construite en saillie de quatre mètres sur le quai actuel du Finckwiller, de manière à offrir la facilité d'exécuter ultérieurement un nouveau quai sur la rive droite, devant l'établissement des lits militaires pour rejoindre le pont de l'Esprit.

Le nouveau pont Saint-Thomas est construit

en quatre arcs de fonte, s'appuyant sur deux culées très-épaisses en maçonnerie, fondées sur béton. Ces arcs sont formés de portions de demi-cylindres de section ovale, boulonnés les uns sur les autres, de manière à ce que les joints de deux demi-cylindres se trouvent chaque fois au milieu du demi-cylindre opposé. Une suite de cercles en fonte remplissent l'espace entre les arcs et les longuerines en chêne qui supportent le double plancher de madriers, également en chêne. Des croix de Saint-André en fonte unissent les arcs entre eux. La chaussée du pont est en pavés de bitume, et les deux trottoirs sont en bitume coulé sur forme de béton. Le garde-corps est à croix de Saint-André, en fer et fonte.

L'Administration de la ville soumettra prochainement au Conseil municipal le projet d'un lavoir public, disposé en gradins de pierre, en remontant depuis la culée de gauche de ce pont jusqu'à la risberme établie le long de la Monnaie. Ce lavoir très-spacieux, principalement à l'usage de la classe pauvre, sera très-convenablement situé à cette place où les eaux de la rivière ne sont pas encore altérées par les égouts qui y débouchent dans les parties inférieures de la ville.

On vient aussi de construire, en amont de ce pont, sur le quai Finckwiller, un bâtiment affecté à la grue qui sert à débarquer les vins.

Ce bâtiment remplace l'ancienne grue aux vins située près de la Douane, et qui a dû faire place aux magasins que l'on a construits sur ce dernier emplacement.

La nouvelle grue est placée dans un hangar fermé du côté de la rue; un magasin et un bureau sont attenants à ce hangar, ainsi qu'un logement de gardien.

A droite et à gauche se trouvent des escaliers pour descendre à l'eau.

Pont du Corbeau.

L'ancien pont du Corbeau va très-prochainement être remplacé par un plus convenable, et déjà nous avons vu démolir quelques-unes des boutiques qui en rendaient le passage si resserré.

Le nouveau pont, construit par l'Administration des ponts et chaussées, sera, comme celui de Saint-Thomas, en fonte, avec tablier en bois et culées en maçonnerie. Il n'aura également qu'une seule arche de 28^m 20^c d'ouverture; sa largeur entre les garde-corps sera de 10^m, dont 7^m sont réservés pour la chaussée de roulage et 1^m 50^c, de chaque côté, pour les trottoirs. Il sera placé en prolongement de l'axe du vieux marché aux Poissons, immédiatement contre le bâtiment de la Douane. Plusieurs maisons, formant sur la rive droite les extrémités du quai Saint-Nicolas et de la rue des Bouchers, seront abattues, ce qui établira la communication directe avec la rue d'Austerlitz.

Bibliothèque de la ville.

Le chœur du Temple neuf, affecté à la bibliothèque de la ville, se trouvant insuffisant pour le nombre toujours croissant des volumes, ce local, qui avait une très-grande hauteur, fut subdivisé en plusieurs étages, et disposé de la manière suivante:

A l'extrémité, vers la rue du Dôme, se trouve l'entrée principale, conduisant à un vestibule spacieux, où l'on a disposé les antiquités romaines et celles du moyen âge, composées de sarcophages, pierres funéraires, autels, inscriptions sur pierre, etc.

A droite et à gauche de l'entrée de la salle du rez-de-chaussée, on remarque les deux statues de grandeur colossale de l'empereur Rodolphe de Habsbourg et de l'évêque Arbogasté.

A droite du vestibule se trouve la nouvelle cage d'escalier qui dessert les divers étages de la bibliothèque.

Au premier étage est la salle de lecture, éclairée par quatre grandes fenêtres; elle donne entrée à une grande salle de la bibliothèque de la ville, au fond de laquelle se trouve le cabinet des manuscrits, estampes et objets précieux.

La salle de la bibliothèque de la haute école communique par plusieurs passages avec celle de la ville, et on remarque dans cette dernière un beau plafond d'une construction ancienne, en bois verni et incrusté, ainsi que la porte d'entrée, exécutée dans le même style.

Au second étage se trouve une grande salle, affectée également à la bibliothèque de la ville. On y a conservé les belles voûtes en ogive de l'ancien chœur, avec une partie des vitraux peints. On y remarque une belle armoire dans le style gothique, qui vient d'être faite pour y conserver l'ancienne bannière de la ville. La sainte Vierge et l'enfant Jésus y sont représentés sur les deux faces; comme cette bannière se trouvait très-déchirée, elle a été collée sur une glace, dont le châssis est fixé par des charnières au fond de l'armoire, de manière à pouvoir en examiner les deux faces. L'ancien tableau à l'huile sur fond or, qui a servi à la confection de cette bannière, se conserve dans la même salle, on y lit la date de 1411.

Dans cette même salle se trouve un ancien plan de la ville de Strasbourg, sur lequel les principaux édifices sont représentés en relief; il y a en outre un modèle du bel obélisque élevé par Sixte V sur la place de Saint-Pierre à Rome.

On remarque encore dans cette salle les

beaux vitraux de couleur de l'ancienne chartreuse de Molsheim, dont une grande partie sont de la main du célèbre Linck, ainsi qu'on peut le voir par son monogramme.

Enfin, une salle spéciale a été disposée, au-dessus de la bibliothèque de la haute école, pour la conservation des modèles de divers édifices et pour le dépôt des livres à classer. On a eu soin, dans cette restauration, de ne pas altérer l'aspect extérieur de cette belle nef gothique.

A l'extérieur des murs de la cage d'escalier on a incrusté divers fragments provenant des dégâts causés à la Cathédrale par l'orage du 19 juillet 1834. On est en ce moment occupé à restaurer les contre-forts extérieurs.

Auditoire du Temple neuf.

Cette salle, attenant au rez-de-chaussée de la bibliothèque de la ville, est affectée aux distributions des prix du gymnase protestant; elle a été restaurée en 1838 pour la célébration de la fête séculaire de la fondation de cette école. L'architecte, M. Stuber, qui en a été chargé, a fait entrer les couleurs vives comme élément principal de cette restauration. Cet exemple est rare et offre de grandes difficultés, que l'artiste a surmontées d'une manière très-heureuse; mais il est à regretter que l'Administration n'ait pas accordé les fonds nécessaires pour les dorures, qui étaient indispensables pour donner aux couleurs le relief convenable.

On voit dans cette salle le buste de Jean Sturm, fondateur et premier recteur du gymnase, exécuté par M. Kirstein, fils, qui a aussi exécuté une médaille en bronze avec le portrait du même personnage.

Cathédrale.

De continuels travaux de restauration témoignent de la sollicitude de l'Administration municipale et du convenable emploi des revenus de l'Œuvre Notre-Dame. De nombreux et importants travaux ont été entrepris dans ces dernières années : il suffira d'en signaler quelques-uns.

En première ligne figure le paratonnerre. Depuis son placement en 1835, aucun accident ne s'est rencontré, et on peut avoir l'espoir que désormais notre admirable cathédrale est garantie de ces périodiques brèches que lui causaient les orages.

Après l'orage du 19 juillet 1834, qui avait fortement endommagé la flèche, la construction du paratonnerre a été confiée aux soins d'une commission, composée de M. Fargeaud, professeur de physique; de feu M. Diebold, mécanicien, et de notre célèbre physicien M. Herrenschneider : M. Fries, alors architecte de la cathédrale, en a dirigé l'exécution.

Le paratonnerre se compose d'une tige d'environ un mètre de hauteur, et de quatre conducteurs qui descendent jusqu'aux quatre tourelles, où elles sont reliées par un cercle horizontal; de là un conducteur descend le long de la tourelle nord-est, et plonge dans un puits construit à cet effet, d'environ huit mètres de profondeur, entre la tour et le premier contre-fort de la nef. Un deuxième conducteur descend jusque sur la plate-forme et va rejoindre le grand toit en cuivre, dont il parcourt le sommet dans toute sa longueur, pour se relier avec la tige qui a été élevée sur le toit du télégraphe; depuis cette dernière tige un autre conducteur se dirige dans un puits qui a été construit dans la cour de la sacristie. Enfin, une troisième tige, munie d'une girouette à boule et flèche dorée, a été placée sur la maisonnette des gardiens, et de là un conducteur se rend dans un puits construit au pied de la tourelle du sud. Les trois tiges sont en fer forgé et se terminent en cuivre doré, l'extrémité est en platine.

Les conducteurs se composent de barres de fer forgé d'environ trois mètres de longueur sur six centimètres de largeur, et un centimètre d'épaisseur. Leurs supports sont scellés dans la pierre de taille, de manière à permettre aux barres des conducteurs de se dilater pendant les grandes chaleurs : c'est dans le même but que ces barres sont légèrement courbées. Le conducteur du télégraphe est en corde de fil de laiton, à cause des nombreuses courbures qu'on a dû lui faire prendre pour longer les toits de ce côté de la cathédrale. La partie des autres conducteurs qui plonge dans les puits, est en cuivre. Les trois puits ont été construits en pierre de taille. La dépense de cet appareil s'est élevée à la somme d'environ 20,000 francs.

A l'intérieur de la cathédrale, un grattage général et un clair badigeon ont fait ressortir les riches détails que cachaient la poussière et les nombreuses couches de blanchîments : les nervures et les clefs de voûte ont été repeintes selon les anciennes traces. Des vitraux de couleur ont été placés dans la grande croisée du chœur et dans celles de la chapelle Saint-Laurent : ces vitraux proviennent du chœur de l'église du Temple neuf.

Les fonds baptismaux, admirable travail du quinzième siècle, que la délicatesse des détails avait exposé à de graves dégradations, ont été complétement restaurés.

La restitution des statues a également été entreprise : on en a récemment placé deux aux piliers de la chapelle Saint-Laurent; elles font partie d'un ensemble de statues de saints, représentant le patron de la paroisse, l'apôtre de l'Alsace, et les premiers évêques de Strasbourg.

Le buffet d'orgue, que n'avait pas épargné

le mauvais goût du siècle dernier, a été complétement repeint, et les ornements primitifs ont en partie été remplacés d'après d'anciens dessins.

L'horloge astronomique, enfin, ce chef-d'œuvre unique en son genre, ne tardera pas à être rendu à la vie. Grâces aux travaux d'un de nos compatriotes, l'on verra fonctionner, avec la plus grande précision, non-seulement tous les mécanismes et figures qu'on admirait autrefois, mais encore d'autres figures et toutes les indications qui n'étaient que représentées en peinture. M. Schwilgué, loin de reculer devant les difficultés d'une telle entreprise, s'est engagé à enrichir cet œuvre de ses nombreuses inventions et à nous rendre l'horloge, non telle que l'ont vue nos ancêtres, mais avec des améliorations et perfectionnements si notables, que ce chef-d'œuvre représentera l'état actuel des sciences mécaniques et astronomiques dans leurs rapports avec l'horlogerie.

Parmi différentes acquisitions faites dans ces derniers temps par l'Administration, mais en dehors des vues de restauration, on distingue un tableau de grande dimension, par M. Klein, représentant la mise au tombeau de notre Seigneur, placé dans la chapelle de la croix, et une statue de M. Friederich, représentant l'évêque Werner, fondateur de la cathédrale : cette statue est placée en face de l'horloge astronomique.

On va encore inaugurer, le 24 juin 1840, pour le 401.ᵉ anniversaire de l'achèvement de la cathédrale, la statue d'Ervin de Steinbach par M. Kirstein. Il tient d'une main le compas et de l'autre le plan de la tour, ses regards sont dirigés vers son œuvre immortelle. Cette belle statue est placée à droite en dehors du portail de l'horloge.

École de Pharmacie.

Cette école est en construction dans un jardin dépendant de l'Académie. Elle se composera d'un amphithéâtre ou salle de cours demi-circulaire, d'un grand laboratoire avec toutes ses dépendances, et d'une salle pour la collection des instruments et produits pharmaceutiques. Le jardin qui l'entoure sera destiné à la culture de plantes médicinales.

Le bâtiment est placé dans le prolongement de l'axe de la grande allée du jardin botanique qui se trouve de l'autre côté de la rue de l'Académie, et la ville a le projet d'ouvrir ces deux jardins par des grilles, de manière à lier cet ensemble d'établissements scientifiques.

Place Saint-Pierre-le-jeune, place Saint-Thomas, Pompe du vieux marché aux Poissons.

Des changements de moindre importance, mais dont l'utilité est généralement appréciée, ont été faits sur la place Saint-Pierre-le-jeune, où on a disposé deux enceintes avec des arbres et des bornes pour le marché de la paille et celui de poteries en faïence.

Sur la place Saint-Thomas on a également fait des plantations formant l'enceinte du marché aux fruits.

Enfin, on peut encore citer une opération qui est sur le point d'être exécutée, la suppression du petit bâtiment en pierre de taille, dit *Fischbrunnen*, qui obstrue le passage du vieux marché aux Poissons, en face de la rue Mercière. Ce bâtiment sera démoli, et on utilisera le puits, qui donne une eau excellente, en le traînant au milieu du pan coupé de la place du marché aux Herbes, où la nouvelle pompe sera adaptée dans le socle du candélabre à gaz, qui sera placé à cet endroit.

Hôtel de ville.

De grandes améliorations viennent d'être faites à l'hôtel de ville et à ses abords.

Les salles du rez-de-chaussée du bâtiment ont été appropriées pour le Musée de la ville. L'ancien pavé de la cour a été recouvert d'une couche de bitume, et offre maintenant une circulation agréable. On a également employé le bitume aux corridors et au portique qui précède les salles du Musée. Le vestibule à colonnes au centre du bâtiment principal a été restauré et pavé en compartiments de bitume et pierre de taille. On en a dégagé les arcades, à travers lesquelles on aperçoit, depuis la rue Brûlée, les arbres de la promenade du Broglie, à laquelle on communique par un perron nouvellement établi, et où on a répété la belle rampe du balcon du premier étage. L'espace entre le bâtiment de l'hôtel de ville et la promenade du Broglie est fermé par une grille basse d'un style plus simple, et des piédestaux en pierre de taille, surmontés de grands vases en fonte.

Du côté de la rue de la Comédie on a construit un bâtiment pour les écuries et remises de l'hôtel de ville; en avant de ce bâtiment, du côté de la promenade, on a planté un petit jardin fermé par une grille haute, dans le style de la rampe du perron.

La cour et les escaliers de l'hôtel de ville viennent d'être éclairés au gaz.

Dans toute la longueur de la promenade du Broglie on a établi sur l'emplacement de l'ancien fossé des Tanneurs un large trottoir en bitume, qui continue le long du jardin de l'hôtel de la division militaire jusqu'au théâtre.

On remarque encore, en été, le bel effet que produit sur la place de la Comédie, en avant du théâtre, la superbe collection d'orangers, que l'on y transporte de l'Orangerie de la ville, située à la Robertsau.

Château.

A la page 40 de la description de Strasbourg, nous avons donné une notice sur le château appelé alors *château royal*. Une erreur avait été commise dans cette notice, où il est dit que la ville offrit le château, qui était sa propriété, à l'empereur Napoléon pour qu'il lui servît de palais, et qu'*elle reçut en échange* l'hôtel de Darmstadt, où l'on établit la mairie.

La ville avait seulement offert le château à l'empereur, à condition qu'il serait déclaré, et qu'il resterait à jamais palais impérial, et l'empereur de son côté fit donation à la ville de l'hôtel de Darmstadt sans qu'il y eût, de part et d'autre, aucune intention d'échange.

Le château royal ayant cessé d'appartenir à la liste civile par suite d'une loi, la ville en revendiqua la propriété, la condition de faire du château une résidence du souverain cessant d'être remplie. Cette juste demande vient d'être accueillie par le conseil d'État, et la ville a été réintégrée dans la possession de ce magnifique édifice. Dans sa séance du 12 juin 1840, le Conseil municipal a décidé en principe, sur la proposition du Maire, que les grandes salles du château seront conservées dans leur état actuel, pour être employées au logement de hauts personnages qui pourraient séjourner dans notre ville, et à des expositions d'objets d'art.

Les bâtiments latéraux seront destinés au service de l'instruction publique.

Monument Kléber.

Au moment où le poignard d'un assassin frappait le général en chef de l'armée d'Égypte, ses compagnons d'armes conçurent la pensée d'élever à sa mémoire un monument digne de lui, et lorsque la ville de Strasbourg réclama l'honneur de l'ériger dans ses murs, les concitoyens de Kléber et tous les admirateurs de sa belle vie vinrent joindre leur offrande au don de ses glorieux soldats. Un concours fut ouvert, et M. P. Grass, statuaire, de Strasbourg, eut le bonheur de pouvoir consacrer son beau talent à reproduire l'image de son illustre compatriote; la statue qui vient enfin d'être inaugurée, prouve combien il a dignement rempli la noble mission qui lui avait été confiée. L'action choisie par le statuaire est celle-ci :

Kléber a reçu la dépêche de l'amiral anglais Keith, qui le somme de capituler et de lui livrer son armée. Kléber, la main gauche sur son sabre, tient de la droite l'insultante dépêche qui provoque ces belles paroles:

Soldats ! on ne répond à une telle insolence que par des victoires. Préparez-vous à combattre.

L'attitude fière et calme du héros témoigne

qu'il connaît son armée, et qu'elle ne manquera pas à cet appel. Le bas-relief de droite représente la bataille d'Héliopolis, 20 mars 1800, qui en fournit la preuve.

Le bas-relief de la face opposée représente la victoire d'Altenkirchen, 26 juin 1796.

La face antérieure porte l'inscription suivante :

J. B. KLÉBER.

NÉ A STRASBOURG LE 6 MARS 1753.
ADJUDANT GÉNÉRAL A L'ARMÉE DE MAYENCE.
GÉNÉRAL DE BRIGADE A L'ARMÉE DE LA VENDÉE.
GÉNÉRAL DE DIVISION A L'ARMÉE DE SAMBRE ET MEUSE.
GÉNÉRAL EN CHEF EN ÉGYPTE.
MORT AU CAIRE LE 14 JUIN 1800.

La face postérieure celle-ci :

A KLÉBER,
SES FRÈRES D'ARMES,
SES CONCITOYENS,
LA PATRIE.
1840.
ICI REPOSENT SES RESTES.

Cette belle statue a été coulée par M. Honoré, fondeur à Paris; elle a 3 mètres 10 centimètres (9 pieds et demi) de hauteur et pèse 4500 kilogrammes.

Le piédestal, exécuté d'après les dessins de M. Fries, architecte de la ville, par M. Rœthlisberger, est en granite des Vosges, provenant des parties les plus élevées du Ballon de Guebwiller (Haut-Rhin).

Sous le piédestal se trouve un caveau où

GUTENBERG
par M. David, d'Angers.

le corps de Kléber est renfermé dans un sarcophage en pierre de taille, et un cercueil de plomb, entouré d'un autre cercueil en bois de chêne. Il y fut transporté le 13 décembre 1838 de la Cathédrale, où on l'avait déposé en 1818, lorsque Strasbourg réclama les restes d'un de ses enfants les plus illustres, laissés en oubli au Château-d'If depuis le retour de l'armée d'Égypte.

L'inauguration du monument a eu lieu le 14 juin 1840, jour anniversaire de la mort de Kléber.

M. Emmerich, graveur à Strasbourg, a reproduit le monument de Kléber dans une belle médaille du module de 58 millim. (26 lignes), dont le revers présente une vue de la ville.

Monument Gutenberg.

Le quatrième anniversaire séculaire de l'invention de l'imprimerie allait arriver, et nul monument dans Strasbourg ne rappelait que dans cette ville Gutenberg avait exécuté ses premiers essais. Un comité composé de personnes les plus honorées dans l'administration, dans les sciences et dans les lettres, s'adressa à ses concitoyens, et une souscription ne tarda pas à se former. Non-seulement de Strasbourg et de l'Alsace, mais de partout en France et à l'étranger arrivèrent d'abondantes offrandes. Pour reproduire dignement la noble image de

Gutenberg, il fallait un grand artiste, et il se présenta; généreux, libéral, il offrit le tribut gratuit de son talent; le succès de l'œuvre fut dès-lors assuré.

M. David, d'Angers, le statuaire de tant de grands hommes, ne pouvait manquer à celui qui a rendu tant de gloires impérissables; le génie de Gutenberg devait embraser l'artiste; aussi qu'elle est grande et belle l'inspiration de cette tête dont l'âme est fixée sur l'empreinte des caractères mobiles qu'il vient d'inventer !

Et la lumière fut.

Les paroles de la Genèse pouvaient-elles recevoir une plus heureuse et plus complète application!

La statue a été coulée en bronze par MM. Soyé et Ingé, fondeurs à Paris; elle a 2 mètres 9 décimètres (9 pieds) de hauteur.

Le piédestal, exécuté sur les dessins de M. Achille Leclère, membre de l'Institut, par MM. Blanck fils, et Stotz, est en pierres de taille des carrières du Kronthal près de Wasselonne, de la même qualité que celles employées à la Cathédrale. Les pierres employées à ce monument sont remarquables par leurs dimensions extraordinaires, qui sont telles que le piédestal semble fait d'un seul bloc.

Sur le bas-relief qui décore la face antérieure du piédestal, les hommes de tous pays les plus illustres des derniers siècles, dans les sciences, les lettres et les arts, rendent hommage à l'invention de l'imprimerie, figurée par la presse typographique; au pied de l'estrade de charmants groupes d'enfants, parmi lesquels un jeune Turc en costume moderne, se livrent à l'étude.

Voici les noms des personnages, dans l'ordre de leur position, en partant du centre.

De gauche à droite.	*De droite à gauche.*
Descartes,	Erasme,
Bacon,	J. J. Rousseau,
Boerhave,	Luther,
Shakspeare,	Lessing,
Corneille,	Leibnitz,
Molière,	Kant,
Voltaire,	Copernic,
Racine,	Gœthe,
Buffon,	Schiller,
Cimarosa,	Volta,
Albert Dürer,	Galilée,
Poussin,	Hegel,
Milton,	J. Paul Richter,
Calderon,	Newton,
Camoens,	Klopstock,
Cervantes,	Watt,
Pujet.	Papin,
	Spinosa,
	Ambroise Paré,
	Fermat,
	Raphaël.

Les trois autres bas-reliefs représenteront des sujets allégoriques ayant trait aux bienfaits que l'humanité a recueillis de l'invention de l'imprimerie.

Le marché aux Herbes, où ce monument est érigé, portera désormais le nom de *place Gutenberg*.

M. Kirstein vient de graver une médaille du module de 58 millim. (26 lignes), qui retrace la belle statue de M. David d'une manière digne du modèle.

Des fêtes magnifiques vont signaler l'inauguration de ce monument. Les principales consistent en un grand cortége industriel et une exposition des produits de l'industrie alsacienne.

Promenades de l'Orangerie, du Wacken et du Contades.

La ville de Strasbourg doit aux soins assidus de M. Schützenberger, maire de la ville, la création d'une belle suite de nouvelles promenades : d'abord celle de l'Orangerie à la Robertsau, disposée en plantations à l'anglaise entre le bâtiment de l'Orangerie et la grande allée de Lenôtre.

Cette promenade sera reliée par un pont projeté sur l'Ill avec celle qui a été établie sur l'île du Wacken. Cette île est croisée en plusieurs sens par de belles allées droites, formant point de vue avec les allées de Lenôtre et avec le bâtiment de l'Orangerie. D'autres allées et plantations disposées à l'anglaise contournent l'île et viennent aboutir à deux ponts qui conduisent à la promenade du Contades par des allées en partie régulières et en partie bordées de plantations à l'anglaise.

La promenade du Contades a été aussi ornée de plate-bandes et de rondelles garnies d'arbustes et de fleurs de toutes les saisons. On l'a entourée d'une barrière en bois d'un goût simple et élégant.

Deux beaux jardins publics, celui de M. Bonnard, agrandi et renouvelé depuis peu, et celui nouvellement créé par M. Lips, se lient d'une manière très-agréable à la promenade du Contades, et offrent au public, par la variété et le bon goût de leur arrangement intérieur, d'agréables lieux de repos et de rafraîchissement.

Canal de la Robertsau.

Pour compléter la navigation du Rhône au Rhin, on vient d'établir, entre Strasbourg et le Rhin, le canal de la Robertsau, qui termine celui du Rhône au Rhin; mais avec cette différence qu'il est ouvert sur de plus larges dimensions, pour que les bateaux à vapeur puissent le fréquenter.

Ce canal a son entrée dans la rivière d'Ill à l'extrémité des belles plantations de la promenade de l'orangerie; et après avoir, pour ainsi dire, formé l'enceinte de cette promenade, il va se diriger dans le grand Rhin, en traversant le canal des Français et le bras Mabile. Sa longueur totale, depuis la rivière d'Ill jusqu'au Rhin, est de 2000 mètres; sa largeur, au niveau de l'eau, est de 28 mètres. A son entrée dans la rivière d'Ill est établie une écluse à sas, avec portes en fer, busquées contre la rivière d'Ill : ces portes ont 5 mètres de hauteur. A son embouchure dans le Rhin on a établi une semblable écluse à sas, mais avec doubles paires de portes en fer, de 6^m 80^c de hauteur, les unes busquées contre le Rhin, les autres contre la rivière d'Ill; le seuil des portes est placé à 2 mètres en contre-bas des basses eaux connues, afin d'avoir toujours au moins 2 mètres d'eau pour le tirage des bateaux; la largeur des écluses entre les portes est de 12^m, et les sas ont chacun 48 mètres de longueur. Sur l'épaulement de l'écluse, près la rivière d'Ill, il sera établi un pont-levis dans l'axe du chemin de la Robertsau; ce pont, d'un système moderne, dit à la *Poncelet*, sera décoré de colonnes en fonte, renfermant le mécanisme du pont-levis. Près du canal des Français il sera construit un pont tournant pour desservir les chemins vicinaux de cette contrée. Les francs-bords de ce canal sont formés par des digues; celle du côté de la Robertsau de 9^m 50^c de largeur, plantée d'arbres et devant servir de halage et de chemin vicinal; celle du côté de la ville est surmontée d'un parapet ayant 3^m de largeur au sommet et élevé de 4^m au-dessus du sol de la promenade, suivant les demandes des ingénieurs militaires. Cette élévation nuit un peu à l'agrément de la promenade de l'orangerie, mais les promeneurs qui parcourront le sommet de cette digue, y jouiront d'un plus bel aspect.

Le canal est presque terminé, les deux écluses sont construites, déjà les portes en fer sont placées à l'écluse du Rhin; il ne reste plus que les ponts à établir.

L'établissement de ce canal, en cet endroit, a été projeté par M. Mossère, ingénieur en chef du canal du Rhône au Rhin, qui en a dirigé l'exécution, ayant sous ses ordres M. l'ingénieur Le Grom. Ce travail termine d'une manière grande et belle le canal de jonction du Rhône au Rhin.

Canal de la Marne au Rhin.

Le canal de la Marne au Rhin, dont les travaux vont être incessamment entrepris, après avoir traversé le Wacken, doit arriver dans la rivière d'Ill près de l'entrée du canal de l'Ill au Rhin, et la rivière d'Ill, en cet endroit, servira de gare aux deux canaux.

Chemin de fer de Strasbourg à Bâle.

Les travaux de cette vaste entreprise sont conduits avec la plus grande activité sur toute la ligne que le chemin doit parcourir. Déjà, aux approches de Strasbourg, nous pouvons voir plusieurs beaux ponts, tant en maçonnerie qu'en fer, sur le canal de la Bruche et sur cette rivière. On annonce que les communications, par cette voie rapide, pourront être ouvertes entre Strasbourg et Colmar, dès le mois de mai prochain, terme beaucoup plus rapproché que celui fixé d'abord.

L'achèvement des deux grands canaux et du chemin de fer qui viendront se réunir à Strasbourg à des voies de communication analogues ouvertes en Allemagne dans bien des directions, doivent faire incessamment de Strasbourg le centre de relations immenses, pour l'échange des productions de tant de pays.

Nous pourrons voir alors revivre l'ancienne splendeur de notre cité, en même temps que les progrès des arts et de l'industrie lui donneront un aspect de magnificence et d'agrément dont nos ancêtres n'auraient pu même concevoir la pensée.

FIN.

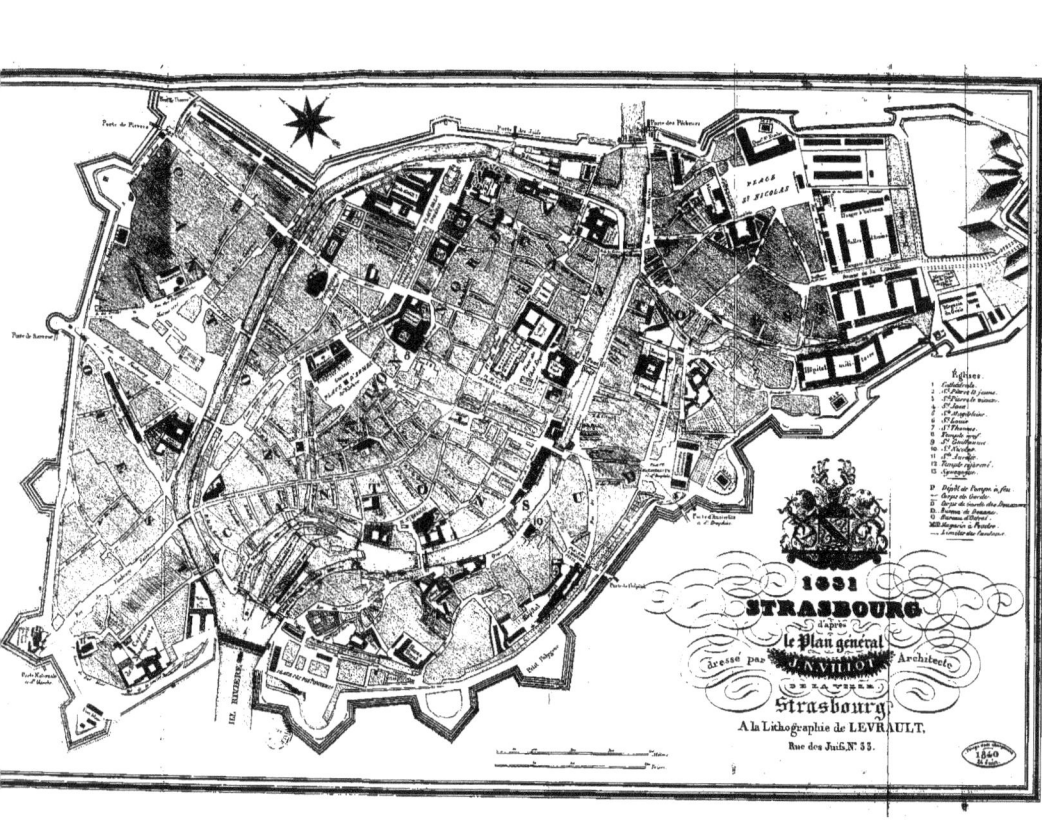

www.ingramcontent.com/pod-product-compliance
Lightning Source LLC
Chambersburg PA
CBHW050537170426
43201CB00011B/1458